コアコンディショニングと
コアセラピー

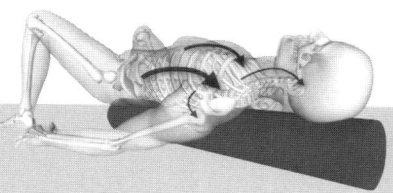

Coreconditioning
and Coretherapy

監修 ▶ **平沼憲治** *kenji hiranuma*
　　　岩崎由純 *yosizumi iwasaki*
編集 ▶ **蒲田和芳** *kazyoshi gamada*
　　　渡辺なおみ *naomi watanabe*
協力 ▶ **日本コアコンディショニング協会**

講談社サイエンティフィク

執筆者一覧

監修
平沼憲治　　　（日本体育大学大学院健康科学・スポーツ医科学系 教授，整形外科医）
岩崎由純　　　（日本コアコンディショニング協会 会長，アスレティックトレーナー）

編者（50音順，[ ]内は編集担当章）
蒲田和芳　　　（株式会社GLAB 代表取締役，理学療法士）　［2章，5章，6章］
吉武永賀　　　（（財）日本コアコンディショニング協会 元理事長，コーチ/保健体育科教諭）
　　　　　　　［1章，7章］
渡辺なおみ　　（コンディショニングセンター Be-ing，理学療法士/トレーナー）　［3章，4章］

執筆者（50音順，[ ]は執筆担当章・節）
岩下智之　　　（WILLING 代表，ACSM/HFI，健康運動指導士）　［3.3］
蒲田和芳　　　（広島国際大学保健医療学部 教授，理学療法士）　［1.2，2.1，2.2，5.1，5.2，6.4，6.5，
　　　　　　　7.2］
新谷大輔　　　（こころ医療福祉専門学校理学療法科 学科長，理学療法士）　［6.8］
杉野伸治　　　（KARADA CONDITIONING「THANKS」，理学療法士）　［6.1］
鈴川仁人　　　（横浜市スポーツ医科学センター整形診療科，理学療法士）　［6.2］
山下光子　　　（ボディーアーキテクト 代表，トレーナー）　［3.4，3.5］
山本大造　　　（ゴルフ・レスキュー・リコンディショニング，理学療法士/トレーナー）　［6.3］
横山茂樹　　　（京都橘大学看護学部 教授，理学療法士）　［2.1，5.2，6.6］
吉武永賀　　　（（財）日本コアコンディショニング協会 元理事長，コーチ/保健体育科教諭）
　　　　　　　［1.1，3.2，7.1］
渡辺なおみ　　（コンディショニングセンター Be-ing，理学療法士/トレーナー）　［3.1，3.3，3.4，
　　　　　　　3.5，3.6，4章，6.7］

協力
（財）日本コアコンディショニング協会

　　　　　　　　　　　　　　　　　　　　　デジタルイラスト　山本大造
　　　　　　　　　　　　　　　　　　　　　4章イラスト　　　藤田純加

はじめに

　現代社会ではストレスやスポーツ，その他色々な原因で，肩こりや腰痛等で困っている人が多く，簡便で長く続けることが可能な治療法が望まれている．

　近年ストレッチポールを使用したコアコンディショニングが普及し，サッカーをはじめ色々な競技種目で活用されている．練習および試合の前後のコンディショニング，腰痛等の整形外科疾患に対するコアセラピーに使用されている．さらには介護予防での活用も今後期待されるところである．本書ではストレッチポールを使用した運動が身体に及ぼす作用が理論的に書かれており，コアコンディショニングに関する基礎知識を習得することができる．

　本書初版の監修にあたり，一人の整形外科医（スポーツ医）としての感想であるが，実際経験によるところが大きく，この分野でのさらなる研究が必要であると感じる．本書を読んだ方が各々の専門分野でストレッチポールを使用し，研究論文が報告されることで，今後より内容の充実した改訂版が出版されることが期待される．

　最後にストレッチポールを使用時の注意事項として，以下のことにご留意ください．

　持病があり医療機関に通院している方は主治医に相談してから開始してください．また特に症状は無くリラクゼーション目的で使用する方で，腰痛等の痛みが出現した場合は使用を一時中止し医療機関を受診してください．介護予防で使用する場合は安全面に特に注意し，痛み等の症状が出現した場合は医療機関を受診してください．

2008 年 5 月

監修　平沼憲治

推薦の言葉

　JCCAを協会として設立して僅か5年弱で本書『コアコンディショニングとコアセラピー』が発刊されるのは，私にとっても大きな喜びでありますが，同時に少し驚いています．

　元来，アメリカのスポーツ医療現場で使われていたフォームローラー（ストレッチ・ポール）は，比較的マニアックなレベルのコアスタビライゼーションのツールの一つでした．正しく使えばインナーユニットを促通でき，何らかの理由でパワーポジションの獲得ができなくなったスポーツ選手のリハビリや姿勢改善に使われていました．そのアメリカの現場では，ストレッチポールを用いたコアスタビライゼーショントレーニングが上手くいかなくて遊んでいた選手達がマッサージのツールとして使い始め，驚いたことにその方法が何冊かの書籍として出版されました．

　日本では，かなり以前から前横浜Fマリノスアスレティック・トレーナーの日暮氏（現アルビレックス新潟　ヘッドトレーナー）や，90年代後半には全日本女子バレーボールチームのトレーナーをしていた甲谷氏によってバランストレーニングのツールとして利用されていました．そんな中，選手が自分の自宅用，すなわちマイ・ストレッチポールが欲しいと言うようになったのは，「鍛えられるから」ではなく「すごく癒されるから」という理由だったのです．

　本当に癒されるか検証する必要性がありました．2000年以降，他の種目を含めた多くの選手達に試していただきました．フィットネスのインストラクターの先生方に試していただいたのもその時期でした．自らの身体を非常に大事にされているトップクラスの競輪選手の皆さんにも試していただきました．そしてその「癒し」効果の再現性に驚き，2003年には民間療法の先生方はもちろん，ドクターにもご紹介し始めたのです．

　しかし，ここからは若干難航しました．先生方も興味を示され，様々な画像診断やスパイナルマウスなどで検証をしていただけたのですが，はっきりとしたデータは得られず，なかなか直接乗ってはいただけなかったのです．「エビデンスがないとね」とのムードが漂い，医療の世界への普及を諦めかけた時のことでした．陸上競技のトップアスリートと共にスポーツの現場に来られた理学療法士の蒲田先生が，自ら進んで選手と共にベーシックセブンを体験されたのです．蒲田先生の参加が，協会にとっても大きなターニングポイントになったと言っても過言ではありません．

　この時点からの発展は本書に記載されたとおりです．より高い再現性と安全性を追求してプログラムの改善が図られ，スポーツ界やフィットネスの世界への更なる広がりと同時に，多分野の専門家の協力を得て用語の統一をし，理学療法士の先生方による研究は現在も進められています．

　選手の感性から始まった「癒し」のプログラムは，わずか数年の間に本格的な「セラピー」すなわち治療の世界へと広がり始めました．これもひとえにこれまで関わっていただいた多くのス

ポーツ指導者，フィットネスインストラクター，アスレティック・トレーナー，鍼灸や柔道整復師の先生方，そして何よりもここ数年の間に医学的見地から研究を精力的に進めていただいた理学療法士の先生方のご尽力の賜物だと心より感謝しております．

　本書が，これまでコアに関わってこられた方々はもちろん，初めてコアコンディショニングに興味を持たれた方にもお役に立ち，またコアセラピーと言う新しい分野の礎となることを確信し，推薦の言葉とさせていただきます．

2008年5月

JCCA会長
監修　岩崎由純

目次

contents

第1章 イントロダクション 1

1.1 コアコンディショニングとは ──── 吉武永賀 2
- A　2人のトレーナーから始まった 2
- B　コアコンディショニングの現在 3
- C　協会の設立 4
- D　コアコンディショニングの今後 5

1.2 コアセラピーとは ──── 蒲田和芳 6
- A　コアセラピー誕生の経緯と現状 6
  - (1) コアコンディショニングとリハビリテーションの出会い 6
  - (2) コアセラピーの確立 6
  - (3) コアセラピーの研究 8
- B　本書の目的 9

第2章 コアコンディショニングの基礎知識 〜解剖・生理・運動学的知識 11

2.1 運動学と姿勢 ──── 蒲田和芳・横山茂樹 12
- A　運動学 12
  - (1) コアとは 12
  - (2) 胸腔と腹腔 12
  - (3) インナーユニット 13
- B　姿勢 13
- C　書籍紹介 15

2.2 運動学習 ──── 蒲田和芳 17
- A　運動学習とは 17
- B　発育発達過程に沿った運動学習とは 18

第3章 コアコンディショニングの方法と指導法 19

3.1 コアコンディショニングとは ──── 渡辺なおみ 20
- A　コアコンディショニングの考え方 20
  - (1) 定義 20
  - (2) コアコンディショニングの目指すもの 20
  - (3) コアコンディショニングの進め方 20
- B　用語の説明 21
- C　コアコンディショニングの特徴 23
  - (1) セルフコンディショニング 23
  - (2) 再現性 23
  - (3) 体感 23
  - (4) 安全性 24
  - (5) 応用性 25
- D　適応と効果 25
  - (1) コアコンディショニングの適応：対象者 25
  - (2) 主観的効果 25
  - (3) 客観的効果 26

3.2 コアコンディショニングの実施にあたっての準備 ──── 吉武永賀 27
- A　基本姿勢 27
- B　健常者における留意事項 27
  - (1) ストレッチポールの選択 27
  - (2) 使用場所 28
  - (3) 乗り方 28
  - (4) 基本姿勢 29
  - (5) ハーフカットの場合 29
  - (6) タオルを使って首周りの緊張をとる 30
  - (7) 降り方 30
- C　高齢者における留意事項 31
  - (1) ストレッチポールの選択 31
  - (2) 乗せ方 31
  - (3) 基本姿勢 32
  - (4) 降ろし方 32

3.3 コアリラクゼーション ──── 渡辺なおみ・岩下智之 33
- A　コアリラクゼーションの目的 33

B モニタリング 33
C ベーシックセブン 33
　(1) 基本姿勢 34
　(2) 予備運動 34
　(3) 主運動 35
D ベーシックセブン後のモニタリング 40
　(1) アドバンストモニタリング 40
E リアライメントスリー 41
　(1) 脇下・頭上ローリング 42
　(2) ワイパー膝ゆるめ 43
　(3) 側臥位ローリング 44
F リアライメントの効果が不十分な場合 44
G エクササイズの留意点 45
H ストレッチポールとリアライメント 45
　(1) ストレッチポールの直接作用 45
　(2) 自重による作用 46
　(3) ストレッチポールの転がり 46

3.4　コアスタビライゼーション
　　　　　　　　────山下光子・渡辺なおみ **48**
A コアスタビライゼーションの到達目標 48
B リセットスリーの方法 48
　(1) 呼吸エクササイズ 48
　(2) 軸回旋エクササイズ 50
　(3) 四肢を使ったエクササイズ 52
C エクササイズの留意点 55
　(1) 代償運動による安定化 55
　(2) エクササイズの進め方 56
D コアスタビライゼーションが目指す姿勢の安定 56
　(1) インナーユニットと腹部の安定性 56
　(2) 脊柱の安定化 57
　(3) 軸回旋エクササイズの効果 57

3.5　コアコーディネーション
　　　　　　　　────山下光子・渡辺なおみ **59**
A コアコーディネーションの方法 59
　(1) 寝返りエクササイズ 59
　(2) うつ伏せエクササイズ 60
　(3) 四つ這いエクササイズ 61
　(4) 座位エクササイズ 62
　(5) 両膝立ちエクササイズ 63
　(6) 片膝立ちエクササイズ 63
　(7) 立ち上がりエクササイズ 64
B エクササイズの留意点 65
C 発育発達と運動機能の獲得過程 65
　(1) 仰臥位 66
　(2) 寝返り・側臥位 66
　(3) 伏臥位 66
　(4) 四つ這い 67
　(5) 高這い 67
　(6) 座位 67
　(7) 両膝立ち 68
　(8) 片膝立ち 68
　(9) 立位 68
D 運動能力の発達 68
　(1) 運動性 69
　(2) 安定性 69
　(3) コントロールされた動き 69
　(4) 巧緻性 69

3.6　症例報告────渡辺なおみ **70**
A 足関節剥離骨折の既往があるジュニアバドミントン選手のコンディショニング 70
B ジュニアの水泳選手に対するコンディショニング 72
C 美しい姿勢で立ちたいクライアントに対するコンディショニング 74
D 積極的に運動を実施している女性のコンディショニング 76
E 運動習慣のない女性の不定愁訴に対するコンディショニング 78
F マルアライメントのある長距離選手に対するセルフコンディショング 80

第4章　コアコンディショニングの介護予防への活用　83

4.1　介護予防における運動指導
　　　　　　　　────渡辺なおみ **84**
A 介護予防とは 84
B 高齢者の身体特性 85
　(1) 加齢変化 85
　(2) 疾患による変化 86
　(3) 姿勢の変化 86

4.2　介護予防にコアコンディショニングを活かす────渡辺なおみ **88**
A 介護予防コアコンディショニングの構成 88

B　介護予防コアコンディショニングの特徴　89
　　(1) 呼吸とインナーユニット　89
　　(2) 正中感覚　90
　C　運動指導時のリスク管理　90
　D　今後の展望　92

4.3　いろは体操 ──────渡辺なおみ　94
　A　いろは体操とは　94
　　(1) 不必要な力を抜く　94
　　(2) 深層にある筋肉を鍛える　94
　B　いろは体操の留意点　94
　C　エクササイズの実際　95
　　(1)【ステップ1　呼吸のドリル】　95
　　(2)【ステップ2　脊柱の運動】　97
　　(3)【ステップ3　リセット】　99

4.4　姿勢改善エクササイズ
　　　　　　　　　　　　──渡辺なおみ　101
　A　姿勢改善エクササイズとは　101
　B　エクササイズの実際　101
　　(1) 椅子でのエクササイズ（椅子で行う
　　　　ベーシックセブン）　101
　　(2) 床でのエクササイズ　104

4.5　失禁予防エクササイズ
　　　　　　　　　　　　──渡辺なおみ　108
　A　現場の声から生まれたエクササイズ　108
　B　エクササイズの実際　109

第5章　コアセラピー　113

5.1　コアセラピーとは──────蒲田和芳　114
　A　定義　114
　B　ストレッチポールの身体への作用　115
　　(1) 基本姿勢　115
　　(2) 振動（セルフモビライゼーション）　116
　　(3) その他の基本的なエクササイズの効果　117
　C　適応　117
　D　禁忌とリスク　118
　E　コアセラピーの進め方　119
　　(1) リラクゼーション　120
　　(2) スタビライゼーション　121

5.2　コアセラピーの基本：PTRプログラム（骨盤・胸郭リアライメントプログラム）
　　　　　　　　──蒲田和芳・横山茂樹　122
　A　骨盤コンディショニング（ペルコン，PelCon）とは　122
　　(1) 骨盤のアライメントパターン　122
　　(2) 股関節アライメントと可動域　124
　　(3) 荷重伝達障害　125
　　(4) 筋緊張と筋活動　127
　　(5) 骨盤の評価　128
　B　ペルコン（PelCon）の実際　130
　　(1) 骨盤スライド　130
　　(2) ワイパー運動　131
　　(3) フロッグキック　131
　　(4) バタ足　132
　　(5) バイク　133
　C　胸郭コンディショニング（ソラコン，ThoraCon）とは　134
　　(1) 胸郭のアライメントパターンと評価　134
　D　ソラコン（ThoraCon）の実際　139
　　(1) 胸郭スライド　139
　　(2) コーン（上肢円錐運動）　140
　　(3) クレッセント（三日月ストレッチ）　141
　　(4) ツイスター（胸郭回旋ストレッチ）　141
　　(5) 肩交互回旋　142
　　(6) チンインエクササイズ　143
　E　ソラコン（ThoraCon）の補足　144
　F　姿勢改善　144
　　(1) 姿勢評価　144
　　(2) アプローチ方法　146
　　(3) まとめ　148

第6章　疾患別コアセラピー　151

6.1　頸椎疾患──────杉野伸治　152
　A　はじめに　152
　B　頸椎可動性の変化　152

  C 頭部前方偏位が及ぼす影響　153
  D 頸椎コアセラピーの流れ　154
  E 頸椎コアセラピーの実施前後の評価　155
   （1）病歴と経過の聴取　155
   （2）神経学的検査　155
   （3）可動域検査　155
   （4）頸椎アライメント　155
  F 頸椎コアセラピーの実際　156
   （1）胸椎・胸郭へのアプローチ　156
   （2）頸部周囲筋群のリラクゼーション　156
   （3）頭部後方化　156
  G 注意事項とその対策　158
   （1）酔い症状への対策　158
   （2）症状悪化への対策　158
   （3）重度前弯変形への対策　159
   （4）頸椎コアセラピー後の身体変化への対策　159
  H まとめ　159

6.2 肩関節疾患 ―――― 鈴川仁人　**161**
  A はじめに　161
  B 肩関節疾患の病態と機能異常　161
   （1）腱板損傷（亜急性期以降）　161
   （2）投球障害肩　161
  C 肩関節の臨床評価　162
   （1）一般的な臨床評価　162
   （2）ストレッチポール上での評価　162
  D ストレッチポールを用いた治療の実際　165
   （1）症例1：腱板損傷への対応　165
   （2）症例2：投球障害肩への対応　168
   （3）まとめ　172

6.3 腰部疾患 ―――― 山本大造　**174**
  A はじめに　174
  B 腰部疾患の進行　174
  C 腰部への応力集中メカニズム　174
   （1）腰椎後方要素への応力集中　175
   （2）腰椎前方要素（椎間板）への応力集中　175
   （3）腰椎による代償運動と応力集中　176
  D 腰部疾患に対するコアセラピーの考え方　176
   （1）リラクゼーション　177
   （2）スタビライゼーション　177

   （3）コーディネーション　177
  E 腰部疾患に対するストレッチポールの注意点　177
   （1）急性腰痛（強い筋スパズム）　178
   （2）椎間板ヘルニアの急性期　178
   （3）骨盤輪不安定症　178
   （4）圧迫骨折・骨粗鬆症　178
   （5）脊柱固定術後　179
  F 腰痛症に対するコアセラピーの流れ　179
   （1）運動によって生じた急性腰痛　179
   （2）不良姿勢による慢性腰痛　180
  G エクササイズ紹介　180
   （1）椅子座位でのリラクゼーション　180
   （2）コアスタビライゼーション　184
   （3）コアコーディネーション　185

6.4 骨盤輪不安定症 ―――― 蒲田和芳　**187**
  A はじめに　187
  B 症状および評価　187
  C 骨盤マルアライメントの評価　188
   （1）恥骨の偏位　188
   （2）仙骨の前額面傾斜　189
   （3）仙骨の動揺性　189
  D コアセラピーの考え方　190
   （1）リアライメント　190
   （2）スタビライゼーション　191
   （3）コーディネーション　191

6.5 下肢疾患 ―――― 蒲田和芳　**192**
  A はじめに　192
  B 鼠径部疾患　192
  C ハムストリングス肉ばなれ　193
  D 膝蓋大腿関節疾患　194
  E 変形性膝関節症　194

6.6 呼吸機能改善 ―――― 横山茂樹　**196**
  A はじめに　196
  B 呼吸機能の評価　196
  C アプローチ方法　196
   （1）ストレッチポールを活用した呼吸介助手技　196
   （2）ストレッチポールを併用した呼吸体操　196
  D まとめ　199

6.7 中枢神経疾患（片麻痺）
──────渡辺なおみ **200**

- A はじめに 200
- B コンディショニングの必要性 200
- C 姿勢と体幹機能 201
  - (1) 姿勢と動作との関係 201
  - (2) 運動学習と姿勢の関係 201
  - (3) 体幹のスタビライゼーション 202
  - (4) 呼吸の重要性 202
- D 具体的方法 203
  - (1) 正中感覚獲得 203
  - (2) 脊柱周囲のリラクゼーション 203
  - (3) 体幹のスタビライゼーション 203

6.8 症例紹介
──────新谷大輔，衛堂継富，山道和美 **206**

症例1：脳梗塞後遺症に対する歩行能力改善効果 206
症例2：脳出血により左半側空間無視ならびにPusher症候群を呈した症例に対するアプローチ 208

第7章 日本コアコンディショニング協会の活動 211

7.1 トレーナー認定事業と会員制度
──────吉武永賀 **212**

- A 協会の理念と活動：安全と再現性を求めて 212
- B 認定制度 213
  - (1) ベーシックセブンセミナー 213
  - (2) アドバンストセミナーシリーズ 213
  - (3) アドバンストトレーナー認定試験 214
  - (4) マスターセミナーシリーズ 214
- C 会員制度 214
- D トレーナー紹介 215

7.2 コアセラピー研究部会
──────蒲田和芳 **216**

- A 研究部会の活動 216
  - (1) コアセラピーに関する研究の推進とエビデンスの構築 216
  - (2) 研究成果の公開，普及，啓蒙 217
  - (3) 研究成果を応用した商品やサービスの開発，提供 217
- B コアセラピー関連セミナー 218
  - (1) 医療従事者向けコアセラピーセミナー 218
  - (2) 整形疾患に対するコアセラピー 219
  - (3) 回復期リハビリテーションにおけるコアセラピー 219
  - (4) 骨盤・胸郭へのコアセラピー（PelConとThoraCon） 219
  - (5) その他の企画 219
- C 介護予防コアコンディショニングセミナー 220
  - (1) 介護予防コアコンディショニングセミナーの経緯 220
  - (2) なぜ介護予防にコアコンディショニングなのか？ 220
  - (3) 介護予防コアコンディショニングセミナーの実際 220
- D コアセラピー教室 221
  - (1) 健康増進プログラム 221
  - (2) アスリート支援プログラム 222
  - (3) 女性の骨盤 222
  - (4) その他 222

付録　トレーナーリスト　223

用語索引　236
エクササイズ一覧　240

第1章 イントロダクション

コアコンディショニングとコアセラピーについて，歴史的な背景と，概略について記載してあります．

1.1 コアコンディショニング®とは

吉武永賀

A　2人のトレーナーから始まった

　コアコンディショニングは，2人のアスレティックトレーナーの工夫から生まれたエクササイズを基盤として発展した．その2人とは，岩崎由純（NEC レッドロケッツ，アスレティックトレーナー）と日暮清（現 アルビレックス新潟，元 横浜 F・マリノス，ヘッドトレーナー）（図1.1）である．

　2人は，激しい練習を日々行う一流のスポーツ選手のオーバーユース（慢性障害）の予防に苦心していた．選手のセルフケアに対する意識を高め，高度なスポーツ技術の習得にも役立つ方法を追求した．また，優れた方法であっても簡便でなければ継続されないことから，選手自身が行える方法で，しかも効果が実感できる方法が理想だと考えていた．

　日暮は，アメリカの整形外科医院の勤務中に丸太（フォームローラー）の転がりを利用したバランス系のエクササイズと出会った．それにヒントを得た日暮は，フォームローラーを使い，故障部位のリラクゼーションを目的とした独自のエクササイズを考案した．これにより故障した選手たちが早期に競技復帰を果たしていた．そのことに着目した岩崎は，そのセルフケアへの応用を提案した．

　岩崎と日暮は試行錯誤を繰り返し，1人でも簡単に実施でき，継続できるエクササイズパッケージを開発した．それは，7つの種目で構成され，7分間で効率的に肩，腰，背中の筋をリラックスさせるものであることから「ベーシックセブン™」と命名された．2人はその後，合宿や講演を通じて何千人という選手やトレーナーに伝え，さらに改良を進めた．

　2002年春，ようやく完成した「ベーシックセブン」は，誰もがその場で効果を実感でき（再現性），1人でどこでも行うことができ（簡便性），さらにスポーツ選手においてほとんど問題が生じない（安全性）エクササイズに発展した．国内の有力チームやトップアスリートたちが練習

図1.1　基本エクササイズを開発した2人

岩崎由純

日暮清

＊コアコンディショニング®は，登録商標です（商標登録番号第4723190号）．ベーシックセブン™は，日本コアコンディショニング協会の商標です．

の前後に使い始めたことや，2002年の夏から秋にかけて複数のスポーツ指導者向けの専門誌に特集記事などとして取り上げられたこともあり，競技スポーツの世界では，瞬く間に大流行した．

B　コアコンディショニングの現在

　コアコンディショニングは疲労回復や，姿勢・コアの安定性・全身協調性の改善を目的とした新しいエクササイズ体系である．2008年現在，コアコンディショニングは競技スポーツやフィットネスの現場で広く活用され，一般家庭にも普及しつつある．フィットネスクラブでは，コアコンディショニングそのものを目的とした教室が開催されるとともに，他のトレーニングやエクササイズの前後に実施されている．競技スポーツの場面でも日々の練習や試合の前後に実施されている．また近年では，その効果が徐々に科学的に証明され，リハビリテーションにも活用されつつある．

　コアコンディショニングの特徴は安全性，再現性，簡便性である．一度エクササイズを習得すると，誰の手も借りずに1人で，好きな時に好きな場所で行うことができる．また，エクササイズ実施直後から，誰もが安全かつ確実に効果を実感できる．

　「ベーシックセブン」はコアコンディショニングの基本となるエクササイズであり，即座に姿勢の改善を体感することができる．「ベーシックセブン」の初体験者の多くは，エクササイズを終えてストレッチポールから床の上に降りて仰臥位（背臥位，仰向け）になると，「背中がスッキリした」，「床に埋まったようだ」，「肩や腰がゆるんだ」などと感動を表現する．

　コアコンディショニングの基本エクササイズは，ストレッチポール上の仰臥位で実施される．これにより脊柱がストレッチポールに支持され，胸郭などそれ以外の部位が重力から解放される．コアコンディショニングの効果を得るには，それ専用に開発されたストレッチポール® が重要な役割を果たす．「ストレッチポールEX」は直径約15 cm，長さ約98 cmの円柱であり，発泡ポリエチレンを合成皮革のカバーで包んだ構造である．その後，使用者からの要望に応じて，半円柱状の「ハーフカット」，スポンジ状の円柱形である「ソフトポール」，直径が小さく表層の軟らかい「ストレッチポールMX」などが順次開発されてきた（図1.2）．

図1.2　ストレッチポール各種

上段：ストレッチポールEX
中段：ストレッチポールMX
下段：左　ソフトポール1/3，右　ハーフカット

C 協会の設立

当初の「ベーシックセブン」は，スポーツ選手を対象に考えられたものであり，スポーツ選手にはとても安全で再現性の高いエクササイズであった．当時のスポーツ選手に効果的であったエクササイズの多くは，ストレッチポールの上で筋をストレッチすることを意図していた．そのために，可動域に制限のある高齢者や痛みを持つ方などにとっては安全とは断言できないエクササイズとなっていた．事実，「ベーシックセブン」がスポーツ選手以外にも普及するにつれて，治療院での使用時に肩甲帯や股関節に痛みが出るという情報が相次いだ．このような事例を踏まえ，岩崎と日暮を中心として，ジャンルを越えた指導者間で活発な意見交換が行われるようになった．

2003年には，情報交換の場として『日本コアコンディショニング協会（JCCA）』が設立された．それに伴い，さまざまな分野からの意見を集約してエクササイズの改定が進められた．当初のストレッチを中心としたエクササイズを見直し，ゆっくり小さく動かす「セルフモビライゼーション」が導入された．これにより，個々の筋にアプローチするのではなく，体幹に数多く存在する関節周囲の筋を同時にゆるめるエクササイズに発展した．また，「ベーシックセブン」でリアライメントできない部位を狙って行う「コアリラクゼーション™」，現在の「コアスタビライゼーション™」や「コアコーディネーション™」に発展していくエクササイズの展開（図1.3）が考えられ始めた（第3章）．

2003年3月より，JCCAは関東を中心に指導者教育を目的とする講習会を開始した（図1.4）．その講習会は，「ベーシックセブン」や，そこから発展するコアコンディショニングエクササイズの伝達と留意点を伝えるとともに，参加した指導者間の意見交換が自由に行える場の提供にもなった．その後，フィットネス界からの要望に応じて認定制度が開始され，スタジオレッスンに活用される集団指導が導入された．多くの指導者の参加により，姿勢に着目し「安全性」と「再現性」に重点を置いたエクササイズに進化した．

2004年には，蒲田和芳（当時，コロラド大研究員）を中心に研究チームが結成され，本格的に「ベーシックセブン」の効果に関する研究が始まった．2006年には，臨床スポーツ医学会や日本理学療法学会等で研究の発表が行われた．その結果に基づき，数多く提案されていたエクササイズが目的別に整理され，「コアリラクゼーション」，「コアスタビライゼーション」，「コアコー

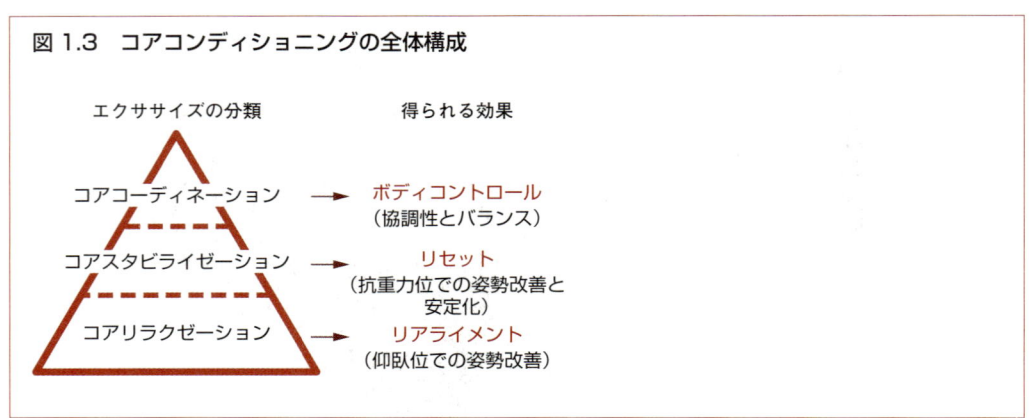

図1.3 コアコンディショニングの全体構成

図 1.4　JCCA による講習会の様子

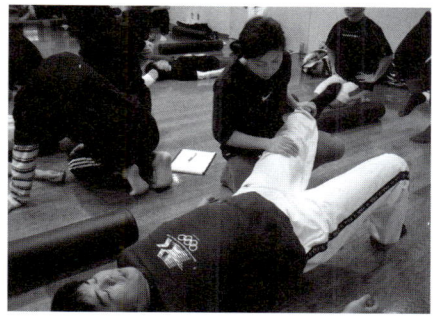

ディネーション」へと分類された．一方，研究チームは 2007 年度よりコアセラピー研究部会として組織化され，臨床現場での事例などの勉強会や講習会が開催されるようになった．

D　コアコンディショニングの今後

　コアコンディショニングは，2 人のトレーナーの提案から始まった「ベーシックセブン」が，分野を越えた指導者のネットワークで大きく発展した　今後は，臨床現場や高齢者施設でも広く活用され，現場での事例や多くの研究により，疾患者や介護を要する高齢者などに対する新たなエクササイズが開発されることが期待される．さらに，この理論を背景に考えられる機器や，対象者の特性を考慮した新しい道具の開発が計画されている．誰もが生活に合ったコアコンディショニングを取り入れるようになり，コアコンディショニングが生活の質の向上に大きな貢献をするものと考える．

　また，コアセラピー研究部会の活動により，多くの研究者が集いながら臨床現場での事例や研究が行われつつある．また，2007 年 6 月カナダ・バンクーバーにて開催された世界理学療法学会において，世界の研究者の注目を集めたことを契機に，JCCA の活動は国境を越えたものとなりつつある．

i.2 コアセラピー™とは

蒲田和芳

A コアセラピー誕生の経緯と現状

(1) コアコンディショニングとリハビリテーションの出会い

　2002年の時点で，コアコンディショニングの中核は「ベーシックセブン」によるコアリラクゼーションであった．その後，体幹の安定化を目的とした「コアスタビライゼーション」や全身のバランスや協調性の改善を目的とした「コアコーディネーション」が順次追加され，現在のコアコンディショニングの骨格が形成された（第3章）．これらの方法は，日本コアコンディショニング協会（JCCA）および認定制度の発足とともに，スポーツ現場やフィットネス業界に急速に普及した．

　「ベーシックセブン」は，ストレッチポールという円柱状の物体上に仰臥位となって手足を軽く動かすだけの簡単な運動から構成される．その即時効果として，姿勢の改善とともに体幹・肩関節・股関節・頸椎周囲筋のリラクゼーションが得られる．しかしながら，この運動を観察するだけではその効果を推測し難いこと，また医学的な効果検証が行われていなかったことが，最近まで治療現場での普及を妨げていた．

　筆者（蒲田和芳）は，2002年秋に考案者の1人である岩崎由純（NECレッドロケッツ，アスレティックトレーナー，JCCA会長）に直接「ベーシックセブン」を教わった．初めて「ベーシックセブン」を実施した後，普段は苦痛でしかない仰臥位が非常に心地よいものに変化したことを実感した．他では得ることのできない姿勢の変化を体験し，驚きとともにそのメカニズムに強い関心を抱いた．即座にリハビリテーションの現場（横浜市スポーツ医科学センター）に導入し，適応を慎重に判断しつつ，主に腰痛，頸部疾患，肩関節疾患に対して「ベーシックセブン」を使い始めた．その治療効果はPT（理学療法士）の監視下だけではなく，ホームエクササイズとしても有効であり，多忙な臨床現場においてその簡便性と優れた再現性は際立っていた．

(2) コアセラピーの確立

　JCCAの認定制度は，コアコンディショニングの適正な普及を目的として2003年より実施された．この認定制度は医療資格を有さない運動指導者を念頭に置いたものであり，認定のレベルに応じて実施可能な方法が制限されている．コアコンディショニングはあくまでもセルフコンディショニングの方法と位置付けられており，認定制度ではトレーナー（運動指導者）がクライアント（運動実施者）の身体に触れることを禁じている．しかしながら，理学療法士などの医療資格者が医療機関で実施する"治療"にコアコンディショニングの経験を応用するうえで，上記のような制限は不要であるだけではなく，認定資格を目指すトレーナーにも混乱を来すことが予想された．その打開策として，医療資格者が実施する"治療"を「コアセラピー」と呼ぶこととし，2007年度に発足した「コアセラピー研究部会」がその適正な普及と発展を担うこととなった．

　コアセラピーは，「**コアコンディショニングの概念と方法に基づき，直接的な治療効果を期待し，**

あるいは他の治療方法の効果促進を期待して実施される治療理論および方法」と定義される．コアコンディショニングは，「ヒトの発育・発達過程に沿って進められるコア機能再学習エクササイズにより構成され，すべての身体活動に通じる良好な姿勢と協調性の効率的な獲得を促し，各種トレーニングの最大効果を引き出すための運動学習法」と定義されている．そしてコアコンディショニングおよびコアセラピーの特徴は，①リラクゼーション・スタビライゼーション・コーディネーションの3段階で身体の運動機能の再教育を図ること（図1.5），そして，②コア（身体の中心）から末梢にその効果を波及させること（図1.6），の2点に集約される（第3章）．

コアセラピーは，運動療法が適応となるさまざまな疾患や病態の治療プロセスを加速させるこ

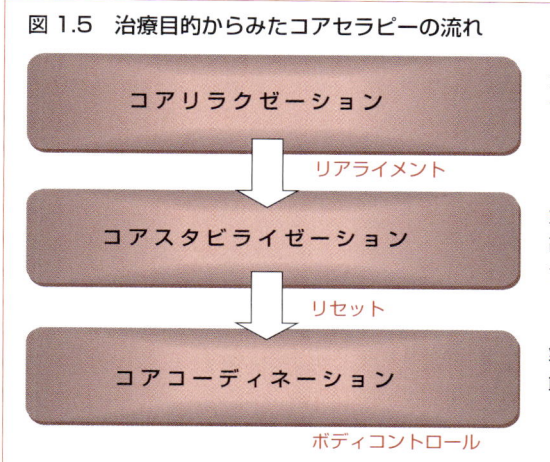

図1.5　治療目的からみたコアセラピーの流れ

第1段階：リラクゼーションにより筋の緊張を低下させつつ，仰臥位でのリアライメントを図る．

第2段階：スタビライゼーションにより筋機能を改善し，身体をリセット（運動を開始できる状態）する．

第3段階：コーディネーションにより隣接する関節や部位と協調した運動パターンを再教育する．

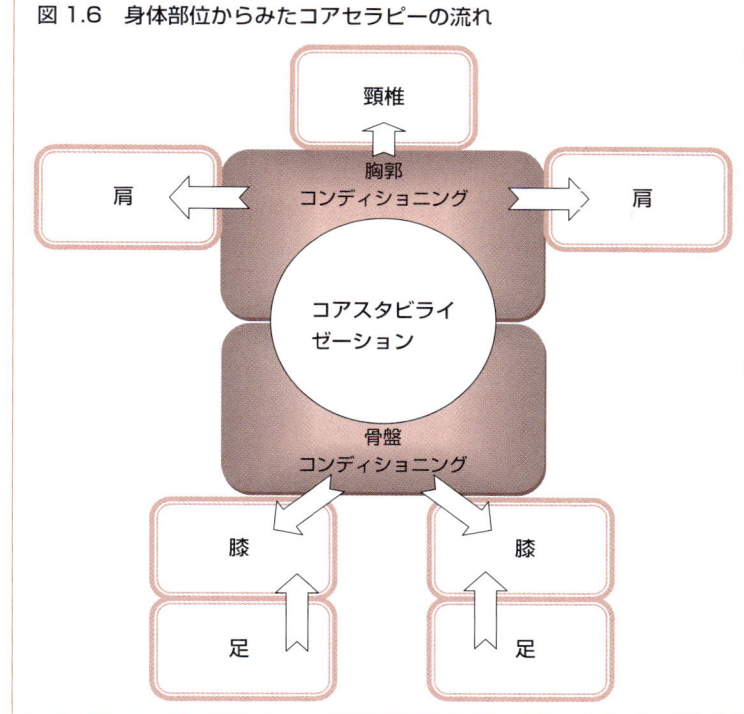

図1.6　身体部位からみたコアセラピーの流れ

▶コアとは，広義には「体幹部を構成するすべての骨格，軟部組織および筋」のことであり，狭義には「腹腔壁を構成する骨格，軟部組織および筋」のことを指す．
　骨格としては骨盤・腰椎・胸郭を，筋としてはインナーユニット（腹横筋，多裂筋，横隔膜，骨盤底筋群）を指す．

▶コアセラピーでは，まず骨盤と胸郭のリラクゼーション・スタビライゼーションによってコアをリセットし，その後頸椎や上肢，下肢の問題に対する直接的なアプローチへと移行する．
　また，下肢からコアへの非対称的なストレスを最小化するため，インソールによる足部アライメントの調整，または機能的脚長差の調整を行う．

とを目的に，望ましいコア機能（アライメント，筋機能）を効率的かつ効果的に獲得させるために用いられる．コアセラピーの方法論は，コアコンディショニングの経験から，治療プロセスの加速に必要と思われる要素を再構成，または追加したエクササイズから構成される．その基本は，ストレッチポールを使用した「ベーシックセブン」である．これまでの研究により，「ベーシックセブン」の効果として姿勢改善，肩関節，胸郭，股関節の可動域改善，片脚立位バランスの改善などが確認されてきた．一方，加速度的に使用者が増加している理学療法士らの臨床的な工夫により，さまざまな新しいエクササイズが数多く誕生している（第3～6章）．

コアコンディショニングとコアセラピーはストレッチポールの使用経験から創生され，発展してきたが，現在JCCAはストレッチポール以外の道具や方法の開拓や開発にも積極的に取り組んでいる．臨床のさまざまな問題を効果的に解決するうえでコアセラピーは特筆すべき効果を発揮するが，あくまでも治療効果を促進するための土台作りの役割を果たすにすぎない．今後は，"コアから末梢に"治療効果を及ぼすための方法論の充実とともに，より直接的に問題解決を果たすため，末梢へのアプローチの必要性が高まっていることも事実である．

(3) コアセラピーの研究

コアコンディショニングに関する研究は，スポーツ界やフィットネス界への普及がかなり進んだ段階で開始された．筆者が知る最初のコアコンディショニングに関する研究は，2003年度の広島大学理学療法学専攻学生の卒業論文であった．その後，2004年に長崎大学（当時）の横山茂樹と筆者を中心とした研究プロジェクトが提案され，JCCAから研究助成を得て，長崎県大村市の貞松病院にて研究が実施された．その結果はそれまでの主観的あるいは臨床的な効果を部分的に裏付けるものであった．その後も，杉野伸治（貞松病院），山本大造（ゴルフ・レスキュー・リコンディショニング），鈴川仁人（横浜市スポーツ医科学センター）らとともに臨床経験および小規模な研究を積み重ね，「ベーシックセブン」の有効性を多方面から検証するとともに，臨床的な工夫によって新たな方法論の開発を進めてきた．上記のメンバーに，高齢者や中枢神経疾患に対するストレッチポールの使用経験が豊富な渡辺なおみ（コンディショニングセンターBe-ing）を加えて，2007年度にJCCA内に**コアセラピー研究部会**が発足した．

コアセラピーに関する研究は，現在進行中の研究を含めてこれまでに15件程度の研究が実施されてきた．その研究課題としては，ストレッチポールが身体に及ぼす機械的作用や神経生理学的作用，コア（インナーユニット）の筋機能に及ぼす影響など，主に健常者を対象とした基礎研究と，各種の疾患や病態に対する臨床的な効果の検証とに大別される．研究対象となる疾患や病態としては，腰痛や頸椎症などの整形外科疾患，慢性閉塞性肺疾患などの呼吸器疾患，片麻痺などの中枢神経疾患，無呼吸症候群，尿失禁症，高齢者など多岐に及ぶ．事実，JCCAが全国で開催している医療従事者向けのコアセラピーセミナーの受講者からは，種々の領域での新たな研究の提案や研究実施に向けての相談が研究部会に随時寄せられている．また2007年度よりJCCAが開始した**研究助成制度**（1件あたり20万円，年間15件，ストレッチポールの貸し出し可能）は，セミナー受講者を中心に徐々に認知されつつある（第7章）．以上の状況を勘案すると，今後コアコンディショニングおよびコアセラピーに関する研究報告は，加速度的に増加することが予測される．

B 本書の目的

　コアコンディショニングに関する書籍としては『コアリセット：ゆがみを正して姿勢ブスから姿勢美人に』（阿久比　永宗著，ベースボール・マガジン社），『アスリートのためのコアトレ：100のエクササイズ　12の処方箋』（有吉与志恵，ベースボール・マガジン社）などが出版されている．

　これらは，一般の方やスポーツ選手に対し，気軽に，安全に，かつ効果的にコアコンディショニングを実施していただくためのガイドブックであった．一方，本書は体系的にコアコンディショニングを勉強されたい方，"治療や医学的問題の解決のため"にコアコンディショニングやコアセラピーをすでに導入された方，または現在導入を検討されている方を対象としている．

　本書の内容は，2008年3月の時点での最新の知識と情報に基づいて執筆されている．しかしながら，現在も加速度的に新たな知見が蓄積されている状況を鑑みると，本書の内容は随時更新される必要があることは明白である．本書をきっかけに，種々の疾患に対する運動療法の基礎的な方法としてコアコンディショニングとコアセラピーに取り組む方が増加し，数年後には本書の内容を数段進歩させられるよう優れた治療経験や治療理論が生み出されることを切に願う．

第2章 コアコンディショニングの基礎知識
～解剖・生理・運動学的知識

コアコンディショニングの理論的背景を深く理解するために，
基礎知識として知っておいてもらいたい，
解剖学・生理学・運動学の内容をまとめました．

2.1 運動学と姿勢

蒲田和芳・横山茂樹

　体幹を形成する骨格は体軸骨格（axial skeleton）と呼ばれ，骨盤，脊椎，胸郭，頭蓋骨から形成される．骨盤は左右の寛骨（恥骨，坐骨，腸骨）と仙骨により形成され，リング構造（骨盤輪）を有する．脊椎は7個の頸椎，12個の胸椎，5個の腰椎からなり，矢状面でS字の生理的弯曲を持つ．胸郭は左右12対の肋骨および胸骨によって形成される．その構造と運動については「C書籍紹介」であげた参考書籍に詳しく述べられており，本稿ではコアコンディショニングとコアセラピーにおいて重要な項目に絞って解説する．

A 運動学

(1) コアとは

　コアは"核（地球の中心部）"という意味もあるように，物体の中心部分を意味することから，身体に用いられる場合も身体の中心部分と定義されるのが望ましい．ところが，身体の中心部分を明確に定義することは容易ではない．事実，トレーニングやリハビリテーションの分野で使用されるコア（core）という言葉に関して，統一された定義は見当たらない．通常，広義には体幹全体，狭義には骨盤周辺を指して使用されている．

　日本コアコンディショニング協会では，コアを「体幹部を構成するすべての骨格，軟部組織および筋」と広義に定義している．これは，姿勢調節，立位での移動動作，上肢の運動などあらゆる身体活動において体幹が中核と位置付けられることを念頭に置いた定義と言える．一方，姿勢調節や体幹そのものの運動におけるコアを理解するには，体幹自体の運動学的な中核を見いだす必要がある．それには，体幹を構成する構造と機能に基づき，運動学的な役割を考慮した定義が必要である（p.22参照）．

(2) 胸腔と腹腔

　体幹は解剖学的に横隔膜によって胸腔と腹腔とに分けられる．胸腔は心臓，肺，食道などを内部に含み，それを取り囲む胸郭が呼吸運動を担っている．肺は空気で満たされていることから，肺を圧迫しないために胸腔内は陰圧となっている．その空間の安定性は胸郭により骨性に保たれており，呼吸以外の運動は胸椎と胸郭に許された比較的小さい運動範囲に制限されている．胸郭周囲には腹筋群，背筋群，および頸椎や肩の運動に関与する筋群が多数存在する．

　腹腔は通常陽圧であり，この腹腔内圧は咳などの強制呼気，排尿や排便，腰椎の力学的な支持性の向上に貢献する．腹腔内圧を上昇させるには，横隔膜，腹横筋，骨盤底筋群など腹壁を構成するすべての筋の同時収縮が必要である．特に重量物の挙上など，脊椎に伸展モーメントが加わる際には，そのモーメントにほぼ比例して不随意的に腹腔内圧の上昇が見られる．腹腔内圧の上昇に対して排泄や排尿を防ぐ際には腹横筋と骨盤底筋群は同時収縮するのに対し，排尿や排便の際は腹腔内圧を上昇させつつ骨盤底筋群を弛緩させることが求められる．骨盤そのものの安定性が不十分な場合，片脚立ちなど骨盤の安定性を高める必要のある運動課題において，横隔膜が代

償的に動員される．一方，歩行など通常の身体活動でも，腹横筋や骨盤底筋群の収縮により下部体幹の安定性を高めつつ，横隔膜は収縮と弛緩を繰り返して円滑な呼吸運動を反復させる．このように，腹腔内圧の調節は，呼吸，排泄および身体運動を同時に成立させるために重要な役割を果たしている．

(3) インナーユニット

インナーユニットは腹腔壁を構成する筋群と定義され，それには横隔膜，骨盤底筋群，腹横筋，多裂筋，腰方形筋，腸腰筋などが含まれる（図2.1）．身体の深部に存在することとともに，上述したような生理的な役割を果たし，さらに力学的に骨盤や腰椎の安定化に貢献する．生理的な役割の破綻は尿失禁や便失禁の原因となり，力学的な役割の破綻は腰痛や仙腸関節痛，荷重伝達機能障害などの原因となる．

このような複雑な役割を担うインナーユニットの機能障害は，骨盤や胸郭のマルアライメント（アライメント異常），腰痛，下肢疾患による跛行，骨盤への外力，妊娠・出産，長期間の咳，肩関節運動の異常などさまざまな要因で引き起こされる．健常者であればインナーユニットは不随意的に調節されているが，何らかの要因によってその活動パターンに異常が生じると，その正常化は容易ではない．

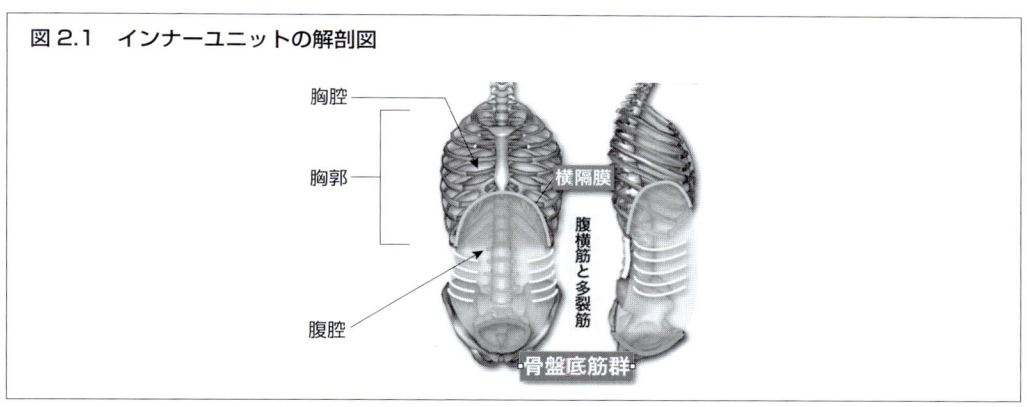

図2.1　インナーユニットの解剖図

B　姿勢

安静立位時における矢状面の重心線は，乳様突起－肩峰－大転子－膝関節中心よりやや前方－外果前方を通り，脊柱では重心線に対して頸椎前弯－胸椎後弯－腰椎前弯－仙骨後弯といった生理的弯曲が存在する[5,7]．習慣的な不良姿勢や腹横筋をはじめコアスタビリティに関与する筋群の筋力低下，脊椎圧迫骨折に伴う疼痛，脚長差などの何らかの要因によって姿勢の異常が引き起こされる[1,4,6]．本稿では，さまざまな姿勢異常の中でも，姿勢改善の可能性を有する機能的な姿勢異常を中心に解説する（図2.2）．

●円背（round back）

胸椎部で後弯が増強して背部が弓状に後方に膨隆した姿勢をいう．顎が突き出た状態（chin-out）となる頭部前方位姿勢（図2.3 ①）や，肩甲骨外転・前傾位を伴う上腕骨頭前方突出（図2.3 ②）を有することが多い．この場合，僧帽筋上部線維，肩甲挙筋，大胸筋，小胸筋，斜角筋の筋緊張

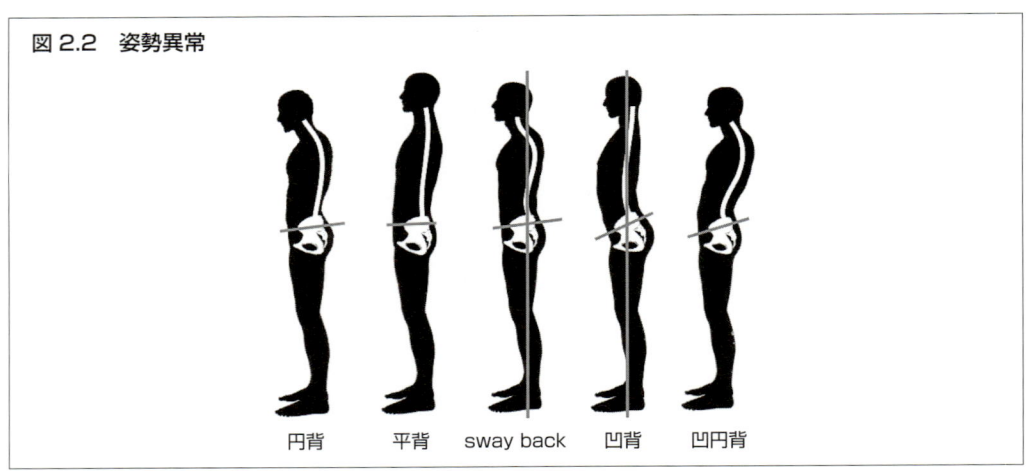

図2.2 姿勢異常

円背　平背　sway back　凹背　凹円背

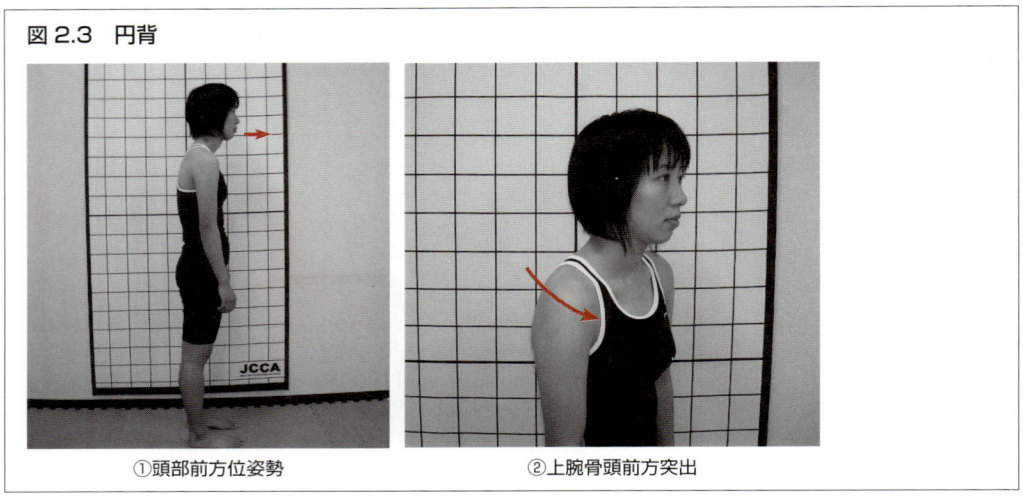

図2.3 円背

①頭部前方位姿勢　　②上腕骨頭前方突出

が亢進あるいは短縮と同時に，僧帽筋下部線維，菱形筋，前鋸筋，頸部屈筋群（深層）の筋機能低下となる上位交差性症候群（upper crossed syndrome）（図2.4）が存在することがある．

● **平背（flat back）**

　骨盤前傾角および腰椎前弯が減少し，胸椎が後弯する姿勢をいう．

● **sway back**

　骨盤が後傾した状態で前方へ変位することによって，重心線は股関節後方へ通る．このことによって股関節は伸展位となり，大殿筋の筋力低下を認められる．この場合，股関節伸展時にハムストリングスが大殿筋よりも優位に活動しやすくなる特徴がある．

● **凹背**

　一般的に骨盤前傾角は30°であるが，この角度が増大するに伴い腰椎前弯が増強する．このようなアライメントを有する場合，脊柱起立筋，腰方形筋，腸腰筋，大腿直筋，大腿筋膜張筋，股関節内転筋群などの筋緊張亢進もしくは短縮と同時に，大殿筋・中殿筋，腹筋群に筋機能低下を認める下位交差性症候群（lower crossed syndrome）（図2.5）が存在することもある．

● **凹円背**

　骨盤前傾角はさらに増大し，胸腰椎移行部は後弯することによって，脊椎が後方へ傾き，腰仙

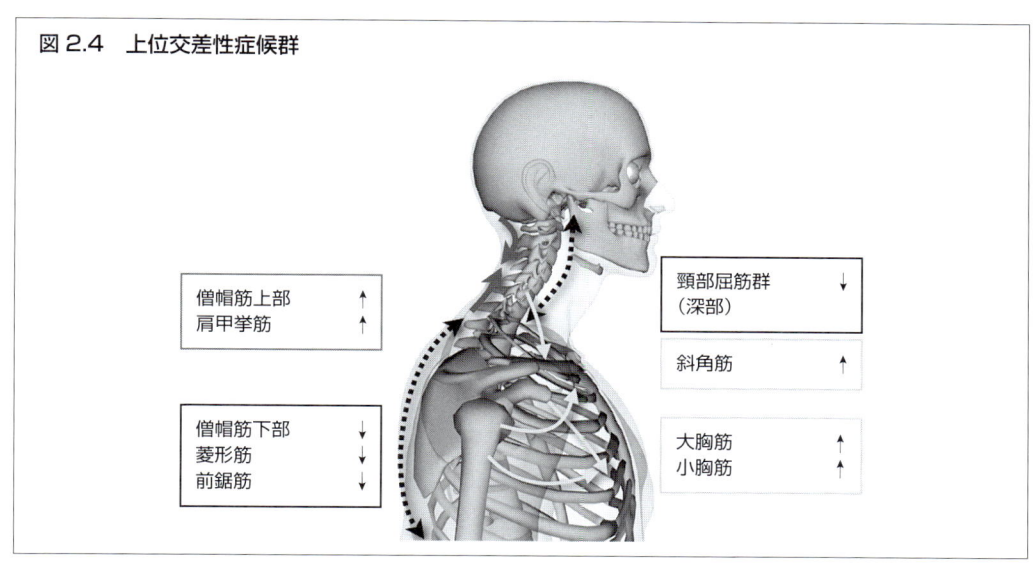

図 2.4 上位交差性症候群

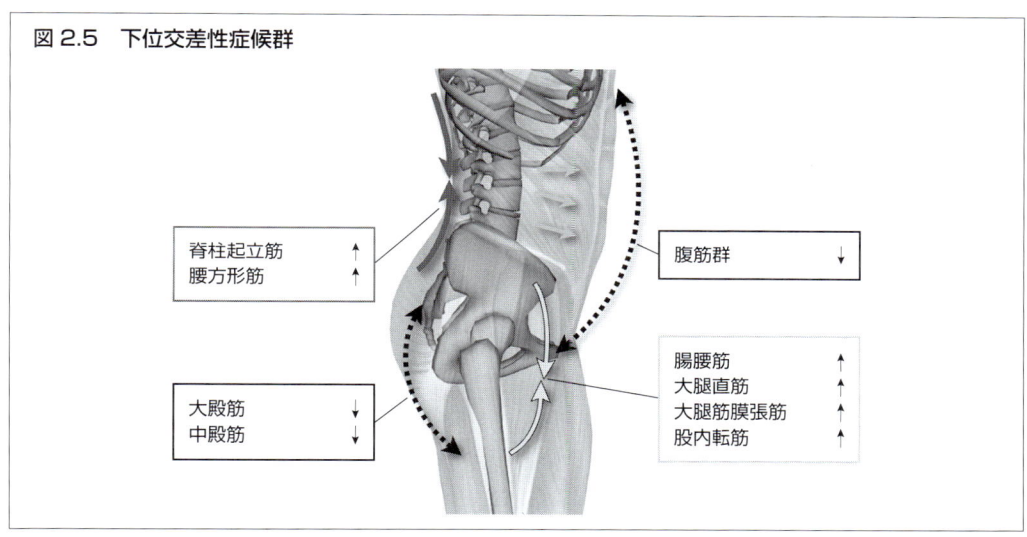

図 2.5 下位交差性症候群

椎角が鋭角となる．骨盤全体は前方へ移動し，股関節は伸展位となることから重心を正常な位置に保持しようとするために，胸腰椎移行部で後弯する．

● 側弯

脊柱に側弯を有する場合，椎体は凸側へ回旋し，棘突起は凹側へ回旋する．これに伴い凸側に肋骨隆起が認められる．凹側の筋群の短縮と凸側の筋群の筋機能低下が存在する．

C 書籍紹介

・筋骨格系のキネシオロジー：第3部体軸骨格，Neumann 著（嶋田智明，平田総一郎監訳），医歯薬出版，2005

英語圏の理学療法教育で最も使われている機能解剖学の教科書．わかりやすいイラストが多用され，また日本語訳も正確で読みやすい．

・図解　関節・運動器の機能解剖（上肢・脊柱編）：Castaing, Santini 著（井原秀俊，中山彰一，井原和彦共訳），協同医書出版社，1986

　複雑な関節運動のメカニズムをモデル化したイラストで表現されており，わかりやすい．初心者や学生にはお薦めの書籍である．

・図解　四肢と脊柱の診かた：Hoppenfeld 著（野島元雄監訳），医歯薬出版，1984

　骨格を体表から透視しているように表現されているイラストが特徴．体表解剖，触診，姿勢観察などの基本を学ぶうえでお薦めの名著である．

・ペルビック・アプローチ：Diane Lee 著（丸山仁司監訳），医道の日本社，2001

　日本でもセミナーを開催する Diane Lee の著書であり，骨盤の運動学，評価，治療に特化した専門書．出産後や外傷後の骨盤輪不安定症や骨盤由来の腰痛や鼠径部痛などの治療について詳しく記載されている．Pelvic Girdle（第1版）の日本語訳．原著は第3版が出版されている．

・脊椎・骨盤のマニュアルセラピー：Diane Lee, Mari Walsh 著（宮本重範訳），医歯薬出版，2000

　同じく Diane Lee の著書．骨盤と胸郭の運動学に基づき，これらのマルアライメントや運動異常に対する徒手療法が詳しく記載されている．

2.2 運動学習

蒲田和芳

　コアコンディショニングでは，姿勢の改善（リアライメント），安定化（リセット），協調性（ボディコントロール）の順に運動プログラムが構築される．この過程はまさに運動学習の過程であり，その効果はスポーツ選手，高齢者，小児，腰痛患者，中枢神経疾患患者などさまざまな対象において確認されている．それらの効果を理解するうえで，運動学習理論を知ることは重要である．

A　運動学習とは

　運動学習（motor learning）は，「練習や経験に基づく一連の過程であり，結果として技能的行動を用いて行い得る能力の比較的永続的な変化をもたらすもの[1]」と定義される．その応用範囲は広く，スポーツ技術の習得，中枢神経疾患患者における運動の再学習，ロボットの制御システム，心理学などさまざまな分野で研究され，また実践されている．どのような理論であれ，運動学習の過程には，①観察する，②理解する，③部分的に運動を再現する，④完全に運動を再現する，⑤正しい運動を反復する，⑥学習する，といった手順が導入される．

　運動学習を理解するには，運動制御についての知識が必要である．運動制御の理論としては，古い順に反射・反応理論（運動は多くの反射が複合した結果として現れる），階層理論（中枢のプログラムが筋活動パターンをコントロールする），システム理論（システムの相互作用が課題を遂行する行為をコントロールする）などの理論が提唱されてきた[8]．これらの中でもシステム理論は，現在まで最も広く受け入れられている理論である．すなわち，「運動行動は末梢あるいは中枢から一方的に起こるのではなく，中枢神経系を環境に適応する自己調節システム」と考えられている．

　姿勢制御は運動制御の最も基本的な形である．ヒトの移動動作の基本となる立位姿勢は，2足で形成される小さい支持基底面上での精密な姿勢制御機能に支えられている．静止立位の姿勢調節では，重心の移動に対して視覚，前庭覚，固有受容覚，触覚・圧覚などからの感覚入力に対する各種の姿勢反射が基盤となる．床の前後移動といった外乱刺激への応答としては，足関節の底背屈を主体とするアンクルストラテジー（ankle strategy），ヒップストラテジー（hip strategy），そしてステッピングストラテジー（stepping strategy）が提唱されている[8]．これらは，身体に生じた姿勢の変化への応答であり，フィードバック機構が関与している．これに対して，随意運動では運動を開始する前に姿勢の変化を予測し，事前に姿勢制御のフィードフォワード機構が発現する場合がある．これは予測的姿勢制御と呼ばれ，上肢の前方挙上の前に起こる腹横筋活動や腹腔内圧上昇が知られている[2,3]．

　運動学習には，言語や歩行などに見られるようにヒトの成長の早い段階に習得されるものと，書字やスポーツ動作のように文化的な背景に基づき習得されるものとに分類される．前者はDNAに裏付けされ，生物学的にプログラムされた運動学習過程である．一方，後者はヒトが持つ運動機能を活用して習得されていくものであり，模倣や大人からの指導によってその過程は進められる．

B 発育発達過程に沿った運動学習とは

　ヒトとしてこの世に誕生した乳児は，仰臥位での寝たきり状態から徐々に運動機能を獲得し，約1年後には歩行を開始する．歩行機能は周囲の援助を得ながらも自発的に反復され，さらに数年かけて徐々に洗練されていく．仰臥位から立位に至る過程は，DNAにプログラムされている通り一定の段階を経つつ，本能的に進められる．その際，異常な姿勢反射は徐々に抑制され，一方で立位での身体活動に必要な姿勢反射は強化されていく．結果として，不随意的に立位バランスを保つ能力が獲得され，歩行が安定する．

　コアコンディショニングやコアセラピーで実施される運動学習は，一旦学習された誤った運動パターンを"リセット"し，新たな正しい運動パターンを再学習させる過程である．そのゴールは，意識することなく正しい運動が再現される状態を獲得することである．その学習過程を円滑に進めるためには，「誤った運動パターンを出現させずに正しい運動を反復すること」が必要である．

　JCCAが提唱する「発育発達過程に沿った運動学習」とは，運動の再学習の過程を効率化するために考案された運動学習法である．これは，我々が一度習得した「歩行」などの運動を修正するための再学習の過程を，乳児が生まれてから歩行に到るまでの過程に沿って進めることを意味している．まず，仰臥位では，主にストレッチポールを用いた姿勢矯正とインナーユニットの再教育による体幹安定化を図る．その後，四つ這い位，膝立ち位，椅子座位，立位など動員される関節を徐々に増やしつつ，円滑に協調された運動の再学習を図る．

[参考文献]

2章

1) Anda V, Frank C, and Liebenson C : Evaluation of musclar imbalance. Rehabilitation of the spine : a Practitioner's manual, Liebenson C(ed.) pp. 203-225, Lippincott Williams & Wilkins, Philadelphia, 2006.
2) Hodges PW, et al : In vivo measurement of the effect of intra-abdominal pressure on the human spine. *J Biomech* **34**(3) : 347-353, 2001.
3) Hodges PW, Cresswell AG, and Thorstensson A : Perturbed upper limb movements cause short-latency postural responses in trunk muscles. *Exp Brain Res* **138**(2) : 243-250, 2001.
4) Janda V : On the councept of postural muscles and posture. *Austr J Physiother* **29** : 83-84, 1983.
5) Magee DJ：姿勢の評価．運動器リハビリテーションの機能評価Ⅱ(陶山哲夫 他監訳), pp. 381-409, エルゼビアジャパン, 2006.
6) Sahrmann SA：運動の概念と原理．運動機能障害症候群のマネジメント(竹井仁, 鈴木勝 監訳), pp. 230-232, 医歯薬出版, 2005.
7) 嶋田智明, 武政誠一, 天満和人：脊柱の評価．関節可動障害(嶋田智明, 金子翼 編), pp. 190-198, メディカルプレス, 1998.
8) 星文彦：運動制御と運動学習．運動療法学総論 第2版(吉尾雅春 編), pp. 80-97, 医学書院, 2006.

第3章
コアコンディショニングの方法と指導法

コアコンディショニングの具体的な方法，注意点から，その理論背景まで，体系的に解説してあります．また，実例報告も最後にまとめました．

3.1 コアコンディショニングとは

渡辺なおみ

A　コアコンディショニングの考え方

(1) 定義

　コアコンディショニングとは，「ヒトの発育・発達過程に沿って進められるコア機能再学習エクササイズにより構成され，すべての身体活動に通じる良好な姿勢と協調性の効率的な獲得を促し，各種トレーニングの最大効果を引き出すための運動学習法」である．

(2) コアコンディショニングの目指すもの

　コアコンディショニングでは，身体の諸問題に対し，問題となる部位に直接働きかけるのではなく，姿勢や関節の動きを整え，上手な身体の使い方を身に付けることで，私たち人間が本来持っている自然治癒力を引き出し，不定愁訴などの心身に関する問題解決を図る．

(3) コアコンディショニングの進め方

　コアコンディショニングの運動学習は，「コアリラクゼーション」，「コアスタビライゼーション」，「コアコーディネーション」の3段階で進められる（図3.1）．**コアリラクゼーション**は，セルフモビライゼーションを用いて体幹や四肢の筋のリラクゼーションと関節の可動性を改善することにより，仰臥位などでの姿勢改善「リアライメント」を目指す．**コアスタビライゼーション**では，リアライメントが得られた身体に対して，腹腔壁を構成する筋群であるインナーユニットの機能を改善することにより，立位などでの抗重力位での姿勢改善および運動開始に適した状態である「リセット」を目指す．**コアコーディネーション**では，リセットされた身体に対して，立位バランスや体幹と四肢との協調性改善を図り，「ボディコントロール」の獲得を目指す．一連の過程において，特に姿勢改善とその安定性獲得を重視する．

図3.1　コアコンディショニングの全体構成

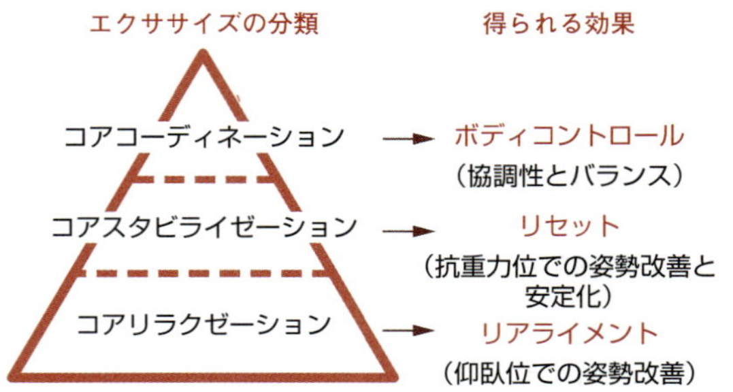

エクササイズの分類　　　得られる効果

コアコーディネーション → ボディコントロール（協調性とバランス）
コアスタビライゼーション → リセット（抗重力位での姿勢改善と安定化）
コアリラクゼーション → リアライメント（仰臥位での姿勢改善）

「コアリラクゼーション」により体幹をリラックスさせ，"リアライメント"（仰臥位での姿勢改善）する．

「コアスタビライゼーション」によりインナーユニットの機能を高め，"リセット"（抗重力位での姿勢の安定）する．

「コアコーディネーション」により"ボディコントロール"（バランス機能改善と全身の協調した動き）を身に付ける．

> **MEMO** 姿勢の悪さや非効率な身体の使い方が不調を生む
>
> 現代人の持つさまざまな心身に関する不調は，姿勢の悪さや非効率な身体の使い方に原因があることが少なくない．この姿勢の悪さや非効率な身体の使い方は，ある日突然，姿勢が崩れるわけでも，身体の使い方が悪くなるわけでもない．そのほとんどは，無意識に行っている日常の動作の中で，知らず知らずのうちに姿勢や動きを変化させているのである．この身体の変化に人は，痛みや違和感という身体からの何らかのサインがあるまでなかなか気づかないものである．
>
> この身体が発するサインに対し，マッサージをしたり，外力を加えて骨格を整えたりと，さまざまな対応があるが，これらの対応は単に一時しのぎに過ぎないと言えよう．身体の不調の原因が日常の身体の使い方にあるのだとすれば，日常の身体の使い方を改善することこそが，不調のない快適な生活が送れることにつながるはずである．

もっと詳しく
姿勢の獲得と動作の自動化について

ヒトの発育発達の過程はそのまま，私たち人間が地球という重力環境下で身体活動を営むための基本となる"姿勢"を作り上げる過程であり，"立つ""座る""歩く"などの基本的な動きの学習過程とも言える．立位姿勢の獲得は3歳から5歳で，ほぼ大人と同じ立位がとれるようになる．この直立二足歩行を獲得するまでの過程を基本に，運動の連続性を獲得し，より複雑な身体活動を身に付け，日常動作やスポーツ動作などさまざまな動作を行うことができるようになる．

私たちはこの複雑な日常動作のほとんどを，特別意識することなく毎日繰り返し行っている．しかし，その日常のさまざまな動作は歩行時の一歩を考えてみても，同じ動作の繰り返しではなく，その時々で身体と身体を取り巻く環境とが相互作用を図りながら微調整されているものである．その動作の繰り返しは決して同一条件にならない，言わば「繰り返しのない繰り返し」だと言える．

日常の動作のほとんどは，脳のシステムから見ると「自動化」されたものであり，動作時の目的や環境に対して最適な運動パターンを自動的に調節している．皮膚や筋肉，関節や靱帯，視覚や平衡感覚など身体からのさまざまな感覚情報を統合し，動作時の環境との相互作用の中で，目的に応じた最適な運動パターンを選んでいるのである．これらは，いちいち頭で考えて運動パターンを選択しているわけではなく，もっと自発的な働きが関与していると言われ，まさに身体は「勝手に動いている」のである．人間は，この自動化された動きを姿勢の発達とともに発育発達の過程で経験し，学習していく．

B 用語の説明

コアコンディショニングに関して，エクササイズやその効果を表すいくつかの用語がある．以下まとめて解説する．

【体の構造に関して】

□コア

　広義には「体幹部を構成するすべての骨格，軟部組織および筋」，狭義には「腹腔壁を構成する骨格，軟部組織および筋」と定義される．

□インナーユニット

　体幹の深部にあり，腹腔壁を構成する筋．横隔膜，骨盤底筋群，腹横筋，多裂筋，腰方形筋，腸腰筋などが含まれる．

【体の状態・構造に関して】

□リアライメント™

　"アライメント"は関節における骨の位置関係・配列，"リ"は「re＝再び」を意味する．リアライメントは，筋のリラクゼーションと関節の可動性改善により，仰臥位での姿勢改善が得られることを意味する．リアライメントを得るためのエクササイズをまとめて「コアリラクゼーション」という．

□リセット

　「リセット」は，コンピューター用語で「強制的に起動しなおすこと」を意味するように，すぐに使用可能な初期状態に戻すことを意味する．陸上競技の「On your mark（位置について）」，「set（用意）」に使われるように，"セット"は身体が動き出す用意が整った状態という意味に用いている．「コアリラクゼーション」によってリアライメントが得られたうえで「コアスタビライゼーション」を行うことにより，抗重力位の姿勢が安定し，身体運動を開始するための準備が整った状態"リセット"が得られる．

□ボディコントロール

　あらゆる運動に関して，身体が最も効率のよい協調した運動ができている状態を意味する．この概念には，立位姿勢のバランス，外的刺激への適応，四肢と体幹の協調性などが含まれる．ボディコントロール向上のためのエクササイズをまとめて「コアコーディネーション」という．

【エクササイズの分類】

□コアリラクゼーション

　仰臥位でのリアライメントを目的とするエクササイズの総称．パッケージ化された基本エクササイズである「ベーシックセブン」や，肩関節や股関節，胸椎や腰椎など身体の各部位に的を絞って行うエクササイズ「リアライメントスリー*」などがある．ストレッチポール上の基本姿勢で実施されるほか，椅子座位などでも行われる．

□コアスタビライゼーション

　リセットを目的とし，コアリラクゼーションによってリアライメントが得られた身体に対して行われるエクササイズの総称．呼吸や小さな体幹の回旋動作，四肢の運動などが含まれる．多くはストレッチポール上の基本姿勢で実施される．

□コアコーディネーション

　ボディコントロールを目的とし，コアスタビライゼーションによってリセットされた身体に対して行われるエクササイズの総称．発育発達過程に沿って，仰臥位から伏臥位（腹臥位），四つ這い，膝立ち位，立位へと進められる．ストレッチポールのみならず，バランスボールやバランスディスクなどを用いることで難易度に変化をつけることもできる．

＊リアライメントスリー：旧名称は「アドバンストスリー」．

【エクササイズパッケージ】

□ベーシックセブン

　パッケージ化されたコアコンディショニングの基本エクササイズであり，コアリラクゼーション種目に含まれる．予備運動3種目，主運動7種目から構成され，誰もが1人で簡単に行えることを前提としている．

【技術】

□セルフモビライゼーション

　コアコンディショニングで用いられる運動方法であり，ストレッチポール上で身体を小刻みに振動させ，その振動がストレッチポールを介して体幹全体に伝播されることで，体幹全体の関節や筋に対して同時にリラクゼーションを図ることができる．

□セルフモニタリング

　エクササイズ前後に行う自分の身体の状態を確認するための方法．セルフモニタリングにより，自分の身体に意識を向け，身体のわずかな変化に気づくことができるようになることを目的として実施される．

C　コアコンディショニングの特徴

（1）セルフコンディショニング

　ヒトのスポーツ動作や日常の身体運動において，身体を左右均等にバランスよく使うことは少ない．非対称的な動作の反復は姿勢や動作に悪影響を及ぼすことから，身体活動そのものが姿勢を崩す原因となりうる．このようにして生じる姿勢や動作の崩れを，エクササイズなどにより自ら調整していくことを「セルフコンディショニング」という．コアコンディショニングのパッケージは，誰もが1人で簡単にセルフコンディショニングできるように作られている．

（2）再現性

　再現性とは，「いつ，どこで，誰が行ってもある一定の効果が得られること」を言う．コアコンディショニングでは，「コアリラクゼーション」，「コアスタビライゼーション」，「コアコーディネーション」と分類されてパッケージ化された各種のエクササイズを順に進めていく．このことが，高い再現性の一要因となっている．さらに，再現性の高さを可能としているのが，ストレッチポールである（図3.2）．適度な硬度と反力，1軸方向への転がり，適度な高さなど，ストレッチポールの特徴を最大限に活かすことにより高い再現性を得ることができる．

（3）体感

　コアコンディショニングでは，エクササイズ（もしくはパッケージ）前後にセルフモニタリングを行う．これにより，自分の身体の状態やその変化を自覚することができる．また，エクササイズ全体にわたって，自分の身体が今どんな状態にあるのか，左右差はどうなのか，など自分の身体に意識を向け，気づきを得られるような誘導を大切にしている．このセルフモニタリングやエクササイズ全般を通して得られる自分の身体に対する「気づき」が，体感につながっている．「自分の身体を感じる」ということが前述したセルフコンディショニングにおける大きな一歩であり，この体感こそが，習慣化した身体の使い方を改善するのに重要な手がかりとなる．

図 3.2　ストレッチポール各種

上段：ストレッチポール EX
中段：ストレッチポール MX
下段：左　ソフトポール 1/3、右　ハーフカット

　ベーシックセブン終了後，ほとんどの人が「背中が床にベッタリつく感じがする」，「背中がすっきりする（広がった感じがする）」などの体感を得る．この体感はトレーナーの指導の下でエクササイズを行っても，1人でエクササイズを行っても，同様に得ることができる．

(4) 安全性
●ポジショニング
　コアコンディショニングでは「安定が安心を呼び，安全が高まる」を原則に，「安全性」を重視している．リラクゼーションがエクササイズの基本であり，痛みや違和感，不安感や力みのない範囲での小さな動きを中心にエクササイズが構成される．外力を加えることなく，自重を利用した自動運動でエクササイズを進めるため，誰でもが安全にエクササイズを行うことができる．「安定」，「安心」，「再現性」は，「ポジショニング」で決まるといっても過言ではない．痛みや違和感，不安定感のない，身体各部位が最も脱力できる姿勢を見つけることが大切である．

●ストレッチポールの選択と補完法
　コアコンディショニングの効果を得るには正しいストレッチポールの選択が重要となる．「ストレッチポール EX」は直径約 15 cm，長さ約 98 cm の円柱状であり，振動を伝搬させるため硬めに作られている．主にスポーツ選手や健常な男性に向いている．「ストレッチポール MX」は直径約 12.5 cm，長さ約 98 cm の円柱状であり，表層に柔らかい素材を用いているため，この上に乗ると床から脊椎までの高さが約 10 cm となる．柔らかい，曲がりやすい，細い，軽いなどの特徴がある MX は，医療現場や高齢者，円背の強い方，EX 上でバランスをとりにくい方，身長 155 cm 以下の女性やジュニアアスリートに適している．「ハーフカット」は，直径約 15 cm，長さ約 40 cm の円柱を縦に切ったかまぼこ型の形状である．床から脊椎までの高さが約 7 cm となり，側臥位からの寝返りでその上に乗ることができる．高齢者や身長の低い方に適している．
　円背などアライメントに問題がある場合は，枕を使用して頸部へのストレスを軽減させる必要がある．また肩の伸展可動域制限や伸展位で痛みがある場合は，肘関節の下に枕を置いて上肢全体を挙上する．さらに，不安感が強い場合は，肩や骨盤の下に枕などを入れて安定性を向上させる．このように対象者に合わせて最もリラックスできる姿勢にすることが重要になる．

●パッケージ化されたエクササイズ
　安全性をより高めているのが，エクササイズのパッケージ化である．特にベーシックセブンを含むコアリラクゼーションは，姿勢のチェックから導き出すフローチャートに沿ってエクササイ

ズを進めることにより，誰もが安全にかつ，再現性高く身体をリアライメントすることができる．

● **エビデンスの構築**

　JCCAでは，コアセラピー研究部会を設立させ，また研究助成制度を充実させることにより，コアコンディショニングに関する研究を推進している．また，事例集や論文データベースを充実させ，さまざまな疾患や対象者に対する効果や副作用についての情報を収集している．

(5) 応用性

　コアコンディショニングは，姿勢を整え上手な身体の使い方を身に付けることで，人間が本来持っている機能を高めることを目的としている．高齢者やスポーツ選手，疾患患者や障害者など，対象を問わず，その効果を体感することができる．また，「コアリラクゼーション」，「コアスタビライゼーション」，「コアコーディネーション」の流れでエクササイズを進めることで，仰臥位での姿勢改善（リアライメント），抗重力位での姿勢改善と安定化（リセット），バランスと協調性改善（ボディコントロール）を効率よく得ることができる．このシンプルな流れは，体幹だけではなく肩関節や股関節など四肢の関節運動の機能向上，各種トレーニングやセラピーとの組み合わせ，トレーニングやリハビリテーションでの活用など幅広い応用を可能にする（5～6章参照）．

D　適応と効果

(1) コアコンディショニングの適応：対象者

　コアコンディショニングは人間本来の機能を引き出すことを目的としている．身体能力レベルの高低に関係なく，一般から高齢者，スポーツ選手と，幅広い適応範囲を持っていると言える．JCCAが2003年度から導入した資格認定制度により，指導者の資格・スキルに応じたエクササイズや対象者が定められている．コアコンディショニングの認定トレーナーは基本的には痛みや疾患のない者を対象とし，かつ指導中は直接対象者の身体に触れないことを原則としている．治療や機能障害に対し直接アプローチするのではなく，予防的立場から痛みや機能障害を起こさない効率のよい姿勢，上手な身体の使い方を指導する．ただし，医療従事者はこの限りではない．

(2) 主観的効果

　コアコンディショニングを実施すると，主観的には多くの人がエクササイズ終了後「気持ちよさ」をベースとしたさまざまな効果を体感できる．ここで感じる「気持ちのよさ」こそが，慢性的な心身の不調の改善に重要であり，セルフコンディショニングを継続していくためにも欠かせない要素と言える．なお，これらの主観的効果の分析については徐々に研究が進められている．

● **気持ちよさ**

　まず，多くの人が体感する効果に，エクササイズ終了後，ストレッチポールから降りて床に仰向けになったときに感じる何ともいえない背中の感じがある．「背中がベッタリ床につく感じ」や「床に埋もれる感じ」，「柔らかい布団に寝ているような感じ」などさまざまな表現が聞かれるが，いずれも「気持ちよさ」に通じる体感である．この背中の感覚とともに全身のリラクゼーション効果を感じることができる．自分の身体に存在する緊張を感じることができない方では，コンディショニングによって脱力を体感し，自分の心身の緊張に初めて気づく場合がある．

●眠くなる

　ベーシックセブンのリラクゼーション効果は絶大で，エクササイズ中に眠くなってしまう方も数多く見られる．このような自律神経の作用とも考えられる効果に関しても今後研究が進むことが期待される．ストレスの多い現代社会において，誰の手も借りずに簡単にリラックス効果が得られるエクササイズは，精神衛生上も重要な役割を果たすものと思われる．

●姿勢がよくなる

　ベーシックセブンにより，仰臥位での姿勢の変化を誰もが体感することができる．エクササイズ終了後の体感として「胸が張れる」，「背中が伸びた感じ」，「背が高くなった感じ」など姿勢の変化を多くの人が体感する．また，セルフモニタリングを通して，身体の左右差の軽減も多くの人が体感する変化である．これらの姿勢改善効果は研究においても確認されており，主観的にも客観的にも認められる効果である．

●動きやすさ

　エクササイズの前後に行うモニタリングにおいて，身体を動かした際によく聞くのが「身体が軽い」，「動きやすい」という感想である．特にコアスタビライゼーション後に四肢を動かしてみると多くの人が四肢の軽さ，動かしやすさを体感する．この動きやすさの体感は高齢者においては日常の活動量を向上させることにつながるであろうし，一般の人においては運動量の向上に，アスリートにおいては準備運動として取り入れることで，動きやすい状態でトレーニングに移行することができ，結果としてさまざまな不調の予防につながっていくことが期待される．

(3) 客観的効果

　コアセラピー研究部会（7.2節）の発足により，健常者を対象としたさまざまな研究が行われており，これまでの主観的な効果を裏付ける研究結果が報告されている．現在確認されている客観的効果として，①脊椎のリアライメント効果，②仰臥位での圧分布の均等化，③上肢関節可動域の改善，④胸郭可動性の改善，⑤立位バランスの改善，などがあげられる．

　ベーシックセブンの効果として，仰臥位での脊柱リアライメント効果があげられる．脊柱全体として過度の弯曲が減少し，脊柱カーブの減少が認められている．特に下部腰椎の前弯減少と上部腰椎の前弯増強が確認されている．また，胸郭のスティフネス（堅さ）が低下することにより，より動きやすい（つぶれやすい）胸郭が得られる．これらがベーシックセブン後の背中がベッタリ床につく感覚と一致するものと推察される．

　脊柱のリアライメント効果は「姿勢がよくなった感じ」，「背が伸びた感じ」に，胸郭の可動性の向上は姿勢における「胸が張れる感じ」を裏付けるものと考えられる．また，立位バランスの向上は「身体の動かしやすさ」，さらには「身体が軽い」などの主観につながるものと考えられる．上肢の関節可動域の向上は四肢の動かしやすさに直結しているものと思われる．今後，さらに研究を進め，より強固なエビデンスの構築を目指していく．

3.2 コアコンディショニングの実施にあたっての準備

吉武永賀

A 基本姿勢

　ストレッチポール上での仰臥位を，コアコンディショニングでは「基本姿勢」と呼んでいる（図3.3）．その特徴は，ストレッチポールが背骨だけを支持し，それ以外の部位が可動しやすいことである．このことにより四肢や体幹のモビライゼーションが効果的に行われる．その効果を増すには，基本姿勢時に十分リラックスされていることが重要である．ストレッチポールの不安定さや姿勢が緊張を生む場合は，3.1節で述べたようにストレッチポールの選択や枕などを利用した補完が必要となる．以下，健常者と高齢者に分けていくつかの留意事項を述べる．

図 3.3　基本姿勢

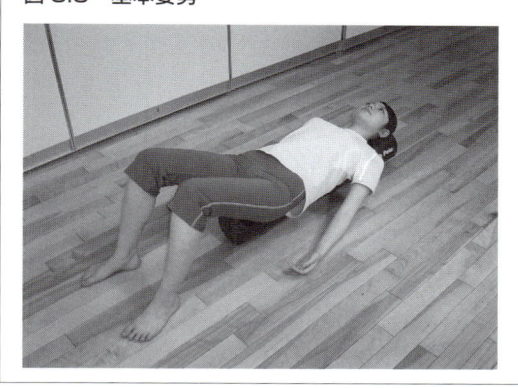

B 健常者における留意事項

（1）ストレッチポールの選択（図3.4）

　ストレッチポールは長さ約 98 cm の円柱形であり，スポーツ選手向けに開発された**ストレッチポール EX** の直径は約 15 cm，女性・ジュニア・医療現場向けに開発された**ストレッチポール MX** の直径は約 12.5 cm である．身長 155 cm 以上の健常者であれば問題なくストレッチポール EX が最適である．一方，身長が 155 cm 以下の方（女性・ジュニア），医療機関のベッド上で使用する場合，EX では硬すぎると感じる方，などには MX が適している．さらに，円柱状のストレッチポールでは不安定で緊張してしまう方，もしくは肩甲帯や股関節に違和感がある方は**ハーフカット**（高さ約 7.5 cm，長さ約 40 cm）を縦に 2 本並べて使用する．いずれの場合も不安定な姿勢となるため，その扱いには十分注意を要する．

図3.4 ストレッチポールの断面

左からストレッチポールEX、ストレッチポールMX、ハーフカット

(2) 使用場所

コアコンディショニングを行う場所については，ポールを転がすゆらぎ運動がスムースに行えるように，床面は平坦でその材質はフローリングが好ましい．しかし，基本姿勢時にストレッチポールが沈まない程度の硬度があれば，畳やカーペットなどのように多少柔らかくても問題はない．

(3) 乗り方

①ストレッチポールの縫い目が横に来るように床に置き，ふた（ファスナー）のあるほうに腰を下ろせるように，ストレッチポールを背に立つ（図3.5）．

②ストレッチポールを確認しながら，ゆっくりとストレッチポールの端に腰を下ろし（図3.6①），床に手をつきながらストレッチポールに背を這わせて仰向けに寝る（図3.6②）．

図3.5 セッティング

図3.6 乗り方

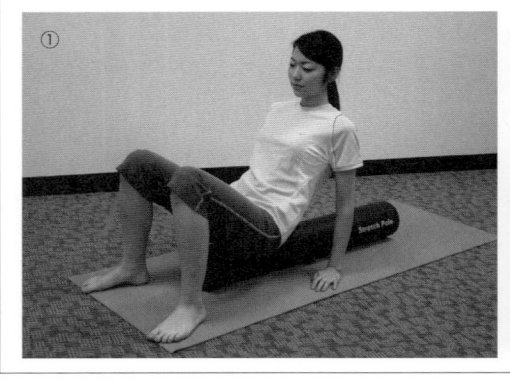

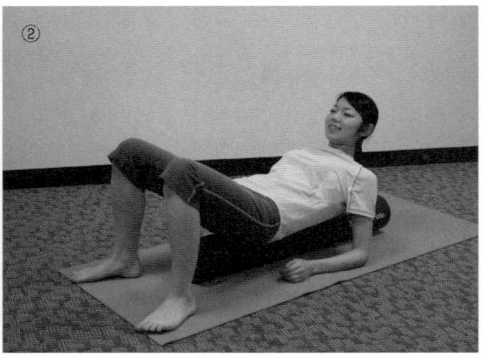

（4）基本姿勢

両足を肩幅くらいに開いて，股関節が一番リラックスできる位置を探す．手のひらを上に向け，肘を軽く曲げて腕を床につき，肩が一番リラックスする位置を探す．呼吸を自然に繰り返し，徐々に肩や殿部が沈んでいくのを感じることが大切である．その際，目は開いたままとし，横を向いたり頭を持ち上げたりしない（図3.7）．緊張している部位がある場合は，ハーフカットに変更するか，またはタオルなどを使用してバランスをとりやすくする．もしそれでも緊張が抜けない場合は，効果が得られにくいのでストレッチポールの使用を中止する．

図3.7　基本姿勢

（5）ハーフカットの場合

ハーフカットを使用する場合は，ファスナーのある側が両端となるように配置し平らな面を下にし，縦に2本並べる（図3.8）．乗り方や基本姿勢，降り方はストレッチポールと同様である．

図3.8　ハーフの置き方

(6) タオルを使って首周りの緊張をとる

首周りが図3.9①，②のように緊張している場合，ストレッチポール上での基本姿勢において，顔面がほぼ水平となり，目と耳の位置がストレッチポールに対して垂直になるようにタオルで高さを調節する（図3.9③）．

図3.9　首周りの緊張

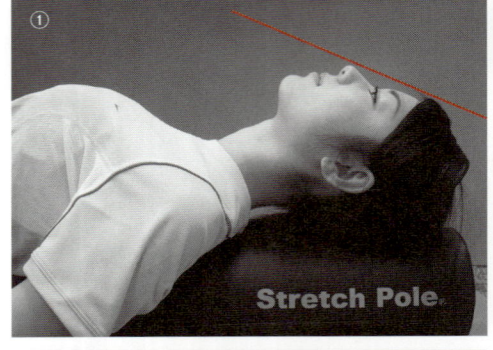

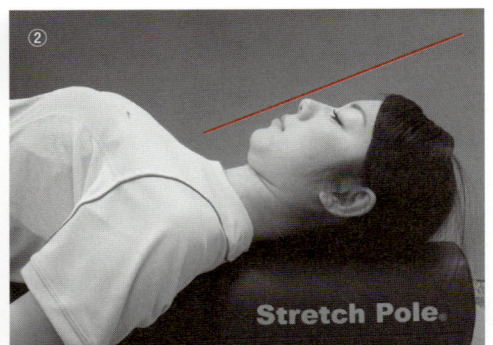

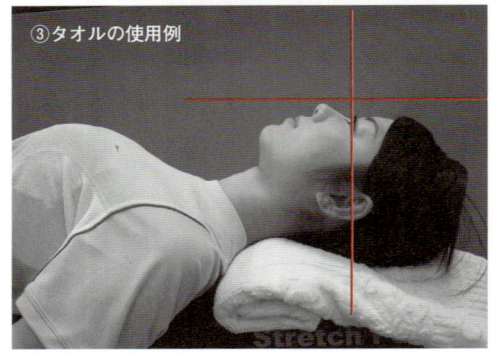

①や②のように首回りの緊張が見られる場合は，③のようにタオルで高さを調節する．

(7) 降り方

ストレッチポールから降りるときは，身体への衝撃が少なくなるように，身体を横に傾けながら，お尻からずり降りるようにする．その際は，手で支えながらゆっくりとポールからお尻，背中，肩，頭の順に降りてゆく（図3.10）．

図3.10　降り方

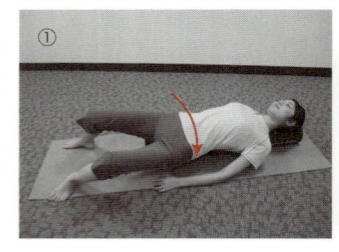

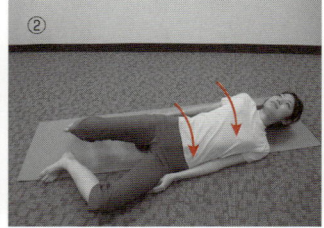

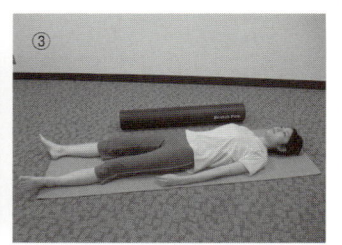

C 高齢者における留意事項

(1) ストレッチポールの選択

　高齢者では，骨粗鬆症傾向や関節可動域が小さくなっているため，ハーフカットや医療機関向けに開発されたベッドで使用できる「ストレッチポール MX」を使用する．また，首周りの緊張をとり安定を図るために，頭は適度な高さに調節された枕に乗せる．また，場合によっては，ハーフカットをストレッチポール MX の両側に置くことでストレッチポールの転がりを防ぎ，安定化を図る（図 3.11）．

図 3.11　高齢者のためのストレッチポールの配置例

(2) 乗せ方（図 3.12）

　側臥位になったクライアントの背後に位置し，ストレッチポール MX を背骨に沿うように置く．介助者は，足でストレッチポール MX が転がらないように固定し，クライアントの肩と腰に手を添える．クライアントに合図をしながら，クライアントを仰向かせつつストレッチポール MX に乗せる．

図 3.12　高齢者の乗せ方

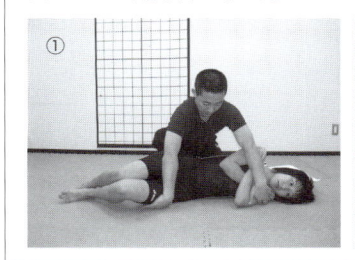

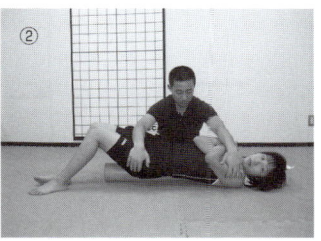

（3）基本姿勢

　ストレッチポール上の基本姿勢では，背骨が背面から支持されて脊椎のカーブが整えられ，同時にその他の部位の運動やモビライゼーションが可能になっている．高齢者などの基本姿勢も同様に，モビライゼーションに適した姿勢を安全に作り出すことが大切である．そのため，股関節や肩が一番リラックスできる位置になるように指示するか，もしくはタオルや毛布を使用してリラックスしやすい姿勢および環境を確保する（図3.13①）．極端な例では，背骨だけがストレッチポールMXに乗り，そのほかの部位はストレッチポールMXと同じ高さ，もしくは少し低い高さでタオルや毛布で支える（図3.13②）．

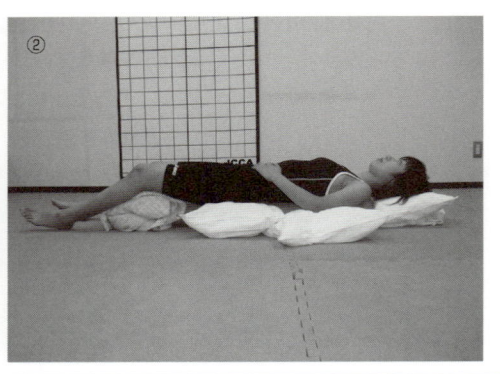

図3.13　高齢者基本姿勢

（4）降ろし方

　タオルや毛布を取り除き，クライアントの側面から反対側の肩と腰に手を置く（図3.14①）．ゆっくりと側臥位になるように口頭指示を出しつつ，介助者は床からクライアントへの衝撃を最少となるようゆっくりストレッチポールMXから降ろす（図3.14②，③）．

図3.14　高齢者の降ろし方

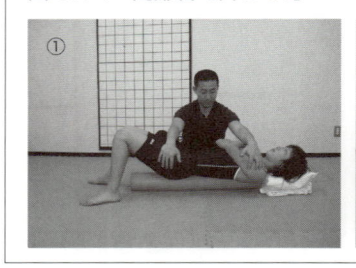

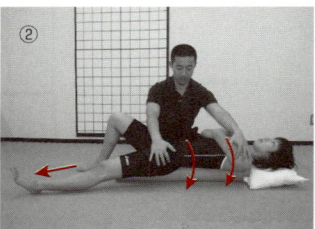

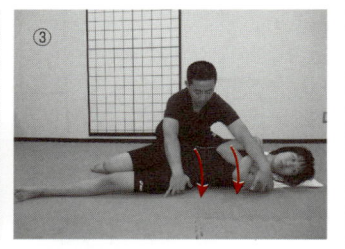

3.3 コアリラクゼーション
エクササイズの実際

渡辺なおみ・岩下智之

A　コアリラクゼーションの目的

　コアリラクゼーションはリアライメント（仰臥位での姿勢改善）を目的としたエクササイズである．ストレッチポール上でのセルフモビライゼーションにより，体幹部の筋のリラクゼーションと脊椎や胸郭の関節可動性の改善による仰臥位でのリアライメントが促される．その代表的なパッケージとして「ベーシックセブン」と「リアライメントスリー（旧名称：アドバンストスリー）」がある．特にベーシックセブンはコアコンディショニングの代表的なエクササイズパッケージであり，その効果は多方面で実証されてきた．

B　モニタリング

　エクササイズに入る前に，立位，仰臥位でのセルフモニタリングを行う（3.6節 症例報告参照）．

①動きの確認（立位）

　左右差や動きやすさなどを意識しながら，以下の運動を行う．

　体幹……前屈・側屈・回旋
　頸椎……前後屈・側屈・回旋
　上肢……拳上（肩関節屈曲など）
　下肢……拳上（股関節屈曲など）

②床との接触を確認（仰臥位）

　床に仰向けに寝て，身体と床との接触状況を確認する．接触部位，圧，面積などを，左右差などに注目しつつ確認する（図 3.15）．

図 3.15　モニタリング

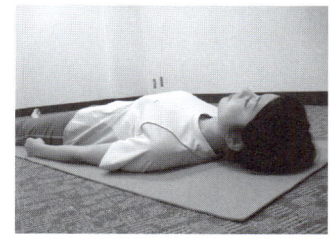

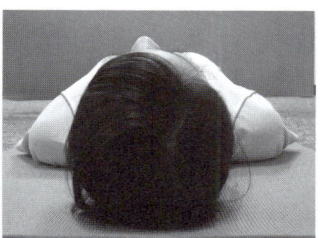

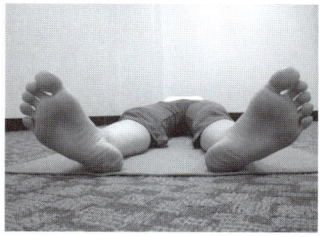

頭，肩，背中，腰，殿部，大腿部，下腿部などと床との接触状況を感じ，確認する．

C　ベーシックセブン

　ベーシックセブンは，予備運動3種目と主運動7種目から構成される．ストレッチポールの上

で脱力して行うゆっくりとした四肢の運動や，セルフモビライゼーションによって脊柱全体に振動を伝えてリラクゼーション効果を及ぼし，再現性の高いリアライメント効果が得られる．

(1) 基本姿勢（図3.16）

ストレッチポールに背骨と頭を乗せ，仰向けに寝た状態を「基本姿勢」と呼ぶ．うまく全身を脱力するためには，まず脊柱をきちんとポールに沿わせ，自分の身体の中心を感じることが大切である．そして四肢を脱力し，四肢の重みを十分に感じるようにする．両手のひらを上に向けて肩にストレスのない楽な位置に置く．下肢については，両膝を曲げて膝や股関節を少し開き，下肢全体が最も脱力できる位置を探す．この基本姿勢で脱力できていることが，このあとのエクササイズを効果的に進めるうえで重要である．

図3.16 基本姿勢

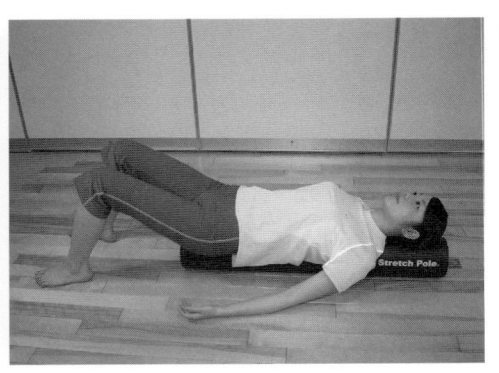

フォーム：ストレッチポールに頭から骨盤までを乗せて仰向けに寝る．脚は腰幅くらいに広げ，膝を立て，足の裏を床につける．腕はやや広げ，肘から下は床に置き，手のひらを上に向ける．
ポイント：全身を十分にリラックスさせる．

(2) 予備運動

ベーシックセブンは3種目の予備運動から開始する（図3.17～3.19）．予備運動は動きを伴わない静的な運動からなる．四肢の重量を利用しつつ，脊椎全体のゆっくりとしたリアライメントと関連する筋のストレッチ効果が得られる．

図3.17 予備運動1 胸の運動

フォーム ：基本姿勢から肘，手の甲を床につけたまま，両腕を胸の横あたりまで広げる．
エクササイズ：ゆっくり呼吸をしながら腕の力を抜く．ゆったりとした呼吸を3～5回繰り返す．
ポイント ：徐々に胸を張った姿勢となり，呼吸が楽になることを感じる．上肢全体を脱力し，腕や肩に力を入れたり，動かしたりしない．

第3章 コアコンディショニングの方法と指導法

図3.18　予備運動2　股関節の運動

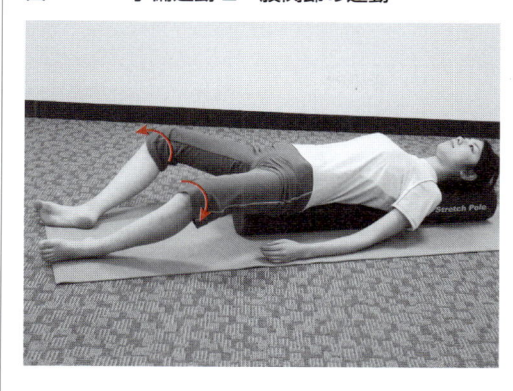

フォーム	：膝を適度に曲げた基本姿勢から足の裏を中央に向け，膝を外に倒す．足裏は合わせる必要はない．踵をポールから適度に離れた位置に置き，股関節が楽な位置を見つける．
エクササイズ	：脚の力を抜き，ゆっくりとした呼吸を3～5回繰り返す．
ポイント	：腰や股関節に痛みや違和感がある場合は，すぐに基本姿勢に戻す．膝角度を広めにとるほうがリラックスしやすい．

図3.19　予備運動3　対角運動

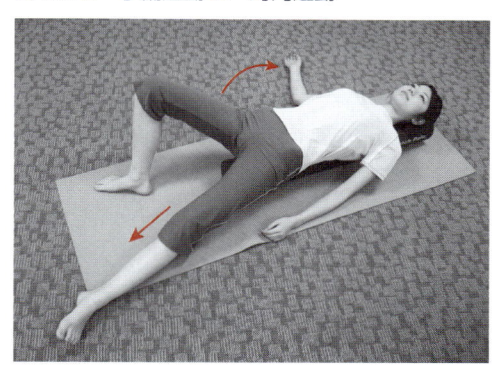

フォーム	：まず片脚をゆっくり伸ばす．次に対角（対側）の上肢を，床上を滑らせつつ胸の高さくらいまで移動させる．
エクササイズ	：身体をストレッチポールに預け，ゆったりとした呼吸を3～5回繰り返す．反対側も同様に行う．
ポイント	：肩や肩甲骨，腰，股関節の部分に違和感がない姿勢を見つける．

もっと詳しく

予備運動の効果

　私たちの日常動作のほとんどの作業において，手は身体の前面で使われ，身体を丸めがちになっている．予備運動では四肢の重さを利用して筋肉を伸張し，日常短縮しがちな身体の前面にある屈筋群をリラックスさせてリアライメントを促進する．予備運動1の「胸の運動」では，肩の高さ程度まで開いた腕の重さが牽引力となり，胸郭と腕をつなぐ大胸筋を伸張する．また，肩甲骨を含む上肢帯の牽引力と胸郭の挙上により肩甲骨の烏口突起と胸郭をつなぐ小胸筋を伸張し，胸を張りやすくする．予備運動2の「股関節の運動」では，股関節を屈曲・外転・外旋位で脱力することにより，股関節内転筋群を伸張する．予備運動3の「対角運動」では，対角にある上下肢を同時に脱力することにより，外腹斜筋・内腹斜筋，対側の内転筋，体幹部の筋膜など体幹を斜めに走る筋肉を伸張する．また，下肢を伸ばすことで腸腰筋など股関節屈筋を伸張する．

（3）主運動

　7種目で構成される主運動は，小さな関節運動を主体とする運動であり，上肢（ベーシック1～3），下肢（ベーシック4～5），体幹（ベーシック6～7）の順番で行う（図3.20～図3.26）．

ストレッチポールによる脊柱への直接効果と自重を利用したセルフモビライゼーション効果により，体幹をリアライメントする．

図3.20　ベーシック1　床みがき運動

フォーム　　：基本姿勢で上肢全体をリラックスさせる．
エクササイズ：手で小さい円を描くように腕を揺らし，その振動が肘，肩に伝わるようにする．
ポイント　　：力を抜き，動かしやすい腕の位置を見つける．

図3.21　ベーシック2　肩甲骨運動

フォーム　　：基本姿勢から「前にならえ」をするように両手を天井に向ける．
エクササイズ：両腕を天井に向かって突き出して肩甲骨をストレッチポールから離す（①）．呼吸に合わせて腕を元の位置に戻す（②）．
ポイント　　：肩や頸をリラックスさせつつ，肩甲骨を十分に動かすことを意識する．

図3.22　ベーシック3　腕の外転運動

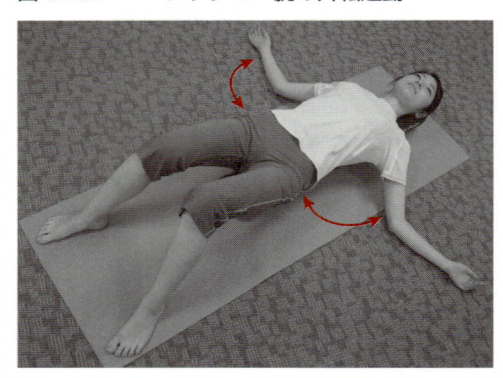

フォーム　　：基本姿勢．
エクササイズ：両腕を体側から離し，扇を広げるように頭のほうに上げ（腕の外転），その後元の位置（基本姿勢の位置）まで戻す．これをゆっくり繰り返す．
ポイント　　：エクササイズ時，肩関節に違和感のない程度の運動範囲とする．肘を床から持ち上げないようにする．

図 3.23　ベーシック4　ワイパー運動

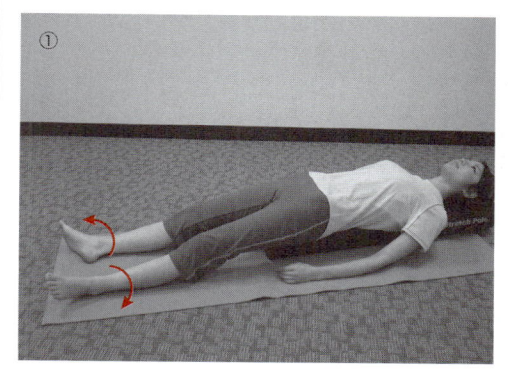

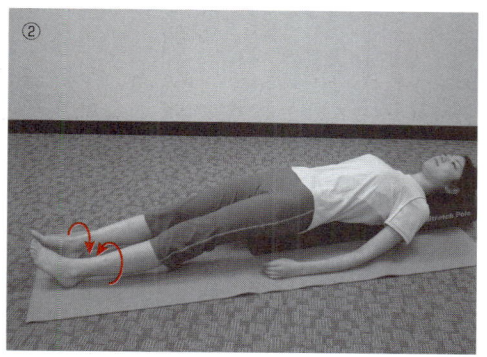

フォーム	：基本姿勢から両脚をゆっくり伸ばす．足幅は骨盤幅とする．
エクササイズ	：踵を支点として，つま先を外側内側へと動かす（自動車のワイパーのような動き）．脚を付け根（股関節）から揺らすような感覚で動かす．
ポイント	：腰，股関節に違和感があったらすぐに基本姿勢に戻す．

図 3.24　ベーシック5　膝ゆるめ運動

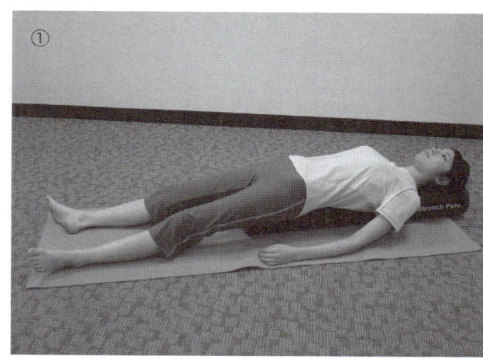

フォーム	：ワイパー運動のまま両膝を伸ばして脱力し，つま先を自然に外に向ける（①）．
エクササイズ	：膝を小さく外に開くようにわずかに曲げ（②），脱力して元の位置に戻す（③）．踵は床につけたままほとんど位置が変わらない．
ポイント	：股関節から骨盤へと動きが伝わることを感じる．

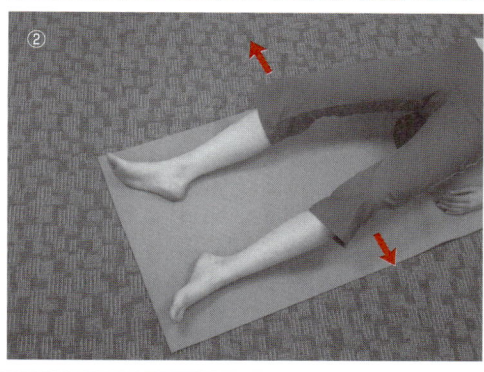

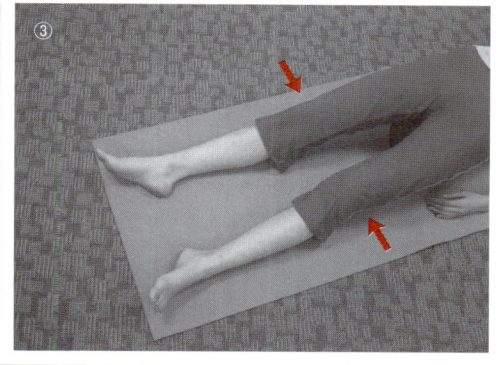

3.3　コアリラクゼーション

図 3.25　ベーシック 6　小さなゆらぎ運動

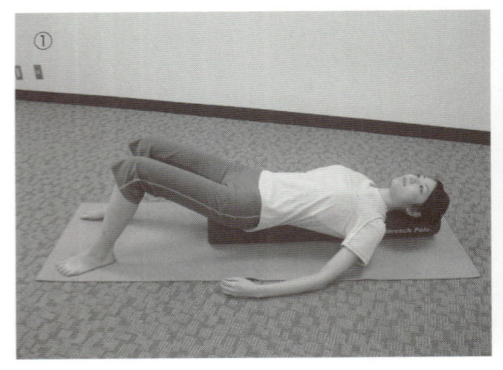

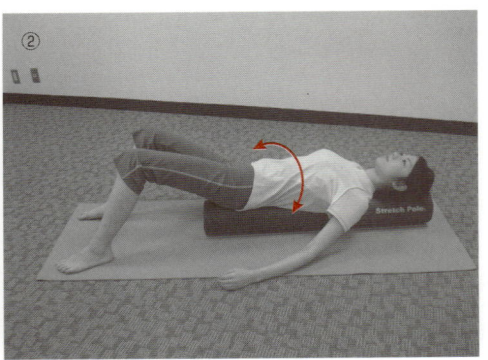

フォーム　　：基本姿勢（①）．
エクササイズ：ストレッチポールを背中の下で転がすように身体を左右に移動させる（②）．
ポイント　　：力を抜いて，全身が柔らかく動くことを感じる．

図 3.26　ベーシック 7　呼吸運動

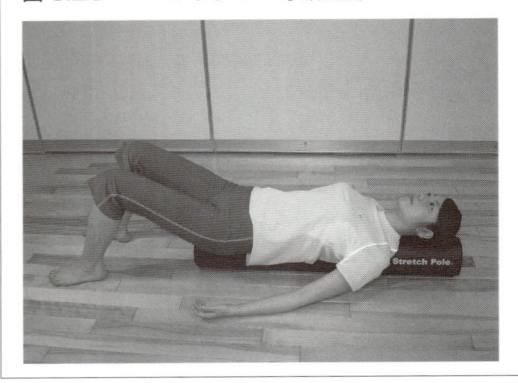

フォーム　　：基本姿勢．
エクササイズ：3～5 回程度，自然な呼吸を繰り返す．
ポイント　　：全身のリラックス感を味わう．

もっと詳しく

主運動の効果

【上肢の運動】　上肢の運動は「床みがき運動」（ベーシック 1：図 3.20 および図 A）から始まる．手の小さな円運動が肘関節，上腕骨，肩関節，鎖骨へと伝わり，上肢帯と体幹をつなぐ唯一の関節である胸鎖関節を振動させる．この胸鎖関節の機能は上肢の動きに重要で，前腕・上腕・肩甲骨と連鎖して上肢の動きに関与する．あらかじめ床みがき運動で小さな胸鎖関節の動きを引き出しておくことにより，この後行う比較的大きい肩甲骨を含む上肢全体の運動の効果を増幅させる．

「肩甲骨運動」（ベーシック 2：図 B）では肩甲骨の内・外転，「腕の外転運動」（ベーシック 3）では肩甲骨の上方回旋と下方回旋を誘導する．結果として，肩甲骨周囲を含む肩関節周囲の軟部組織をリラックスさせ，肩甲骨アライメントの左右差を整え，肩関節をリアライメントする．これら上肢の運動は，同時に胸椎に振動を与え，胸椎全体をリアライメントする効果が得られる．

図A　床みがき（ベーシック1）で鎖骨部分をアップ

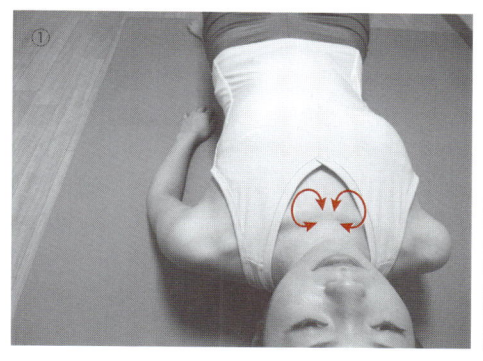

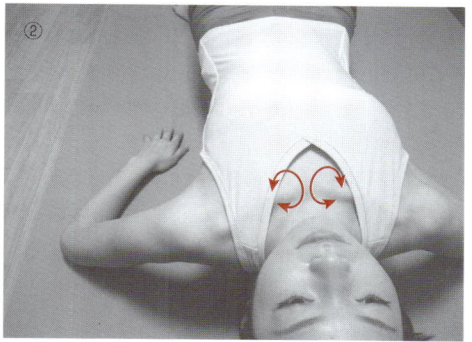

図B　肩甲骨運動（ベーシック2）を横から肩甲骨外転時

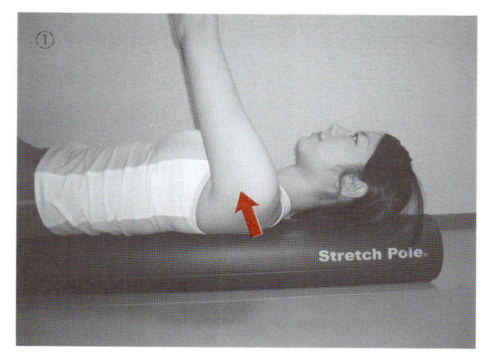

【下肢の運動】　下肢の運動は，主に股関節とその周囲の軟部組織のリラクゼーションを目的としている．その結果，股関節のリアライメントを得るとともに，仙骨後傾を含む骨盤のリアライメントにも効果が及ぶ．「ワイパー運動」（ベーシック4）は踵を支点とした股関節の小さな内・外旋運動である．これにより，股関節の筋や軟部組織を緩めるとともに骨盤を前傾・後傾方向へ小さく揺らすことによるセルフモビライゼーション効果が得られる．「膝ゆるめ運動」（ベーシック5：図C）も同様に，股関節屈曲・外転・外旋位での小さな関節運動が股関節周囲の軟部組織のリラクゼーションを促すとともに，骨盤に対して振動を及ぼす．その揺れが骨盤から脊柱に伝わり，仙腸関節や腰椎の椎間関節に対しセルフモビライゼーション効果を発揮し，脊柱のリアライメントに貢献する．

図C　膝ゆるめ運動（ベーシック5）

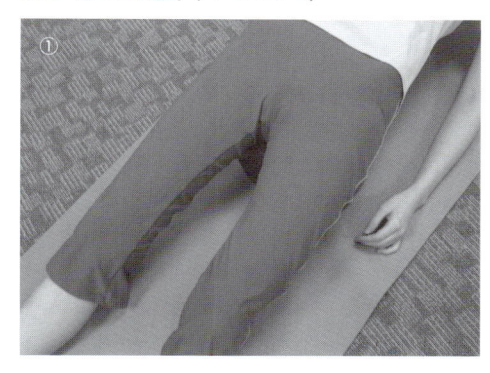

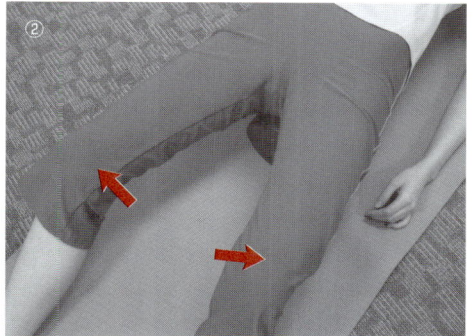

【体幹】 最後に「小さなゆらぎ運動」(ベーシック6)と，基本姿勢による「呼吸運動」(ベーシック7)を行う．

小さなゆらぎ運動(ベーシック6)では，自重を使って脊柱回りの小さな筋肉や脊柱起立筋群に対し，筋膜リリースを含むマッサージ効果が期待でき，また同時に起きる脊柱の小さな回旋がストレッチポールの反力とあいまって，脊柱全体へのセルフモビライゼーション効果を引き出す．

基本姿勢による「呼吸運動」(ベーシック7)は，これまでのエクササイズによる呼吸に関する筋肉の緊張軽減の結果，特に意識することなく深い腹式呼吸が可能となり，深いリラクゼーション効果が得られる．

D　ベーシックセブン後のモニタリング

エクササイズ前に行ったセルフモニタリングを床に寝ることから逆に行う．エクササイズ前の状態からどう身体が変化したのかを感じ取る．さらに，指導者がいる場合は，アドバンストモニタリングを行い以下のような問題点が残っている場合は，次項の「E リアライメントスリー」に進む．

(1) アドバンストモニタリング

●**床上仰臥位でのモニタリング**

ベーシックセブン終了後，床の上に仰向けとなり，(a)肩関節の床からの高さ，(b)左右のつま先の開き具合，を頭上から確認する．

(a) 肩関節の床からの高さ

肩関節の床からの高さに左右差がある場合，高いほうの大胸筋や小胸筋，上腕二頭筋，烏口腕筋など上腕と胸郭をつなぐ筋群や関節を構成する軟部組織の短縮，緊張亢進が示唆される．よって肩の高さの高い側へ優先的にアプローチする．

(b) 左右のつま先の開き具合

仰臥位におけるつま先の開き具合(股関節外旋)を確認する．外旋角度に左右差がある場合は，両方の股関節に対して非対称的に対策を講じる．すなわち，一方を内旋，他方を外旋方向にモビライゼーションすることで股関節の対称化を図る．足角度に極端な左右差がある場合は股関節周囲の筋肉や靱帯，関節包など軟部組織に何らかの問題があることが示唆される．

●**ストレッチポールの上でのモニタリング**

仰臥位における肩関節，股関節の左右差を軽減したら，今度は胸椎，腰椎の回旋に対してアプローチをする．ストレッチポール上で(c)胸郭の傾き，(d)骨盤の傾きを確認する．このとき胸郭が右に傾いていれば骨盤に対する胸椎の右回旋が示唆される．この胸郭と骨盤帯の傾きには肩甲帯や骨盤帯における筋の緊張の左右差の影響もあるが，あらかじめ肩関節と股関節周囲の左右差に対してアプローチをしておくことで，脊柱の回旋の要素が強くなる．

E　リアライメントスリー

「ベーシックセブン」ではリアライメントできなかった部位に対しては，肩関節や肩甲帯，股関節や骨盤帯，胸椎や腰椎など身体の各部位に対する個別のコアリラクゼーションを行う．このとき図 3.27 のフローチャートに基づき，問題点を絞り込みながらエクササイズを進めるとよい．なお，「リアライメントスリー」は代表的な残存する問題である肩や股関節の非対称性，脊椎の回旋アライメントの改善に効果的な 3 つのエクササイズである．「脇下・頭上ローリング」「ワイパー膝ゆるめ」「側臥位ローリング」がある．

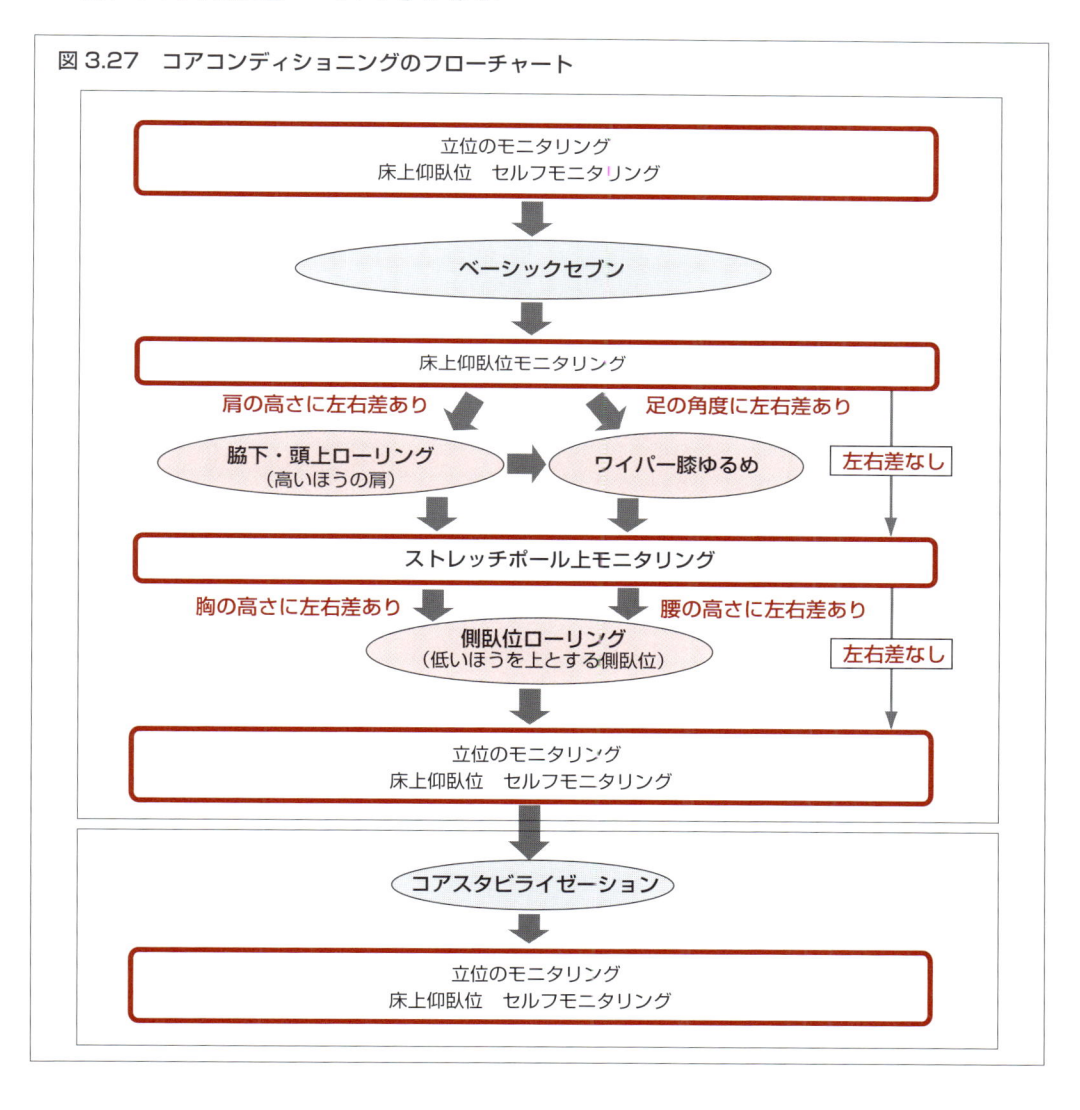

図 3.27　コアコンディショニングのフローチャート

（1）脇下・頭上ローリング

適応：床上の仰臥位で肩が高位になっている側に行う（図3.28，3.29）．

図3.28 脇下ローリング

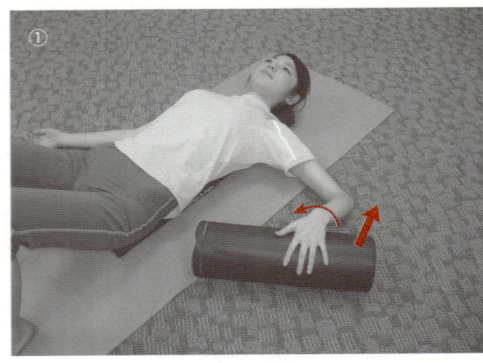

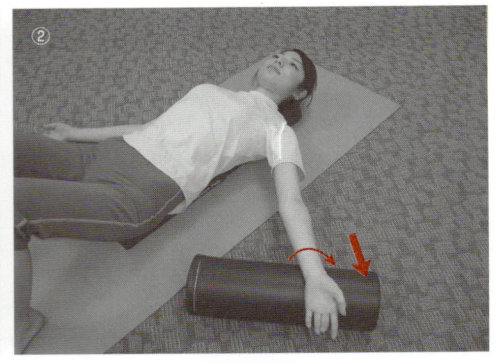

肩関節内旋　　　　　　　　　　　肩関節外旋

図3.29 頭上ローリング

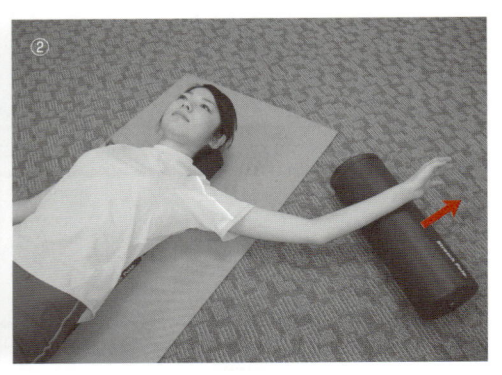

フォーム	：ハーフカットに仰向けに寝て基本姿勢をとる．
エクササイズ	：脇下ローリングでは基本姿勢のまま前腕をショートポールもしくはソフトポール（1/3カット）に乗せ，小さくポールを転がす（図3.28）．頭上ローリングでは，自然に万歳したくらいの角度に腕を上げ，ポールを転がす（図3.29）．
ポイント	：前腕がポールに対して垂直になるように乗せ，肩の力が最も抜ける位置で動かす．

（2）ワイパー膝ゆるめ

適応：床上の仰臥位で足角度（股関節回旋角度）が不均一の場合に行う（図3.30）．

図3.30　ワイパー膝ゆるめ
（1）ワイパー運動

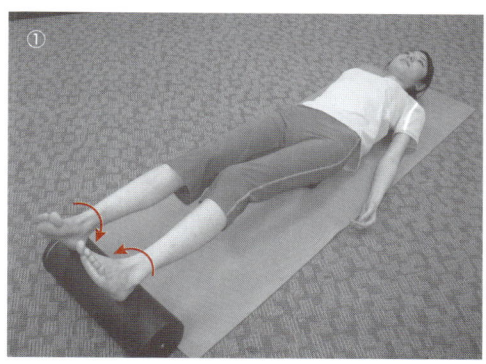

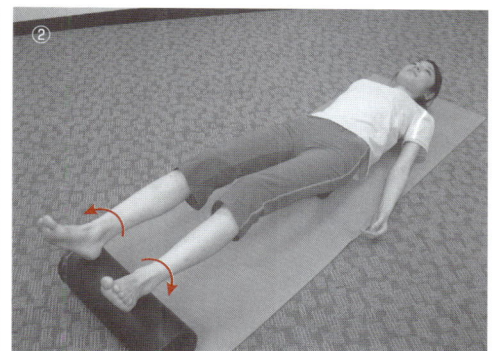

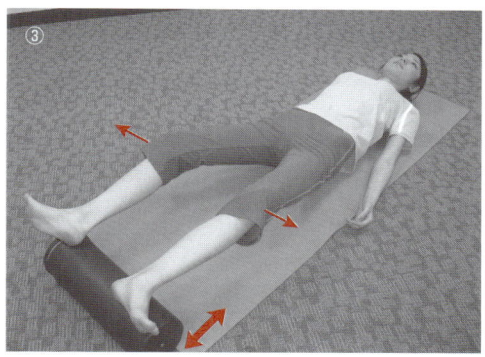

（2）左右ワイパー膝ゆるめ

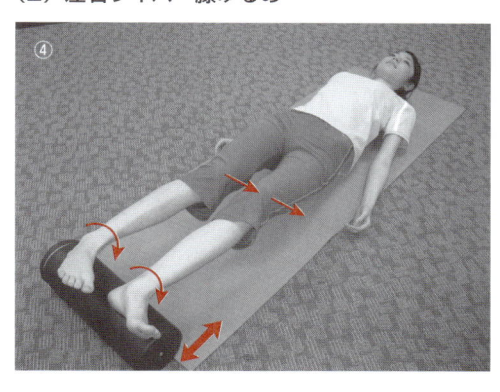

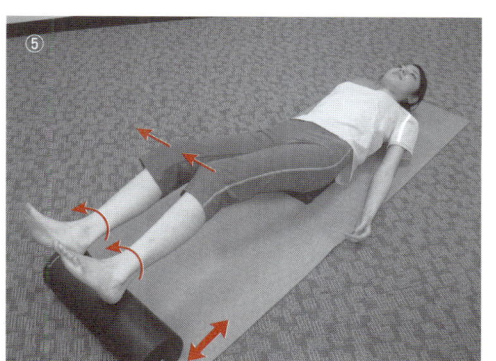

フォーム　　：ハーフカットに仰向けに寝て，両下肢を骨盤幅に伸ばし，ストレッチポールに乗せる．足を乗せる位置を変え，最も楽な場所を探す．
エクササイズ：左右のつま先を同じ方向に向けるように，ワイパー運動を行う（①〜③）．次に，両脚を右（左）に倒し，膝ゆるめをする（④〜⑤）．
ポイント　　：ボールを軽く転がしながら行う．

(3) 側臥位ローリング

適応：脊柱の回旋が顕著に残存する場合に行う（図3.31, 3.32）.

図3.31 側臥位ローリング（胸椎）

図3.32 側臥位ローリング（腰椎）

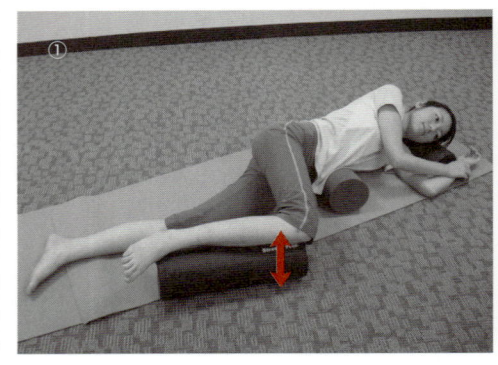

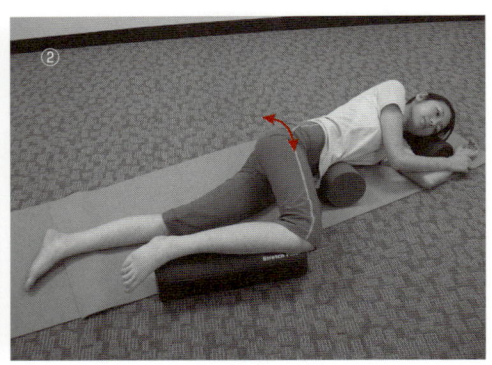

フォーム　：ストレッチポール上でのモニタリングで低位となったほうを上にした側臥位になり，身体の前にストレッチポールを置く．
胸椎に対する側臥位ローリング（図3.31）では上肢をストレッチポールと直交させ，前腕をストレッチポール上に乗せる．
腰椎に対する側臥位ローリング（図3.32）では，膝を90°程度曲げ，大腿部をストレッチポールに直交させ，下腿全体をストレッチポール上に乗せる．
エクササイズ：ストレッチポールを上肢または下肢で押したり引いたりして転がす．
ポイント　：腕や足だけの運動にならないように，体幹の中心から回旋させるような感じで行う．

F　リアライメントの効果が不十分な場合

　リアライメントスリーは，ベーシックセブンに加え，リアライメントしにくい部位に対して，推察される原因を1つ1つ解決していく流れで構成されている．もちろん，リアライメントできない原因として，ここに記載した以外の要素（足角度の左右差における膝関節の回旋の影響など）は考えられる．しかしながら，体幹部分に関するリアライメントのおおよそはこの流れで解決する．このパッケージを1つのスクリーニングと捉え，体幹部分のおおよそのリアライメントを図る．それでもリアライメントしきれない部分に対しては，姿勢をきちんと評価して問題点を抽出し，個別のアプローチを考案する必要がある．

G　エクササイズの留意点

●リラックスできる環境

　コアリラクゼーションでは心身ともにリラックスしてエクササイズを行うことが重要である．このため，心理的にリラックスしやすい環境整備も非常に重要となる．それには，適度な明るさ，リラックスできる音楽，香り・温度なども考慮するとよい．エクササイズ全般で「心地よさ」を感じられるような工夫が重要である．

●モニタリングは心地よさに焦点をあてる

　身体に何らかの違和感・痛みなど不調が生じると，正常な部分よりも不調が強く意識される．その結果，「心地よさ」を感じることができにくくなる．コアコンディショニングのモニタリングでは，自分の身体の状態を内観するとき，不調よりもむしろ心地よさに焦点をあてるようにする．

●ストレッチポールに乗る時間は15分以内

　エクササイズを進めるうえで，ストレッチポールに乗っている時間を考慮する必要がある．脊柱のみをストレッチポールで支えるため，仙骨や胸椎など局所に力が加わることになる．このため長時間ストレッチポールに乗ってエクササイズを行うと，仙腸関節や胸椎の一部に過大なリアライメントが生じ，痛みを起こす危険性がある．ストレッチポールに乗ってのエクササイズは連続15分以内で行うべきである．

H　ストレッチポールとリアライメント

　コアリラクゼーションはストレッチポール上で脱力して行われる．エクササイズは小さな関節運動によってセルフモビライゼーション効果を得るように考えられている．

　その結果，体幹の筋や関節の可動性が改善し，リアライメント（仰臥位における姿勢改善）を効率的に得ることができる．リアライメントされた体幹は，理想的なヒトの骨格に近づいており，個々の関節の位置関係や骨の配列が整った状態となる．個々の関節のリアライメントは，関節とその周囲の筋との位置関係を正常化し，筋のリラクゼーションが得られやすい状態となる．このようにリアライメントが得られた体幹では，最小限の筋活動により安定した立位姿勢を獲得することができる．

(1) ストレッチポールの直接作用

　コアリラクゼーションのほとんどは，ストレッチポール上で仰臥位で行うエクササイズである．ストレッチポールに脊柱を乗せて仰向けに寝ることにより，脊柱はストレッチポールからの反力を受けることになる．実際にストレッチポールに仰向けに寝ると，後頭部，胸椎，仙骨がストレッチポールと接する．このストレッチポールによる3点の支持により，脊柱カーブは扁平化されるとともに，振動が脊椎全体に効率的に伝播される．下部仙椎の支持は仙骨に対し後傾させる方向に作用し，仙骨の前傾を軽減させる．胸椎の支持は胸椎後弯に対し伸展方向へ作用して胸椎後弯を減弱させ，胸郭を挙上させる．その結果として，脊柱全体の弯曲が軽減される（図3.33）．また，ストレッチポール上で行う四肢の動きは，ストレッチポール上での身体の振動を作り，それがス

図 3.33　ストレッチポールに乗ったときの脊柱の様子（背中から）

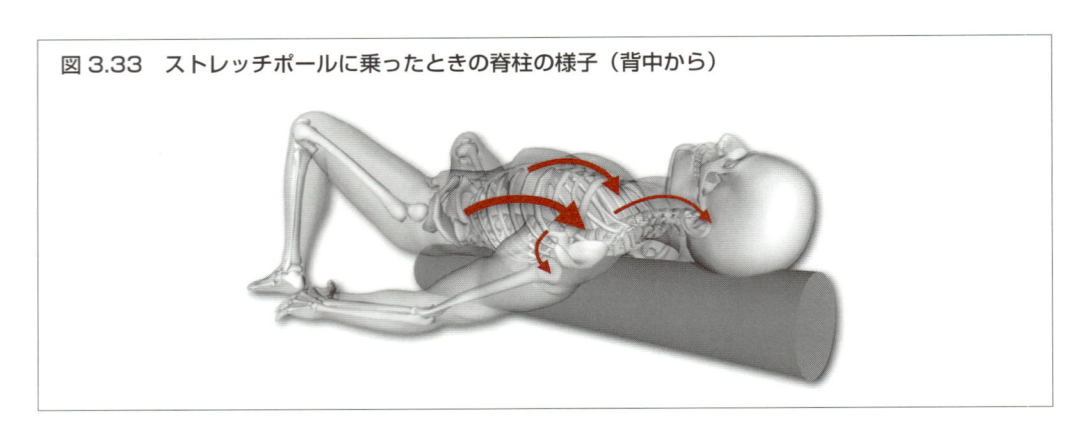

トレッチポールを介して脊椎全体にセルフモビライゼーション効果を及ぼす.

(2) 自重による作用

　ストレッチポールのエクササイズは自重を利用することで効果を発揮するため，全身をできる限り脱力し，左右の四肢の重さ，身体の重さを十分に感じつつ行うことが大切である．ストレッチポール EX の直径は約 15 cm，MX の直径は約 12.5 cm である．ストレッチポールに寝た状態では，脊柱がストレッチポール上で支持され，胸郭・肩甲帯・骨盤帯は宙に浮いた状態となる．この状態で行う呼吸運動は，胸郭そのものにセルフモビライゼーション効果を及ぼし，胸郭の拡張性改善と胸椎伸展を促進する．肩関節に対しては，胸郭の挙上によって小胸筋や大胸筋の起始部が挙上し，その結果，その内転・下制が促進される．これに加えて上肢の重量が肩を下方に牽引し，大胸筋などを伸張する．骨盤については，下肢の重量によって寛骨に前傾モーメントが加わり，結果として仙骨は寛骨に対して後傾する．

(3) ストレッチポールの転がり

　リアライメントスリーそれぞれの，ストレッチポールの転がりの活用方法について理解を深めることにより，さらにリアライメントスリーの効果を向上させることができる．

●**脇下ローリング，頭上ローリング，ワイパー膝ゆるめ**

　脇下ローリング，頭上ローリング，ワイパー膝ゆるめは，いずれもハーフカットに仰向けに寝て，上肢または下肢をストレッチポールに乗せたままストレッチポールを小さく転がすことにより，肩関節や股関節へのセルフモビライゼーションを進める．ハーフカットの高さはストレッチポールの半分であり，ストレッチポールに乗せた上下肢が体幹に対して若干高い位置に置かれる．

　ベーシックセブンでは，肩関節と股関節に対するエクササイズはいずれも伸展位で行うのに対し，リアライメントスリーでは肩関節，股関節ともに軽度屈曲位で行う．肩関節，股関節ともに伸展位において関節周囲の軟部組織は緊張し，リラックスすることができない．軽度屈曲位に置くことにより，大胸筋や腸腰筋は弛緩してリラックスできる．すなわち，ストレッチポールとハーフカットの高さの差を利用し，肩関節・股関節を屈曲位で行う小さな関節運動がより高いリアライメント効果を生む．

　これらのエクササイズで，上・下肢をストレッチポールに乗せて行う運動では上下肢の重さが軽減され，床面で上下肢を動かすより小さな力で行うことができる．この小さな力で行う運動は，肩関節や股関節において表層の大きな筋が優位に活動するのを抑制し，より直接的に肩関節や股

関節の周囲の筋のリラクゼーションを進めることができる．

●上肢・下肢側臥位ローリング

　胸椎や腰椎の回旋を改善するために行われる側臥位ローリングは，側臥位に寝て，ストレッチポールに上肢または下肢を乗せ，これを小さく転がして脊柱の回旋を改善する方法である．脊柱の回旋は1つ1つの関節の動きは非常に小さいが，全体として大きな可動域を持つ．側臥位ローリングはこの脊椎の1つ1つの関節の小さな動きを引き出すことで，脊柱全体のアライメントを改善する（図3.34）．

　このとき，ストレッチポールの一軸性に転がるという特徴を考慮する．胸椎には上肢を介して，腰椎には下肢を介してアプローチするのだが，このときストレッチポールと上腕骨・大腿骨の交わる角度が垂直になるように位置関係を整える．そうすることで肩関節や股関節の不用意な回旋を防ぐことができ，脊柱の回旋に的を絞ったアプローチができる．また，この交わる角度を保ったまま，肩関節・股関節の屈曲角度を少しずつ変えると，胸・腰椎における回旋の方向，最も回旋を引き出せる椎間関節が変化する．

　側臥位ローリングにおける回旋はごく小さな動きでかまわない．大きく動かすと脊柱ではなく，広背筋や腹斜筋などの大きな筋肉へのアプローチになってしまう．ここで導きたいのは脊椎の小さな関節の運動であり，ごく小さな回旋である．胸椎の体軸内の回旋は全体で30°，腰椎では5°である．このことからも，側臥位ローリングにおける回旋は小さな動きのほうが脊柱の回旋を改善するという目的を遂行しやすいことがわかる．

図3.34　側臥位ローリング（背骨が動いている感じ）

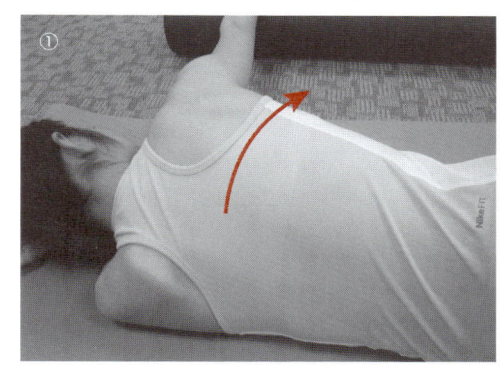

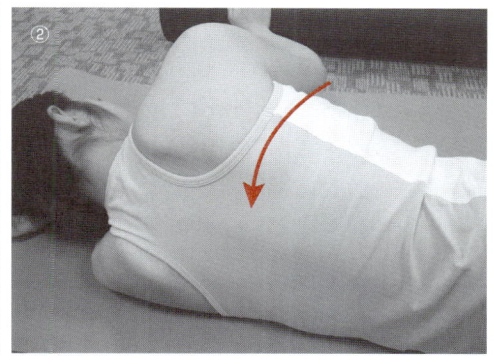

3.4 コアスタビライゼーション
エクササイズの実際

山下光子・渡辺なおみ

A コアスタビライゼーションの到達目標

　コアスタビライゼーションは，身体の状態を「リアライメント」したのちに行うエクササイズである．その到達目標は，抗重力位での姿勢改善とその安定化であり，その状態を JCCA では「リセット」と呼び，その代表的な 3 つのエクササイズを「リセットスリー」と総称している．リセットは次のステップであるコアコーディネーションを開始するための基礎となり，運動学習のプロセスで重要な通過点と言える．

　コアスタビライゼーションでは，腹腔壁を構成する体幹深部の筋（インナーユニット）の機能改善を目的としたエクササイズを行う．まずは，「呼吸運動」によりインナーユニットを活性化させ（呼吸エクササイズ），その次に小さな回旋運動を利用して脊柱回りの小さな筋を刺激する（軸回旋エクササイズ），最後に四肢の動きに対する体幹の安定化を図る（四肢を使ったエクササイズ）．

B リセットスリーの方法

(1) 呼吸エクササイズ（図 3.35）

　呼吸は腹式呼吸と胸式呼吸とに分類される．吸気には横隔膜の収縮と胸郭拡張が，呼気には腹横筋の収縮と胸郭縮小が関与する．ここで行う呼吸エクササイズは，呼吸に関係する腹部と胸部の筋を自在に操る能力を身に付け，インナーユニットの筋機能を向上させることを目的としている．

> **もっと詳しく**
>
> **呼吸エクササイズの効果**
>
> 　発育発達的に，乳児期の身体運動は全体性の活動から開始され，それが徐々に分化され，協調性が獲得されていく．しかし，長期間の不良姿勢や動作習慣によって，表層筋や四肢との協調性に異常が生じ，インナーユニットの本来の役割が果たせなくなる．
>
> 　この呼吸エクササイズでは，意識的に腹横筋を活動させることにより，忘れていたインナーユニットの機能を思い出すことを目的としている．こうしてインナーユニットの機能に刺激を入れることにより呼吸パターンがどう変化するのかを感じるようにする．しっかりとインナーユニットが機能して姿勢保持のために身体を固定する必要がなくなると，呼吸という小さな運動でも私たちの骨盤・脊椎は小さな揺らぎを生じるという．呼吸エクササイズを行う際には，次のような点に留意する．
>
> ①最初に行う腹式呼吸ではエクササイズ開始前の呼吸状態の確認を目的とする．エクササイズ終了後にも，呼吸の深さや呼吸時の身体の反応の変化を観察する．
>
> （p.50 へ続く）

図 3.35　呼吸エクササイズ

①腹式呼吸
フォーム　　：基本姿勢．
エクササイズ：ゆっくり自分のペースで腹式呼吸を行う．
ポイント　　：頸部・上下肢に力の入っていないことを確認しつつ，自分の呼吸状態を感じる．

②逆腹式呼吸

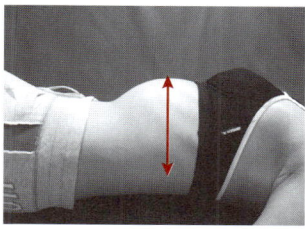

吸気：真横 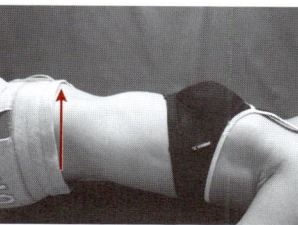　　　　　　呼気：真横

フォーム　　：基本姿勢．
エクササイズ：息を吐くときにお腹を膨らませ，息を吸うときにお腹をへこませる．
ポイント　　：自分のペースで呼吸をする．

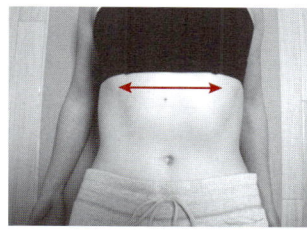

吸気：真上 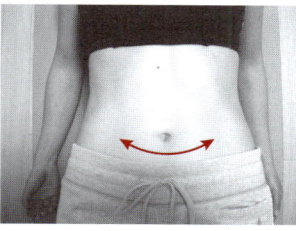　　　　　　呼気：真上

吸気では胸郭が広がり，脊柱は伸展される．
呼吸では脊柱はやや屈曲位となる．

③強制呼気
フォーム　　：基本姿勢．
エクササイズ：ゆっくりと息を吐き，息を吐ききった状態で腹筋群の緊張を 30 秒保持する．
ポイント　　：腹筋群を緊張させつつ，胸郭を使って呼吸を続ける．

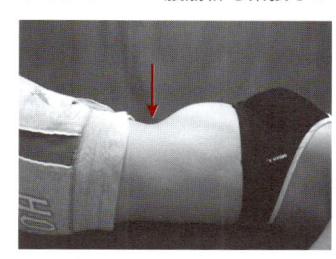

真横（誤） 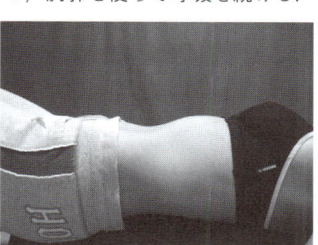　　　　　　真横（正）

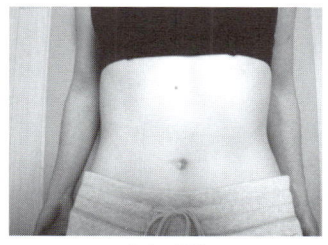

真上（誤） 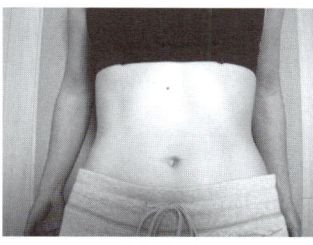　　　　　　真上（正）

腹直筋が働きすぎると，腹部の前後径のみが変化し，横径が変化しない．まだ骨盤が後傾するので注意．

④腹式呼吸
フォーム　　：基本姿勢．
エクササイズ：ゆっくり自分のペースで腹式呼吸を行う．
ポイント　　：最初の腹式呼吸との違いを感じる．

②逆腹式呼吸では胸郭の動きを引き出す．胸郭の可動性と形状は横隔膜の働きに密接に関係する．胸郭が扁平だと横隔膜はその起始・停止の関係上，ゆるんだ状態になり適切な張力を発揮できない．横隔膜と腹横筋は筋膜として連結をしており，密接に関係しながら張力を発揮する．
　③呼吸によりインナーユニットを効率よく働かせるためには胸郭の可動性・形状が重要となるため，あらかじめこの部位の動きを引き出しておく．胸郭の準備が整ったら，強制呼気により腹横筋を収縮させる．この状態で意識的に30秒固定をし，腹横筋・多裂筋・骨盤底筋群をしっかり働かせることを目的にしている．

(2) 軸回旋エクササイズ（図3.36～図3.38）

　呼吸エクササイズによりインナーユニットが活性化されて腹部の安定化を得た後，軸回旋エクササイズによって脊柱周囲の小さな筋の働きを引き出していく．ストレッチポール上で体幹を左右に移動させつつ，股関節を軸に体幹を左右に傾斜（ローリング）させる．このときの体幹の側方への傾斜は20°程度と小さいが，脊柱の各セグメントに小さな回旋が起こり，脊柱周囲の筋が反応して脊柱を安定させる．

図3.36　胸の前で手を合わせて小さく回旋

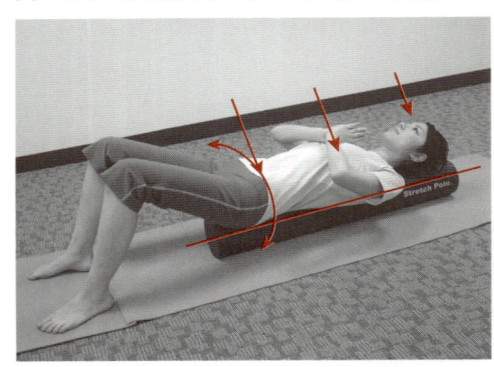

フォーム　　：基本姿勢．
エクササイズ：胸の前で両手を合わせ，体と頭部を一体化させて左右に小さく回旋する．
ポイント　　：恥骨結合，胸骨，眉間を通る線がストレッチポールと平行となっているようイメージし，身体が捻れないように骨盤帯と胸郭は同じ方向に回旋する．

図 3.37　手を伸ばして小さく回旋

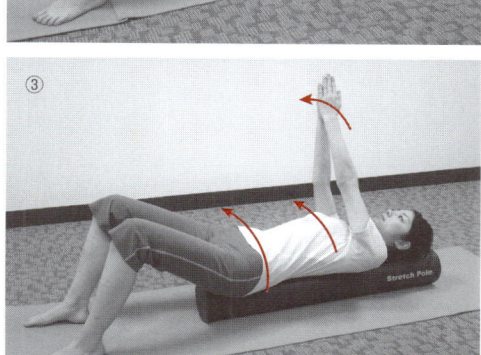

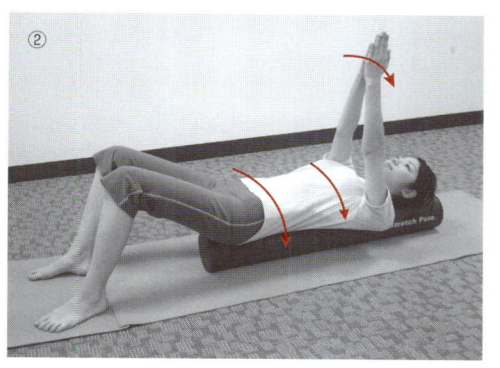

フォーム	：基本姿勢から両手を天井の方向に伸ばし，手のひらを合わせる．
エクササイズ	：指先と両肩を頂点とする二等辺三角形を作り，指先を見ながら体幹を左右に小さく回旋する．
ポイント	：両腕と両肩でできた三角形が崩れないように回旋する．身体が捻れないように骨盤帯と胸郭は同じ方向に回旋する．

図 3.38　両手を伸ばして小さく回旋（視線は逆）

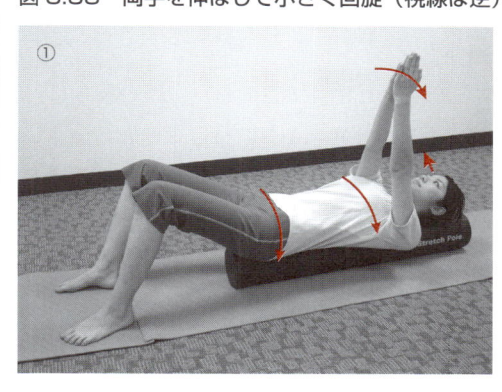

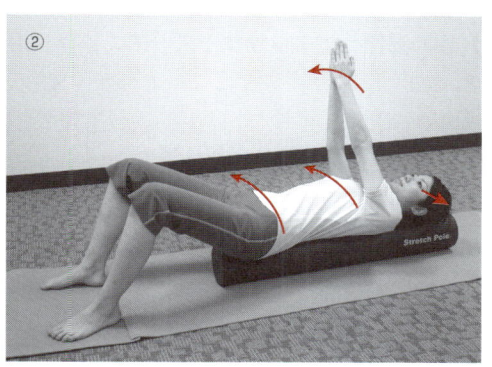

フォーム　　：基本姿勢から両手を天井の方向に伸ばし，手のひらを合わせる．
エクササイズ：指先と両肩を頂点とする二等辺三角形を作り，指先と逆の方向を見ながら体幹を左右に小さく回旋する．不慣れな場合は視線を先に動かし，その後体幹の回旋を行い，慣れてきたら視線の移動と体幹の回旋を同時に行うようにする．
ポイント　　：両腕と両肩でできた三角形が崩れないように回旋する．身体が捻れないように骨盤帯と胸郭は同じ方向に回旋する．頭部の側屈が起きないように注意する．

> **もっと詳しく**
>
> ### 身体を支持する筋と動かす筋
>
> 　筋には，身体を支えるために働く筋と，身体を動かすために働く筋とがある．身体を動かすための筋は身体の比較的表面にある大きな筋が多い．身体を動かす筋は非常に疲れやすく，本来は必要なときだけ活動する．一方，身体を支えるための筋は，身体の深層，骨に近いところにあり，関節の安定性を高める働きを持つ．また，常に姿勢を安定させる役割を持ち，ほとんど休むことなく働いている．これらの筋が休むことができるのは，レム睡眠のときだけだと言われている．
>
> 　この支えるための筋の働きが悪くなり，うまく身体を安定させることができなくなると，身体を動かす筋を使って身体を固定し，関節を安定させようとする．このような状態のときに，私たちの身体は力の抜けない，ぎこちない動きしかできなくなり，疲れやすくなる．身体をリセットすることで，身体の奥にある支えるための筋がしっかり機能し，重心の小さな移動に対し脊柱を安定させることが可能となる．このことが身体活動の基本であり，この脊柱を安定させる機能が整って初めて，身体は効率よく移動，活動することができる．
>
> 　背部には脊柱起立筋や広背筋といった大きな筋が強い力を発揮している．これに対して，深部の小さな筋はその役割を果たすことができなくなると，その機能を再獲得させるのは容易ではない．ストレッチポール上で行う軸回旋エクササイズでは，脊柱側屈を伴わず，脊柱は軸回旋する．このとき，椎体と椎体をつなぐ小さな筋が脊椎の安定性を保つべく働く．また，これらの筋は感覚性（求心性）の神経線維に富んでいると言われている．すなわち，椎体と椎体の間，骨のすぐ近くに位置して1つ1つの椎体のアライメントの変化を感じ，姿勢を微調整する．これらの筋は感覚器としても重要な役割を担っており，その機能は脊柱のアライメント保持には欠かせない．

（3）四肢を使ったエクササイズ（図3.39〜図3.46）

　「軸回旋エクササイズ」によって仰臥位での脊柱の安定性を獲得できたら，四肢の動きに対する体幹の安定性を図る．上肢や下肢の運動において，インナーユニットの機能は四肢の動きに先駆けて活動し，体幹を事前に安定させる．四肢を使ったエクササイズではこの自律的な機能を再獲得する．

図3.39　片手を上げる

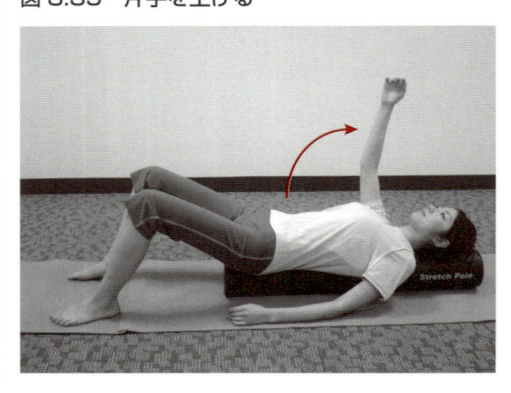

フォーム	：基本姿勢．
エクササイズ	：身体が安定していることを確認した後，片手を床から離し天井の方向へ上げ，ゆっくりと下ろす．基本姿勢に戻った後，反対の手を上げる．
ポイント	：運動開始前にストレッチポールが揺れない状態となり，身体が安定するまで待つ．頭をストレッチポールに押し付けたり，頸や両下肢に不要な力が入っていたりしないことを確認する．

図 3.40　両手を上げる

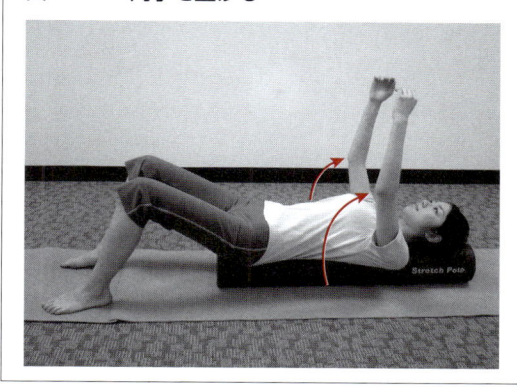

フォーム	：基本姿勢．
エクササイズ	：両手を床から離し，天井の方向へ上げる．不慣れな場合は片手ずつ上げてもよい．
ポイント	：運動開始前にストレッチポールが揺れない状態となり，身体が安定するまで待つ．頭をポールに押しつけたり，頸や両下肢に不要な力が入ったりしていないことを確認する．

図 3.41　両手の交互運動

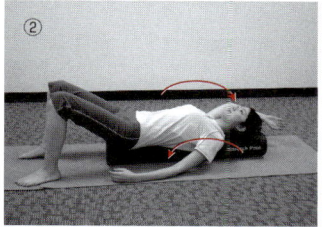

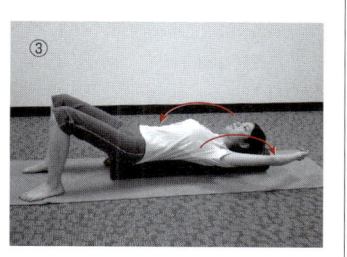

フォーム	：基本姿勢．
エクササイズ	：図 3.40 の「両手を上げる」と同じように両手を天井に向かって上げたら（①），片手を頭の方向，もう片方の手を脚の方向に向かって倒す（②）．この動きを左右交互に数回行う（③）．
ポイント	：運動開始前または運動中にストレッチポールが揺れない状態となるよう，身体を安定させる．呼吸を止めたり，頭をポールに押し付けたり，頸や両下肢に不要な力が入っていないことを確認する．

図 3.42　片脚を上げる

フォーム	：基本姿勢．
エクササイズ	：膝の角度を変えずに片下肢を床から離し，膝関節を股関節の真上あたりに引き上げる．この状態で，ストレッチポールの揺れが止まり，身体が安定するまで待つ．逆側も行う．
ポイント	：呼吸を止めたり，頭をポールに押し付けたり，頸や両腕に不要な力が入ったりしていないことを確認する．

3.4　コアスタビライゼーション

図 3.43 脚を交互に上げて脚踏み

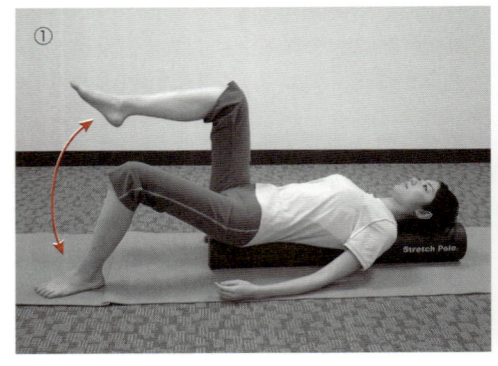

フォーム ：基本姿勢.
エクササイズ：図 3.42 と同じ要領で片脚を上げてバランスをとる．この状態で，ストレッチポールの揺れが止まり，身体が安定するまで待つ．次に，左右の脚を入れ替える．この動きを数回行う．
ポイント ：脚の動きに伴ってストレッチポールが揺れないことを確認する．呼吸を止めたり，頭をポールに押し付けたり，顎や両腕に不要な力が入ったりしていないことを確認する．

図 3.44 両手を上げて脚踏み

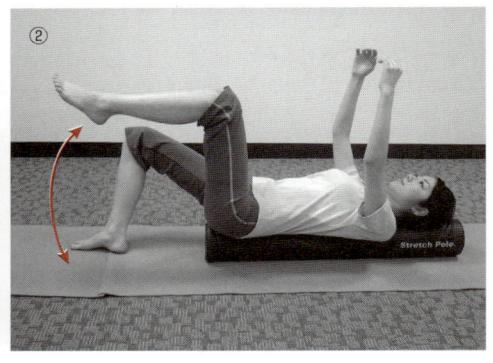

フォーム ：基本姿勢.
エクササイズ：両手を床から離し，天井の方向に上げる．さらに身体が安定しているのを確認しつつ，片脚を床から離し，膝を股関節の真上あたりまで上げる．この状態で，ストレッチポールの揺れが止まり，身体が安定するまで待つ．次に，左右の脚を入れ替える．この動きを数回行う．
ポイント ：脚の動きに伴ってストレッチポールが揺れないことを確認する．呼吸を止めたり，頭をポールに押し付けたり，顎や両腕に不要な力が入ったりしていないことを確認する．

図 3.45　両手を上げて両脚を椅子＆ストレッチポール

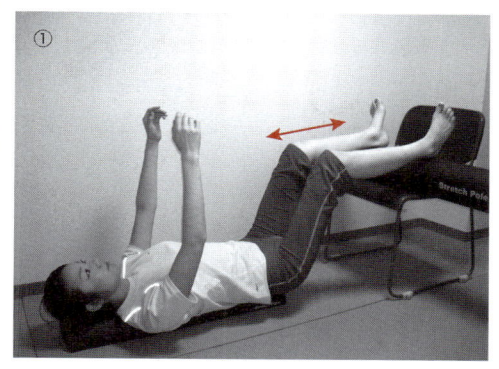

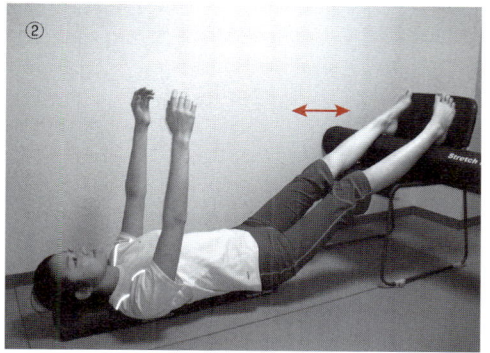

フォーム　　：ハーフカット上に仰臥位に寝て，椅子に乗せたストレッチポールの上に両足首を置く．
エクササイズ：身体が安定していることを確認し，両手を床から離し，天井の方向へ上げる．さらに身体の安定を確認したら，ポールに置いた両脚でポールを前後に小さく転がす．この動きを数回行う．
ポイント　　：ストレッチポールを転がすとき，大腿前面の筋をできるだけ使わないように，股関節の屈曲を意識する．呼吸を止めたり，頭をポールに押し付けたり，頸に不要な力が入ったりしていないことを確認する．
（注）椅子とストレッチポールの代わりにバランスボールなどを使用する方法もある．

図 3.46　両手両脚上げ

フォーム　　：ハーフカット上の基本姿勢．
エクササイズ：身体が安定していることを確認し，両脚を床から離し，両膝が股関節の真上あたりにくるところまで上げる．さらに身体が安定していることを確認し，両手を床から離し，天井の方向へ上げ，体幹がぐらぐらしないように身体を安定させる．
ポイント　　：呼吸を止めたり，頭をストレッチポールに押し付けたり，頸に不要な力が入ったりしていないことを確認する．

C　エクササイズの留意点

（1）代償運動による安定化

　リアライメントが得られておらずインナーユニットが機能していない状態でコアスタビライゼーションを行うと，どこか別の部位で身体を支えようとする．たとえば，上肢の運動において両下肢を踏ん張って身体を支えたり，下肢を挙上する際に頸部をストレッチポールに押し付けて身体を支えたりといった代償が誘発される．なお，エクササイズ中，バランスを崩してストレッチポールから身体が落ちそうになったときには，無理に姿勢を保持しようとせず，ストレッチポー

ルから滑り落ちるように体勢を崩すことが大切である．

　コアスタビライゼーションではこのような代償運動が起きないように難易度の低いものから徐々に難易度を上げながらエクササイズを進める．できない動きを飛ばして難易度を上げても，運動の連続性を獲得することにはつながらず，必ず何らかの代償が生じるため，目的とする効果は得られない．

(2) エクササイズの進め方

　コアスタビライゼーションを確実に獲得するためには，前述した順に沿って確実に習得することが大切である．ストレッチポールの上で安定した基本姿勢を保持できるようになるまでは，呼吸と軸回旋のエクササイズを繰り返し行うことをお勧めする．呼吸と軸回旋エクササイズを丁寧に行うことにより，その後に続く四肢の動きに対する体幹の安定性を容易に獲得することができる．

　四肢を使ったエクササイズでうまくできないエクササイズがある場合は，1つ前のエクササイズに戻り，動きを習得するまで次のエクササイズには進まないことを原則とする．このとき，頭や肩に必要以上に力が入る，頭をストレッチポールに押し付けて身体を支える，四肢を床に押し付けて身体を支える，などの代償的な反応を見逃してはならない．

D　コアスタビライゼーションが目指す姿勢の安定

　体幹の安定性には腹部の安定性と脊柱の安定性が欠かせない．腹部の安定性にはインナーユニットの機能が重要であり，脊柱の安定性には1つ1つの椎体をつなぐ小さな筋の機能が重要である．

(1) インナーユニットと腹部の安定性

　胸郭は12対の肋骨と胸骨で囲まれ，骨格による安定性を有している．骨盤帯では仙骨と左右の寛骨が強靭な関節で連結され，体重支持にも耐えられる構造をしている．これに対し，腹部はたった5個の腰椎のみで支え，その安定性の大部分をインナーユニットの機能に頼っている．このため腹部の安定性を確保するには，十分なインナーユニットのトレーニングが必要となる．

　腹横筋は胸郭と骨盤の間をコルセットのように取り囲み，他の腹筋群からは独立して腰部多裂筋とともに腹部の安定に働く（図3.47）．骨盤底筋群の適切な活動は骨盤全体の形状と安定性に貢献し，腹横筋の活動を活性化する．横隔膜は腹横筋・骨盤底筋群とともに腹圧の上昇に関与するとともに，その停止部が胸腰椎に及ぶことから，腰椎前弯の保持にも貢献する．腰部多裂筋のいくつかの椎体をまたぐ構造は，腰椎の分節的な安定化に最適である．これらの筋肉の作用により，解剖学的に不安定な腹部の安定性が獲得されている．さらに，横隔膜と腹横筋は重要な呼吸筋でもある．腹横筋は横隔膜・骨盤底筋群と密接に関係しており，腹圧の上昇を通じて脊柱の支持性に貢献する．

　現代の便利な生活は歩行距離を短くし，身体活動の機会を減少させている．また，大人になると大きな声を出す，大声で泣くなどの腹圧を向上させる活動も少なくなり，ますます腹部の安定性を失っていくことになる．

図 3.47 インナーユニットの解剖図

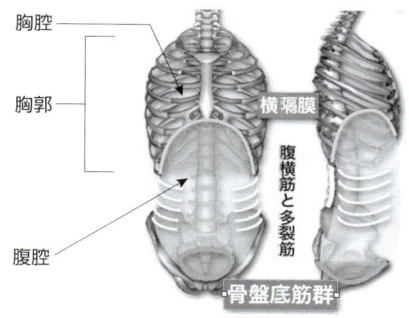

胸腔
胸郭
腹腔
横隔膜
腹横筋と多裂筋
骨盤底筋群

> **もっと詳しく**
> ### コア機能の獲得
>
> 　本来コアの機能とは，体幹部を意識的に固定することにより獲得するものではなく，四肢の動きや重心の移動に対して自律的に作用するものである．たとえば上肢挙上に際し腹部の安定化に重要な腹横筋は，上肢の運動の約 30 ミリ秒前には活動し，体幹を安定させる．この活動のタイミングのズレが腰痛や肩こりなどの不調につながると考えられている．このような自律的なコアの機能を私たちは発育発達の中で学習し，意識しなくても四肢の動きや重心の移動に対して適切な体幹の安定性を獲得していく．しかし，その機能を忘れ，うまく使えなくなった現代人は，すべての筋が関与する呼吸を通して意識的にエクササイズすることで，その機能を引き出すことが可能になると考えられる．

（2）脊柱の安定化

　コアの安定にもう 1 つ欠かせないのが脊柱の安定化である．脊柱周りの小さな筋（短回旋筋・半棘筋・多裂筋など）や脊柱起立筋群が脊椎の分節ごとの運動を調節し，姿勢調節に重要な筋であると考えられている．乳児の発達の過程では，寝返りなどによってまず動くための筋が活動を開始し，脳の発達・活性化とともに支えるための筋が活性化され，より高度な姿勢調節能力を身に付けていくものと推察される．

　脊椎周囲の小さな筋は小さな筋力しか発揮できないが，感覚線維に富み，背骨の状態についての情報を脳に送る感覚器としての役割を果たしている．コアスタビライゼーションで用いるエクササイズはすべて脊柱をストレッチポールに乗せて行うことにより，脊柱からの豊富な感覚入力が得られ，正中感覚の再認識を促すと考えられる．

（3）軸回旋エクササイズの効果

　横突棘筋群（反棘筋・回旋筋・多裂筋）は脊柱において，隣接する椎体と椎体をつなぐように左右一対ずつあり，両側性に働くと椎体関節を伸展させ，一側性に働けば椎体関節を回旋させる（図 3.48）．これらの筋活動は主に運動時姿勢保持および姿勢制御に働いているようである．横突棘筋群の働きが不十分であると，体幹の回旋時には正中位に脊柱を安定させることができず，体幹の側屈を伴った回旋になりやすい．屈曲や伸展においても，大きく動きすぎる分節や逆に動き

図3.48　横突棘筋群の解剖図

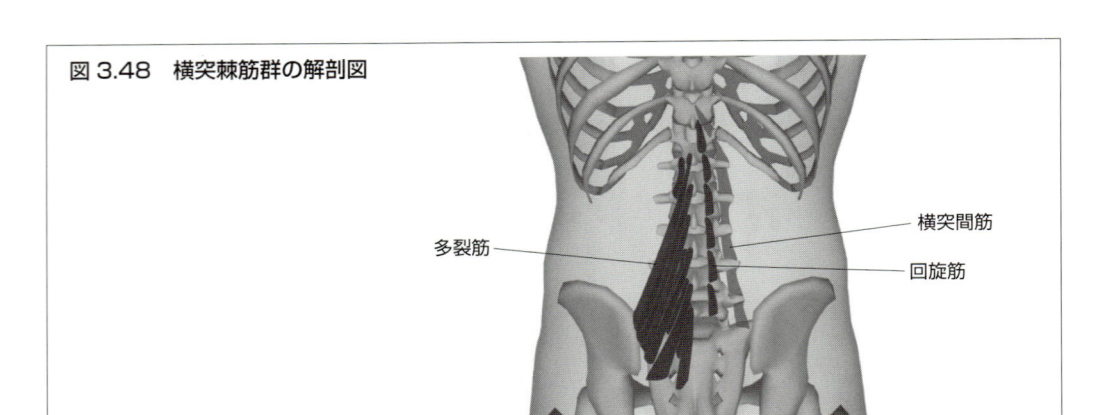

多裂筋
横突間筋
回旋筋

のほとんど出ない分節など，脊椎全体の可動性のバランスに破綻が生じる．

　横突棘筋群の発達は頸椎から始まり胸椎・腰椎の順に発達すると考えられている．生後間もない赤ちゃんは頭を左右にさかんに回旋させ，頸椎周りの小さな筋をトレーニングしている．これと同じように脊柱全体の小さな回旋を利用して，脊柱回りの小さな筋の機能を引き出すのが軸回旋のエクササイズである．

もっと詳しく

発育発達過程とコアスタビライゼーション

　本来，私たちの身体は地球という重力環境下で直立し，二足歩行を行うのに最適な身体機能を獲得してきたはずである．そして，その最適な機能の学習の過程は遺伝子に組み込まれている．「個体発生は系統発生を繰り返す」の言葉通り，人類の脊椎動物としての進化の過程を，誕生後1年あまりをかけて再現している．そして，この過程の中で抗重力機構を発達させ，直立二足歩行に最適な身体機能を獲得すると言われている．

　系統発達的にみると，抗重力機構が発達する哺乳類になって劇的に発達するものがある．それは，インナーユニットと呼ばれる腹横筋・横隔膜・骨盤底筋群・多裂筋などの腹部の安定化に関与する筋の機能と，脊椎周りの小さな筋（半棘筋，多裂筋，回旋筋（以上を横突棘筋群という），横突間筋，棘間筋など）の機能である．これらの筋の機能の発達は，爬虫類以下での脊椎動物にはほとんど見られず，哺乳類，霊長類と抗重力位に身体を持ち上げるようになってから劇的に発達するという．このことからも，これらの筋の機能が抗重力位に姿勢を支えるのに重要な役割を果たしていることが推測される．

　生後間もない赤ちゃんは，まず泣いたりさかんに頭を動かしたりといった運動を通じて抗重力肢位を安定化させていく．このインナーユニットと脊柱周りの小さな筋による脊柱の安定性を基本に，その後，さまざまな運動経験を通して，自律的に最適な調整が可能となるコアを獲得していく．この最も基本的な脊柱の安定性を獲得した状態を「リセット」と呼び，この過程をエクササイズにしたものがコアスタビライゼーションである．そして「リセット」の状態から，より複雑な運動を実施することで，動きの質を高めることができると考える．

　私たち人間が生後最初にする運動は「呼吸」である．数ある哺乳類のなかで産声を上げるのは人間だけだといわれている．泣くという運動は呼吸運動の原点ともいうべき運動である．泣くということを通じて，赤ちゃんは腹圧を高め，インナーユニットを重力に抗して働けるレベルまでトレーニングをしているのかもしれない．

3.5 コアコーディネーション
エクササイズの実際

山下光子・渡辺なおみ

A　コアコーディネーションの方法

　コアコーディネーションは姿勢調節や協調性の改善"ボディコントロール"を目的としたエクササイズで，コアスタビライゼーションに引き続き行われる．発育発達の過程に沿って進められるエクササイズにより，合理的でコントロールされた動きを獲得していく．ストレッチポール以外に，バランスボールやバランスディスクなどツールを変えることで難易度に変化をつけることができる．以下（1）〜（7）にその方法を示す．

（1）寝返りエクササイズ（図3.49〜図3.50）

　アッパーローリングとロアーローリングのエクササイズがある．

図3.49　アッパーローリング

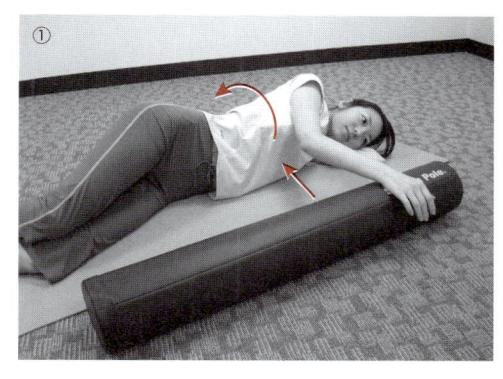

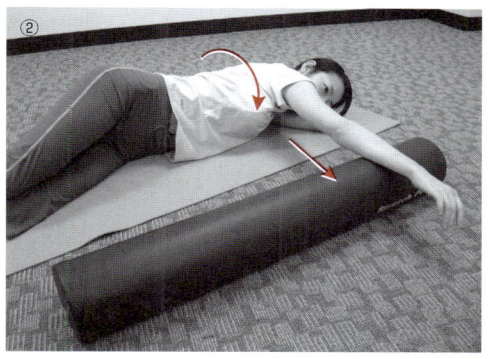

フォーム　　：床に側臥位に寝て脚を自然に曲げた状態で置き，体幹を安定させる．体と平行にストレッチポールを置き，上側の腕をストレッチポールに垂直になるように乗せる．
エクササイズ：ストレッチポールを押しながら上部体幹を大きく回旋させる．ストレッチポールを引きながら元の位置に戻る（寝返り動作をイメージし，ADV3の「側臥位ローリング，p. 44」よりも大きく体幹を回旋させる）．
ポイント　　：骨盤は安定させ前や後ろに傾かない．上部体幹と一緒に骨盤が回旋しないように注意．脊柱がまっすぐになるように頭や腰の部分にクッションを入れてもよい．

図3.50　ロアーローリング

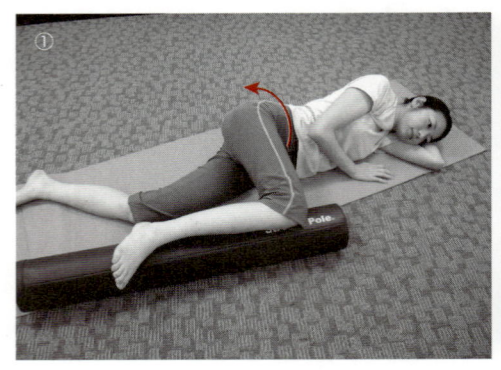

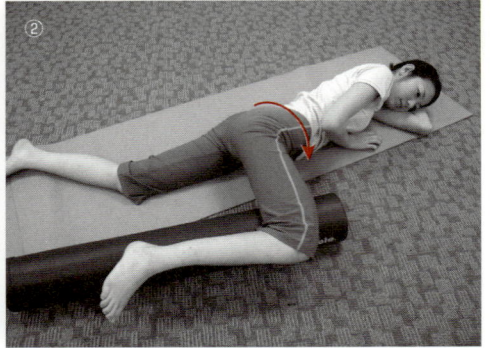

フォーム	：床に側臥位に寝て脚を自然に曲げた状態で置き体幹を安定させる．体と平行にストレッチポールを置き，大腿部をストレッチポールに対して垂直になるように乗せる．
エクササイズ	：ストレッチポールを押しながら下部体幹を大きく回旋させる．ストレッチポールを引きながら元の位置に戻る（寝返り動作をイメージし，ADV3の「側臥位ローリング」よりも大きく体幹を回旋させる）．
ポイント	：胸郭は安定させ前や後ろに傾かない．下部体幹と一緒に胸郭が回旋しないように注意．脊柱がまっすぐになるように頭や腰の部分にクッションを入れてもよい．

（2）うつ伏せエクササイズ（図3.51 〜図3.52）

「胸椎の伸展」と「腹這い」のエクササイズがある．

図3.51　胸椎の伸展

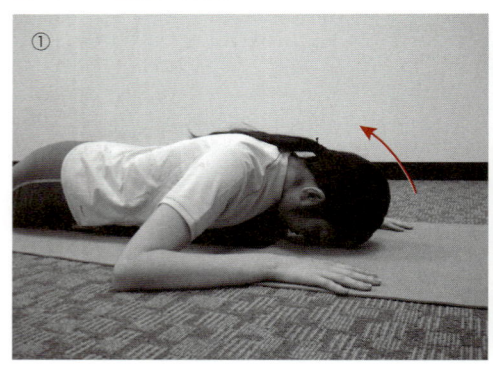

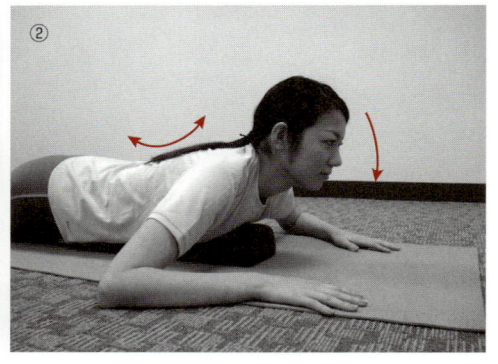

フォーム	：ハーフカットの平面を下にするように縦に2本並べ，両手両足を自然に広げるようにうつ伏せに寝る．
エクササイズ	：両肘で軽く支え，胸椎あたりまでポールから離れる程度に頭を上げ，数回繰り返す．
ポイント	：顎を上げるのではなく，胸を反らすように行う．胸や骨盤のあたりにストレッチポールがあたって痛いようなら，ハーフカットを上下逆にするか，タオルを敷くとよい．

図 3.52　腹這い

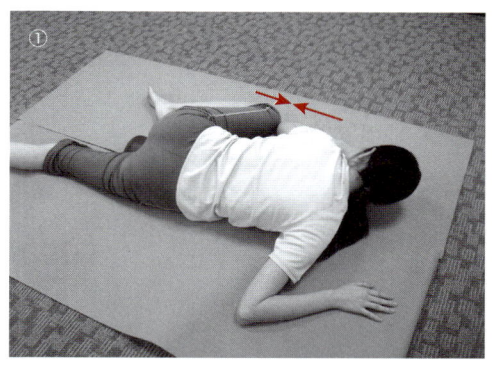

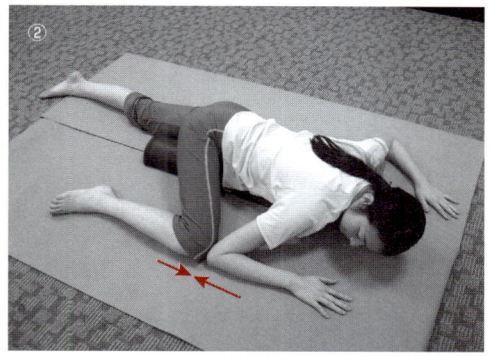

フォーム	：ハーフカットの平面を下にするように縦に２本並べ，両手両足を自然に広げるようにうつ伏せに寝る．
エクササイズ	：顔を左右どちらかに向け，同じ方向の肘と膝を引き寄せるように屈曲させ身体の横で合わせる．同じ動作を左右交互に行う．
ポイント	：側屈や回旋の運動範囲を，身体がストレッチポールから逸脱しない範囲とする．胸椎と股関節の動きを意識して行う．胸や骨盤の辺りにストレッチポールがあたって痛いようなら，ハーフカットを上下逆にするか，タオルを敷くとよい．

（3）四つ這いエクササイズ（図 3.53）

図 3.53　四つ這い片手上げ

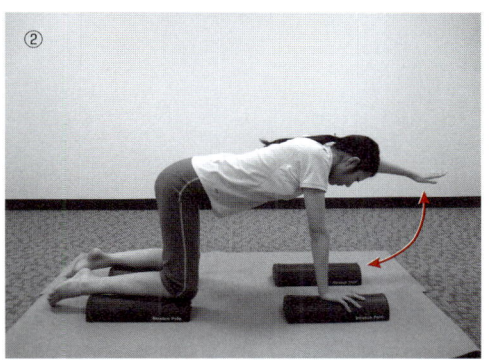

フォーム	：ハーフカットの平面を下として平行に置き，両手両足をそれぞれのハーフカットに乗せ四つ這いになる．肩関節の下に手を，股関節の真下に膝を置き，目線を床の方向に落とし，バランスをとる．
エクササイズ	：片手をポールから離して前方に挙上し，床と平行の状態で数秒保持する．同じ動作を左右交互に行う．
ポイント	：上肢を上げるとき重心が大きく動いたり，腰椎の伸展が起きたりしないように注意する．

(4) 座位エクササイズ（図3.54～図3.55）

骨盤の前後・左右の運動を行う．

図3.54　骨盤の前後の運動

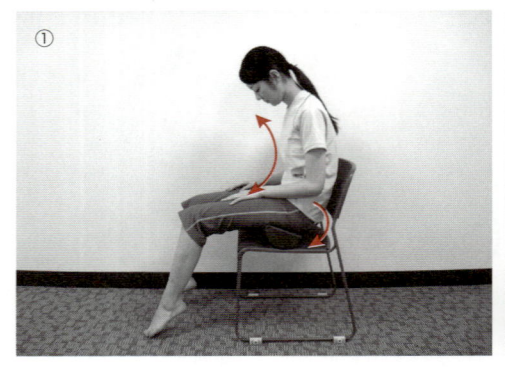

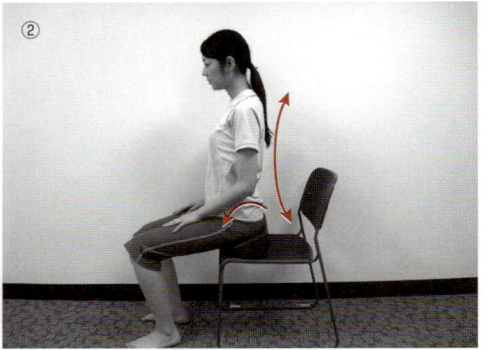

フォーム	：椅子の座面にハーフカットの曲面を下に横向きに置き，上を向いている平面の中心に坐骨を乗せて座る．
エクササイズ	：自分の臍（へそ）を見るように背中を丸め（①），次に目線を斜め天井の方向へ向けながら臍を前へ出して背骨を反らす（②）．このとき，骨盤が前後に自然に傾斜することを感じ，体の中心線を探すようにする．
ポイント	：体幹伸展時は腰椎のみを反らすのではなく，脊柱全体の伸展と骨盤の前傾を意識する．

図3.55　骨盤の左右の運動

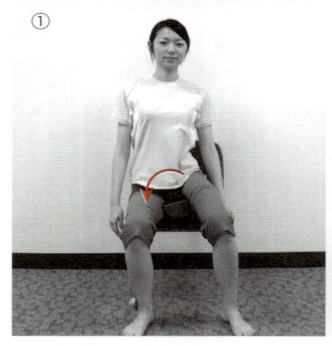

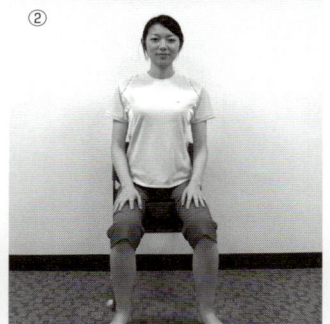

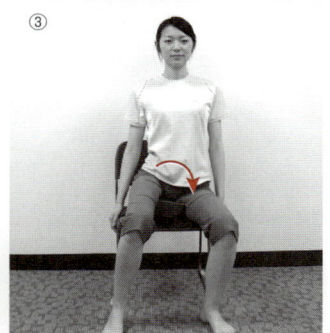

フォーム	：椅子の座面にハーフカットの曲面を下にして縦に置き，上を向いている平面に坐骨が乗るように座る（②）．
エクササイズ	：重心を左右に移動させ，体の中心線を探すように骨盤を左右に揺らす（①，③）．始めは骨盤の動かせる範囲を確認するようにやや大きく動かし，そこから左右のバランスを整えるように，徐々に小さい動きに変化させ体幹の安定を感じる．
ポイント	：腰・骨盤のみの運動にならないように，胸椎・股関節の動きにも意識を向ける．

(5) 両膝立ちエクササイズ（図 3.56）

図 3.56　両膝立ち

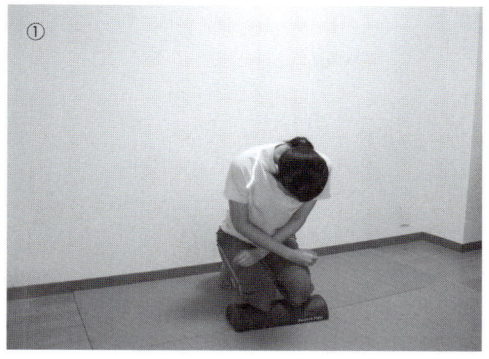

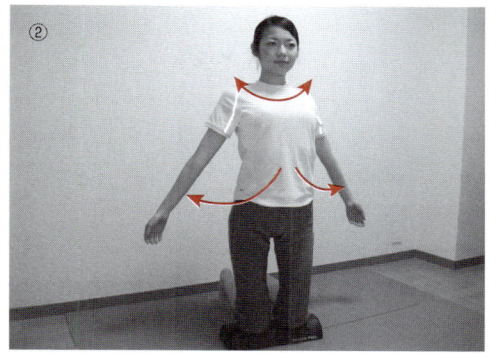

① ②

フォーム	：ハーフカットの平面を下に向け横向きに置く．その上に両膝を乗せて，つま先を立てた膝立ち姿勢になる．
エクササイズ	：身体を丸めながらおしりが踵につく程度のところまでしゃがむ．このとき上肢を膝の上でクロスさせる．この状態から股関節を伸展させながら膝立ちとなる．このとき両手は深呼吸のように大きく開く．
ポイント	：しゃがむときに息を吐き，立ち上がるときに息を吸う．腰椎の過伸展が起きないように体幹を安定させ，胸椎を伸展させる．

(6) 片膝立ちエクササイズ（図 3.57）

図 3.57　片膝立ちバランス

① ②

フォーム	：両足を前後に開き，片膝立ちになる．事前にハーフカットを2個用意し，1個は平面を下に向けて後ろ足の膝を乗せ，1個は平面を上に向けて前足で踏む．
エクササイズ	：息を吐きながらこの姿勢を保ち，前方のボールを揺らすように足を左右に動かす．脚を左右入れ替えて，逆も行う．
ポイント	：足の動きに対して身体が揺れないように注意．

(7) 立ち上がりエクササイズ （図3.58～図3.59）

図3.58　片膝立ちからの立ち上がり

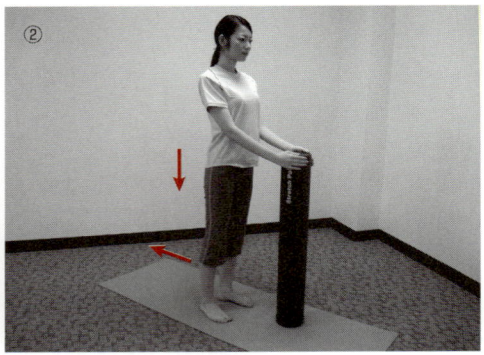

フォーム　　：片膝立ちとなり，身体の前にストレッチポールを立て，軽く手を乗せる．
エクササイズ：ストレッチポールの端の部分に両手を置き，つかまりながら後ろ側の脚を前側の脚に揃えるように立ち上がり，立位姿勢になる．次に左右の脚を入れ替え，逆側の脚を後ろに引きながら，片膝立ちの姿勢へ戻る．これを繰り返し行う．
ポイント　　：立ち上がり時，身体が左右にぶれたりしないよう体幹をしっかりと安定させる．

図3.59　スクワット

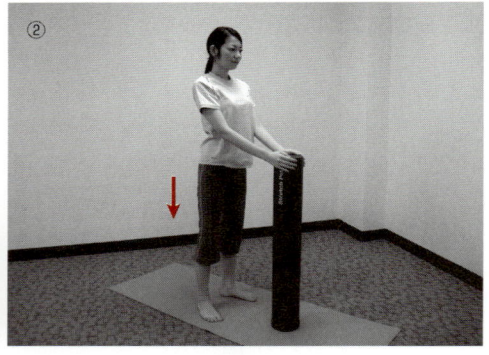

フォーム　　：ストレッチポールを身体の前に立て，両脚の膝とつま先が外側を向くようにしゃがむ．
エクササイズ：ストレッチポールにつかまったまま立ち上がる．このとき頭が腰の真上にくるようにし，つま先と膝が同じ方向に向くよう立ったり，しゃがんだりを繰り返す．立つときもしゃがむときも，体幹をしっかり安定させる．
ポイント　　：前方に置いたストレッチポールに身体の中心を合わせるようにし，立ったりしゃがんだりする時に身体が前後・左右にぶれないように注意する．

> **もっと詳しく**
>
> ### 発育発達過程とコアコーディネーション
>
> 　コアコーディネーションのエクササイズは，ヒトの運動機能の発達の過程を，成長過程に沿った姿勢と運動のコントロール能力の発達の流れに沿って実施される．具体的には，エクササイズを仰臥位から側臥位，伏臥位，座位，膝立ち位，片膝立ち位，立位と順を追って進める．また，運動のコントロールに関しても，寝返りやハイハイ，四つ這いなどの発育発達に沿った動きの流れを中心に，全体的な動きからより分離した協調性と巧緻性の高い動きへと進めていく（下記C項参照）．
>
> 　首が据わり（定頸），脊柱の抗重力筋がある程度発達してくると，赤ちゃんは寝返りを始める．寝返りは，頭の安定・座位の安定と同じく，これから動き出すために背中を上にしてより効率のいい移動（腹這い）を可能にするための姿勢の準備と考えられている．この寝返りの発達も，始めはログローリングといわれる体幹全体が一度に転がる分離性の低い動きから，頭部→上肢→胸郭→骨盤帯を徐々に寝返る分離性の高いものへと発達していく．四つ這いにおいても始めは，右手→右足→左手→左足の順に進む同側性の動きであるが，徐々に右手→左足→左手→右足の対照的な動きへと発達していく．
>
> 　このように，コアコーディネーションは人間の発育発達の過程を再度エクササイズとして経験することにより，運動の連続性を獲得し身体機能の回復を図るものである．

B　エクササイズの留意点

　コアコーディネーションは，コアスタビライゼーションを発展させたエクササイズである．コアコーディネーションのエクササイズを行う際には，インナーユニットの活動を意識する．強い力を発揮して身体を動かすのではなく，体幹が安定すると楽に体を動かすことができるという感覚を学習していく．

　エクササイズを無理に進める必要はない．身体に不必要な力が入っている場合や代償運動によりバランスを保持している場合など，不安定さを感じた場合はエクササイズを進めるべきではない．1つ前のエクササイズに戻ってその動きを習得した後，次のエクササイズに進むべきである．対象者のレベルに応じたエクササイズの選択，アプローチが大切となる．また，身体の状態は日々変化するので，その時々の身体の状況に応じて適切なエクササイズを行うことも大切である．

　コアコーディネーションのエクササイズはバランスボールと組み合わせるなどツールを変えたり，支持面を狭くしたりすることで難易度を変えながら進めていく．その際，指導者のもと，周りなどに危険物がないかよく確認し，安全な状態で行う．

C　発育発達と運動機能の獲得過程

　コアコーディネーションでは発育発達に沿ったエクササイズにより，運動を進めていく．生後，私たち人間は抗重力機構の発達とともに，直立し二足歩行するのに効率のいい姿勢を獲得していく（図3.60）．この姿勢の獲得には，寝返りや四つ這いなど，抗重力筋を発達させる段階の運動刺激が欠かせない．新生児から乳幼児の運動学習は，①抗重力肢位の安定化，②姿勢調節機能の発達，③運動能力の発達，の順に進む．以下，発育に沿った運動機能の獲得過程について整理する．

(1) 仰臥位

　生まれたての赤ちゃんは1日のほとんどを仰向けに寝て暮らす．その脊柱はCカーブで，まだ，頸椎の前弯も腰椎の前弯もない．この仰向けに寝ている間に脊柱周りの小さな筋肉やインナーユニットをトレーニングする．

　新生児は泣くことにより，横隔膜・腹横筋・多裂筋を働かせている．重力に抗して姿勢を保持する筋力が未発達のため，姿勢が不安定な状態にある．この時期，屈筋優位（曲げるほうの筋肉の働きが優位な状態）で，反射と胎内でのさまざまな動きのパターンで動いているが，頭を左右に動かすなど，頭部の運動を通して脊柱の運動性が高まり，脊椎周りの小さな筋肉のトレーニングを行っている．

　頭部から始まった脊椎の運動性は，徐々に脊椎を安定させる．頸椎が安定すると頭を定位させることができる．これが「首が据わる」ということである．首が据わり，脊柱が体の中心に安定することがその後の運動に大きく関わってくる．そして，非対称性頸反射（顔を向けたほうの手足を伸ばし，反対側の手足を屈曲させること）などのさまざまな反射や，パターン化された上下肢の運動を行いコアの安定化を図る．

(2) 寝返り・側臥位

　脊柱の安定化は頭部から尾部の方向へと進み，それに伴って身体の中心軸が定まり，抗重力機構が発達する．また，インナーユニットがある程度機能してくると寝返りを行う．寝返りは，身体を持ち上げる抗重力機構が発達し始めた最初の移動のための運動であり，背中を上にして，より効率よく動くための準備と言われている．この寝返り動作は胸郭の形状の適正化に欠かせない．

　寝返りの条件は，一方の手が体の中心を越えて反対に伸ばせること・骨盤が後ろに傾けられること・片方の肘で体を支えられるようになることである．これができるようになるまで，横向きのままで動きの学習を繰り返す．寝返りは，ログローリング（両手足を引き寄せるように曲げ，体を丸め，顔が向いているほうへ転がる）のように，肩や骨盤がまとまった動きから始まり，次に一方の足を曲げ，反対の足を伸ばすことにより，骨盤を回旋させ寝返る．そしてさらに，片手を伸ばし，その反対側の足を地面に押し付けることによって寝返りすることで，非対称的な動きが現れる．

(3) 伏臥位

　3～4ヵ月で定頸し，5ヵ月くらいで手足を持ち上げたり身体を反らせたりすることができるようになる．寝返りができるようになった赤ちゃんは腹這いで移動を始める．腹這いの段階はまだ，お腹を床につけたままでの移動であり，重力に抗して身体を持ち上げることはできない．

　伏臥位になると，頭を持ち上げ，反り返った姿勢をとろうとする．このような運動を通して頸椎の前弯が形成させる．頭が持ち上げられるようになると，徐々に胸の辺りまで床から持ち上げられるようになり，胸椎あたりまで安定してくる．また，曲がっていた股関節も伏臥位によって伸ばされる．伏臥位の状態で，肘で上体が支えられるようになると，肩甲帯が強化され，上肢と頭のコントロールされた動きがうまくできるようになる．

　さらに上体を手のひらで持ち上げられるようになると，ピボットプローン（両手両足を同時に地面から離し身体を反らせる動き）を行う．これにより，屈筋の働きが優位だった状態から伸筋とのバランスがとれるようになる．こうした筋肉のバランスの向上は，身体の安定性を向上させ，

微妙な重心移動がコントロールできるようになる．

　この時期のトレーニングによって，上部体幹と肩甲帯を安定させることは適切な上肢の動きのコントロールには不可欠である．そしてさらに片手で身体を支えて，もう片方の手を伸ばすことでほふく動作につながり，肘や膝を身体の外側に動かし，肩甲帯や股関節の発達とともに，肘や膝は体の中心に近づいてきて，四つ這いへの準備段階に入る．

(4) 四つ這い

　腹這いや伏臥位での上肢の運動を通して肩甲帯や股関節周囲の機能が向上し，身体を持ち上げ，支えるだけの機能が向上すると四つ這いへと移行する．この時期，腹這いや四つ這いを通して，股関節の臼蓋が形成され，立位に備えて股関節の機能を獲得していく．伏臥位で上体を手のひらで支えるようになると，膝を引き寄せて前後に重心を移動させるようになる．この運動によって，骨盤を前や後ろに傾けることができるようになる．下部体幹や骨盤・股関節周囲筋群の主働作筋と拮抗筋が同時活動されるようになり安定する．

　そして，脊柱の交互運動ができるようになると，手足を交互に動かすハイハイへと発展する．

(5) 高這い

　高這いは四つ這いや座位の後に見られる姿勢である．四つ這いの上体での重心移動によって，手のひらだけで体重を支えられるようになると，高這い姿勢がとれるようになる．始めは膝から足首に体重がかかるようになり，足関節周囲の同時活動が引き起こされる．

(6) 座位

　骨盤帯，股関節周囲の安定により，座位保持も可能となり，重力に抗して身体を垂直位に保持するようになる．このお座りでのさまざまなリーチ動作が仙骨の前傾，腰椎の前弯の形成に重要となる．こうして，抗重力機構の発達に伴って，私たちの脊椎は徐々にＳ字のカーブを獲得し

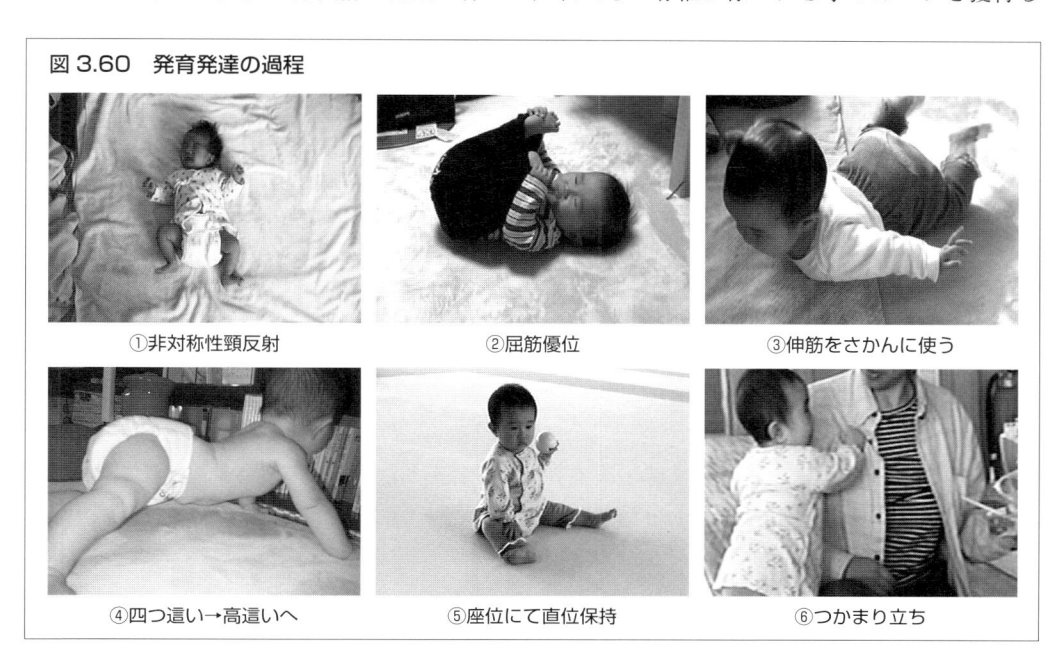

図3.60　発育発達の過程

①非対称性頸反射　②屈筋優位　③伸筋をさかんに使う
④四つ這い→高這いへ　⑤座位にて直位保持　⑥つかまり立ち

ていく．

　座位においての重心移動は，まず左右の運動から始まる．顔が向いた方向へ重心を移動させ，体幹から骨盤，股関節へのコントロールができるようになると，腕を持ち上げて伸ばすようになる．そして頭部や体幹の回旋に腕と重心がついていくようになる．このような動きのバリエーションが，重心移動の適切な選択に影響を与え，正しい身体のコントロールにつながる．

（7）両膝立ち

　股関節が伸び，膝関節が曲がることにより，下部体幹と骨盤のコントロールの向上に役立つ．膝立ちの初期は骨盤を前傾させ股関節屈曲で固定することにより，下部体幹や重心を安定させる．次に足をつま先立ちにし，膝から下の固定を利用しながら膝立ちし，股関節を伸ばせるようになる．これは，立ち上がりの過程で必要な動きとなる．

（8）片膝立ち

　両膝立ちを進めた姿勢が片膝立ちである．この姿勢では重心の高さは両膝立ちと変わらないが，地面との接地面積が小さくなり，両膝立ちよりもコントロールが必要になる．

（9）立位

　お座りや四つ這いにて脊柱や股関節がしっかり機能し始めると，つかまり立ちや，伝い歩きが可能となる．つかまり立ちの動作では，上肢でバランスをとるため，体幹は静的な状態にあるが，肩・骨盤・股関節は動的段階にある．この頃になるとしきりにカーフレイズのような背伸び運動を繰り返したり，スクワットのような運動を繰り返したりして，下肢の筋力を向上させ，立位機能を発達させているようである．体幹・骨盤帯・股関節の動的安定性が向上すると，つかまらずに立つことが可能になる．伝い歩きができると，しゃがみこみができるようになり，しゃがみこみからの立ち上がりもできるようになる．これらの動作の組み合わせは，姿勢維持と運動コントロールが重複して行われる．

　こうして徐々に抗重力機構を発達させ，生後12〜13ヵ月程度で直立し，二足歩行が可能となる．直立を獲得した後，さまざまな動きを経験し，3〜5歳でほぼ大人と同じ抗重力機構を獲得すると言われている．立位を獲得し，2歳くらいまではO脚，その後X脚となり，3〜5歳で大人と同じようなアライメントになる．また，この時期に足底のアーチも発達し，5歳くらいで足底のアーチも完成すると言われている．

D　運動能力の発達

　新生児期から乳幼児期までの運動機能の発達は，神経の発達に伴い，姿勢・動作を学習し，その過程の中で，正常な運動のコントロールを身に付ける．それは，さまざまな運動を繰り返し行うことで習得したもので，生涯にわたって身体運動の基本として運動の調整や質などに大きな影響を与えている．運動は①運動性，②安定性，③コントロールされた動き，④巧緻性，の4つの段階から構成される．

(1) 運動性

　運動の構成要素の第1段階である「運動性」は新生児の場合はそのほとんどを反射と胎内ですでに身に付けてきた自発運動とに支配されている．この初期の運動は頭部，脊柱，四肢の粗雑な運動が大部分を占める．自発運動とは人間が胎内で誰に教わるわけでも，反射を利用するわけでもなく行っているさまざまな運動で，これらの運動は脳の発達に先駆けて自発的に発生していると言われている．具体的には受胎後10週目には手足の曲げ伸ばしや頭部の回旋，歩行に似た足踏み運動などである．これらの自発運動は生後，歩行やリーチ動作の基本になると考えられている．

(2) 安定性

　運動構成要素の第2段階「安定性」は筋活動に依存した部分が大きくなる．仰臥位で頭部を左右に動かすことで，頭部と背骨を身体の中心へ安定させる（正中線定位）．正中線が定位すると頭を空中に持ち上げ，その姿勢を保持しようとする．このような一定の姿勢の状態を保つことを緊張性保持という．これは上部体幹から下部体幹へと移行し，体幹の安定性に寄与する．同時に肩甲帯から上肢帯，股関節から下肢の筋活動も緊張性保持によって行われる．これらの筋活動が獲得され，上肢帯の場合は両肘で上体を持ち上げた状態，下肢の場合では四つ這いの状態になると，主働作筋と拮抗筋が同時に活動して安定性を図る．始めは意識的に行われている動きが，次第に無意識な筋活動へと移行していく．このような筋活動の習得が体幹や肩甲帯，骨盤帯や股関節の安定性を向上させ，上下肢のコントロールされた動きを導く．

(3) コントロールされた動き

　運動構成要素の第3段階の「コントロールされた動き」は身体をある姿勢で保っている静的な状態から動きが加えられた状態である．体幹部では寝返りや，伏臥位から両肘で上体を持ち上げながらの脊柱の回旋動作がこれに当たる．四肢の場合は四つ這いで床についている手や膝を離すことができず，重心を前後に移動させてトレーニングしているうちに，身体の中心に近い肩関節・股関節が床についている手や膝を乗り越えて動こうとする．このような重心を支持基底面から逸脱させられるような運動の出現がコントロールされた動きの出現だと言える．

(4) 巧緻性

　運動構成要素の第4段階は「巧緻性」である．これは運動のコントロールの最終段階に位置する．お座りの姿勢が安定すると両手を自由に動かせるようになる．小さなものをつかもうとするとき，始めは手のひら全体で包み込もうとするが，しばらくすると親指と人指し指で物がつかめるようになる．このような巧緻性の向上には体幹や肩甲帯などの安定性，重心移動に対するコントロールなど，さまざまな要素が関与している．

3.6 症例報告

渡辺なおみ

(注) 実施プログラム中の「アドバンストスリー」は現在「リセットスリー」に名称変更．

A 足関節剥離骨折の既往があるジュニアバドミントン選手のコンディショニング

(1) 報告者情報

| 氏名：谷 春代 | 所属：フリー | 資格：MT |

(2) クライアント情報

氏名	年齢	性別	身長	体重	職業	運動歴・身体活動状況
K.K	11歳	男	147 cm	38 kg	学童	バドミントン 4日／週

(3) 医学的情報

①病歴（過去に診断名のついたことのある疾患）
　2007年8月9日，右足首捻挫の際に剥離骨折．2週間ギプス固定．1週間は松葉杖使用．受傷後3週間にて運動許可．

②身体的リスク（骨粗鬆症・高血圧・高齢・後遺症など主治医に確認したほうがいいこと）
　右足関節に可動域制限があるものの，痛みなどは特になし．

(4) 全体像

①生活背景と現状
　ジュニアバドミントンクラブに所属し，全国大会を目指すレベルで週4日の練習を行う．クラブではキャプテンを務め，中学2年の兄もバドミントン選手．競技レベルでバドミントンを行っており，バドミントン漬けの生活．

②全体の印象
　練習には軽めのトレーニングより復帰しているものの，足が重く，受傷前に比較して動きに切れがない．

(5) 主訴

痛みはないが思うように動けない．しっかりバドミントンができるようになりたい．

(6) 評価（アライメントチェックを中心に）

　前額面から見ると肩の高さに右上の左右差が見られ，矢状面から観察しても右肩峰は前方に位置している．仰臥位においても右肩が高く，右肩関節周囲のアライメント不良が認められ，肩関節屈曲筋群の緊張亢進が推測される．
　後方から観察すると右の骨盤がやや引き上げられているが，ストレッチポール上では胸椎は左回旋，腰椎は右回旋でバランスを保っており，胸・腰椎に捻じれが生じている．このような身体の捻じれは足関節捻挫によるものより，バドミントン競技の特性だと考える．立位において，頭部は左に位置し身体の重心もやや左寄りに傾いている．これはギプス固定時の左足荷重によるもので，この重心の移動がますます運動時の右足への荷重を遅らせ，思うように動けないという主訴につながっているものと考える．また，左股関節の動きの悪さがあり，長期の荷重による影響と考える．

(7) コンディショニングの目的

①短期目標
　右肩関節周囲のリラクゼーション，体幹の捻じれ改善によるアライメントの改善と左股関節の可動性向上．コアスタビライゼーションにより，身体の軸を安定させ，重心を中心に寄せる．

②長期目標
　成長期の選手であり，身体のサイズの変化が著しい時期である．身体のサイズの変化に対応できるコアの安定性コーディネーション能力の向上を図り，怪我の予防に努める．

（8）問題点

重心の左への変位のためか，全身に力が入っており，特に左股関節，胸・腰椎の動きが悪い．呼吸も浅く，胸郭の可動性も不十分である．
肩関節や骨盤帯，胸郭の左右差があり，体幹が左に変位している．
矢状面において，骨盤は前方に位置しており，特に股関節の前方移動が著明である．

（9）コンディショニングの方針

ベーシックセブンによるリラクゼーション後，アドバンストスリーで左股関節，右肩，胸椎の右回旋，腰椎の左回旋の改善とそれに伴うリアライメントを図り身体の重心の適正化を図る．
コアスタビライゼーションエクササイズにてインナーユニットを安定させ，軸回旋を通して，身体の中心を再認識することで正中感覚の再認識を図り，脊柱が安定したら四肢のドリルでコアの安定化を目指す．
静的な状態でコアが安定したら，コアコーディネーションエクササイズで体幹のコントロールを向上させ動的安定を図る．

（10）実施プログラム

1. ベーシックセブン
2. アドバンストスリーにより，①右肩に対するリラクゼーション，②左上の側臥位で胸郭に対して側臥位ローリング，③右上の側臥位で腰椎に対しての側臥位ローリング
3. 呼吸エクササイズ，軸回旋エクササイズ
4. 軸回旋時に左股関節の動きの悪さを認めたので，股関節に対しワイパー膝ゆるめ
5. コアスタビライゼーションエクササイズ，うつ伏せ・四つ這いのコーディネーションエクササイズ

（11）姿勢の変化

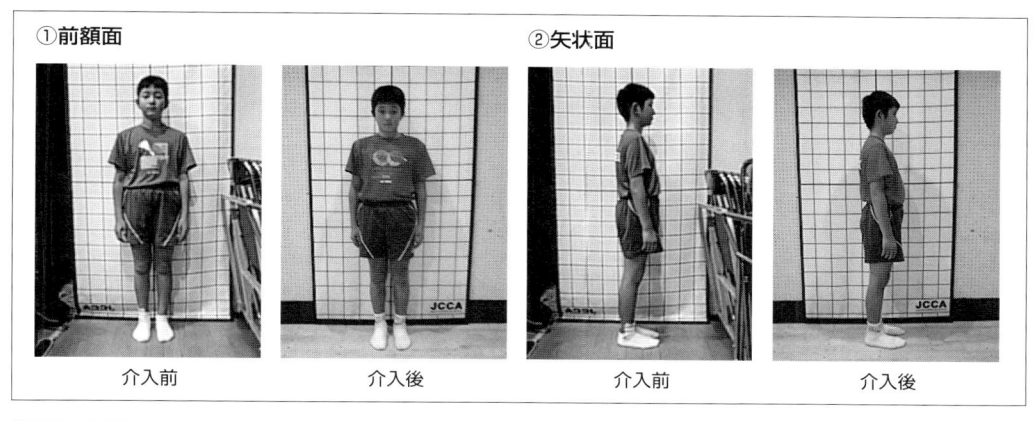

①前額面　　　　　②矢状面

介入前　　　介入後　　　介入前　　　介入後

（12）考察

介入直後は左股関節の動きが悪く，胸椎・腰椎の動き，胸郭の動きもあまり認められなかった．当然，側臥位ローリングや呼吸もうまくできない状態だったがエクササイズを進めるにあたり，胸郭の動きが改善し，1週間後には股関節の動きもよくなり，側臥位ローリングもスムーズに行えるようになってきた．もともと身体感覚のよい選手で数回のセッションで身体の反応がドンドンよくなっていった．エクササイズ後では明らかにフットワークが改善し，足の動きがとてもよくなる．リセットを進めるほどにリアライメントもしやすくなり，介入後は肩周りの緊張は残存しているものの，前額面，矢状面において身体重心は真ん中に整ってきており，下半身の安定化は確実に向上しているように感じる．肩・頭のラインが若干前方にあるのは気になるが，リセット直後は左右差もなく，リアライメントされている．大人と比較して，筋肉・関節ともに柔軟性があり，コンディショニングの効果を得やすいように思われる．成長期でもあり，偏ったスポーツ動作によってクセのある身体にならないように，リアライメントおよびリセットの概念の教育も大切だと感じる．

（13）クライアントの感想

仰向けに寝た状態では右肩が浮いている感じがするが，ベーシックセブンをすると背中がベッタリ床につく感じがする．立ったとき，背が伸びているように感じる．肩のリラクゼーションをしたあとは，肩が下に落ちるのがわかる．リセットすると足がとっても軽くなる．足が軽くなるのでフットワークの動きが軽やかに動ける．リセット前に動いたときと全然違うのがわかる．

B　ジュニアの水泳選手に対するコンディショニング

(1) 報告者情報

氏名：宮崎　麻央	所属：フリー	資格：ADV

(2) クライアント情報

氏名	年齢	性別	身長	体重	職業	運動歴・身体活動状況
N.K	13歳	男	152.5 cm	47 kg	中学生	水泳　6日／週　平日1h　週末2～3h

(3) 医学的情報

①病歴（過去に診断名のついたことのある疾患）
　特になし．
②身体的リスク（骨粗鬆症・高血圧・高齢・後遺症など主治医に確認したほうがいいこと）
　特になし．

(4) 全体像

①生活背景と現状
　中学1年生の水泳選手．ほぼ毎日，平日は1時間，土曜日は2時間，日曜日に3時間の練習がある．コンディショニング介入期間中に試合が入っている．
②全体の印象
　お腹に力が入っていない印象．

(5) 主訴

　水泳をしているので，常時肩周囲（肩甲骨）の突っ張り感があるので，緩めてほしい．肩の可動域を広くしたい．インナーユニットを鍛え，水中での身体への意識ができるようになりたい．

(6) 評価（アライメントチェックを中心に）

　矢状面では頭が前方に位置し，腰を反ってお腹を突き出したような姿勢で立っている．肩関節はやや前方に位置し，胸から肩にかけての筋肉の緊張がうかがえる．前額面では左肩が右肩に比べてやや高く，頭をやや左に傾けている．

(7) コンディショニングの目的

①短期目標
　肩甲骨周囲のリラクゼーションとリアライメント．
②長期目標
　インナーユニットをトレーニングし，水中でのバランスを改善する．リセットにより，水中で楽に水がかけるようになり，パフォーマンスアップを目指す．

(8) 問題点

　仰臥位のモニタリングで肩甲骨周囲に左右差がある．以前右肩の肉離れの経験があり，右の肩甲骨周りが固まっている状態．呼吸が浅く，正常な呼吸ができていない状態．

(9) コンディショニングの方針

　セルフモニタリングによって，自分の身体への気づき，身体の左右差への気づきを促し，肩周囲の緊張をコアリラクゼーション種目を用いて自分で気づき，改善していけるように促す．
　コアスタビライゼーションにて呼吸への意識，コアへの意識を向上させ，インナーユニットの働いている状態を写真などを使い，視覚的にも，理論的も，身体感覚的にも理解する．

(10) 実施プログラム

1. ベーシックセブン
2. アドバンストスリー（肩甲骨周りに対するコアリラクゼーション；脇下・頭上ローリング）
3. コアスタビライゼーション（呼吸エクササイズ　軸回旋エクササイズ）

（11）考察

　　コンディショニング開始直後はベーシックセブン後，床上モニタリングで右肩が高く，右肩に対するリラクゼーション種目を行っていたが，介入4回目ごろからベーシックセブンのみで肩の左右差がなくなり，アライメントが改善された．

　　コアスタビライゼーションでの呼吸のエクササイズが全然できず，頭でも理解できていない様子．まず，呼吸パターンを頭で理解し，腹横筋を意識できるような言葉がけをするなど呼吸に対する意識を向上させた．その結果，徐々にではあるがしっかり呼吸ができるようになり，その状態を写真に撮り，視覚的にも理解を促したところ，腹横筋優位の呼吸と腹直筋優位の呼吸の違いを本人が意識できるようになってきた．今回の介入では，呼吸のエクササイズまでしか進めることができず，軸回旋を少し行う程度であったが，インナーユニットへの意識の向上が図れ，立位姿勢にも変化が見られるようになった．また，肩周りの緊張がとれ，可動域が広がったためか，インナーユニットが安定したためか，スイミングの練習で25mのスクロール数が17回から14～15回へと変化した．

（12）クライアントの感想

　　スイミングの練習のアップ時の25mのスクロール数が以前は17回だったのが今は14～15回になり，大きくかけるようになった．

　　以前は常に踵に体重がかかっている感じだったけど，中心に体重が乗るようになり，身体が軽く感じた．水泳の試合が2日間あったが，2日間ともいい泳ぎができた．

　　インナーユニットがなんとなく意識ができるようになった．

C 美しい姿勢で立ちたいクライアントに対するコンディショニング

(1) 報告者情報

氏名：大藤　武治　　所属：汐留セントラルクリニック　　資格：ADV

(2) クライアント情報

氏名	年齢	性別	身長	体重	職業	運動歴・身体活動状況
M.S	37歳	女	159 cm	48 kg	治療家	バスケット／ジョギング

(3) 医学的情報

①病歴（過去に診断名のついたことのある疾患）
　腰椎ヘルニアの既往があるが現在は症状は落ち着いている．
②身体的リスク（骨粗鬆症・高血圧・高齢・後遺症など主治医に確認したほうがいいこと）
　腰椎ヘルニアに対し，痛みや痺れの出現に注意を要する．頸椎伸展時に違和感あり，普段は症状なし．クライアント本人がカイロプロテクターであり，身体に関する知識，リスク管理の知識はある．

(4) 全体像

①生活背景と現状
　職業がカイロプロテクターであり，1日中立ち仕事．腰椎ヘルニアがあるので腰に負担のかからない姿勢に気をつけている．学生時代はバスケットボールをしていたが，現在は時々ジョギングをする程度しか運動はしていない．
②全体の印象
　比較的姿勢もよく，活動的であるが，よい姿勢を意識するあまり，胸を張って立ちすぎている印象がある．

(5) 主訴

　職業柄，客観的に美しい姿勢でいたい（胸を張って腰が伸びた状態を自然にとれるようになりたい）長時間立ちっ放しだと腰が疲労してくる．伸展と屈曲時に身体が硬いと感じる．

(6) 評価（アライメントチェックを中心に）

　顎が上がり，顔はやや右に回旋しており，頸部の筋群の緊張が考えられる．右肩が若干上がり気味で前方突出が認められるが，大きな左右差はない．骨盤がやや前傾，膝は過伸展気味で，左下肢の外旋が大きい．身体の左右差は比較的均等であるが，仰臥位のモニタリングにおいて仙骨部の床に当たっての痛み，腰の浮いた感じ（左＞右）がある．
　矢状面において股関節が前方に位置し，重心がやや前方に移動している．アライメントは比較的良好であるが，下部体幹のスタビリティが低く，このために重心が前方に移動しているものと考える．

(7) コンディショニングの目的

①短期目標
　ベーシックセブン，アドバンストスリーにより，リラックスを図る．コア（特に下部体幹）の安定性を向上させ，姿勢保持の効率を上げる．
②長期目標
　美しく立つということは決して胸を張ることではなく，肩や頸，胸や背中などに無駄な力の入っていない状態であることを理解のうえ，安定した立位を獲得する．

(8) 問題点

左下肢の外旋．
下部体幹の安定性の低下による重心の前方移動．
肩甲帯・頸部の緊張の亢進．

(9) コンディショニングの方針

全身のリラクゼーションを図り，頭部・肩甲帯の緊張を緩和する．
コアスタビライゼーションによりインナーユニットを安定させ，それに伴い，重心の前方移動，腰椎前弯，骨盤前傾を軽減させる．

(10) 実施プログラム

1. ベーシックセブン
2. アドバンストスリー：ワイパー，腰椎・骨盤帯に対する側臥位ローリング，頸部の深層筋に対するアプローチ（仰臥位）
3. コアスタビライゼーション：頸部の安定化，仰臥位での片手・片足，両手・片足，片手・両足のエクササイズ
4. コアコーディネーション：四つ這い位での片手・片足連動運動（対角・動側）

(11) 姿勢の変化

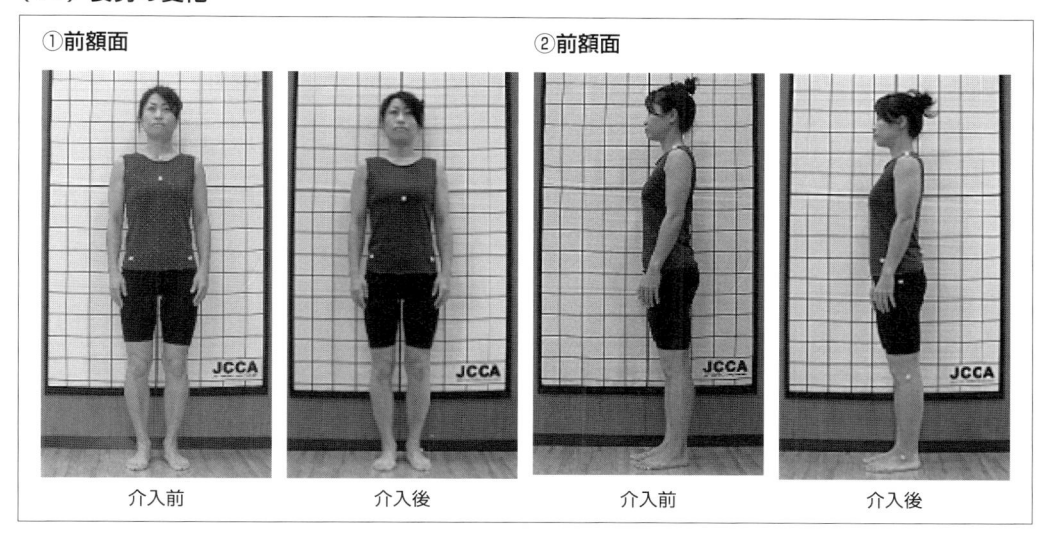

①前額面　　　　　　　　　　　②前額面

介入前　　　介入後　　　　　介入前　　　介入後

(12) 考察

横から見ると骨盤の前傾は残るが，頭部の前方突出，膝の過伸展も改善され，重心の位置も正常化している．頭・頸部，肩の前方突出も改善され，自然な状態で胸が張れるようになり，理想的なアライメントに近づいている．
仰臥位モニタリングでの仙骨の辺りは残るが，右肩の浮き具合，腰の浮き具合は改善されている．
後方からの写真を比較すると，肩甲骨の位置が脊柱から離れ，理想的な位置にあることがわかる．
下部体幹の安定性が向上し，自然な腰椎の前弯，力の抜けた肩，自然に伸びた胸と，見た目にも美しい姿勢に変化している．

(13) クライアントの感想

歩き方がよくなった感じがする．
胸を張って腰が伸びた状態で長く歩けるようになった．
仰向けになった時の仙骨の床にあたっての痛みが以前より少なくなった．
ストレッチポールに乗ったとき，右の肩甲骨周囲に違和感があったが，最終日には感じなくなった（普段はまったく違和感なし）．身体の各部位の状態を敏感に感じられるようになった．

D 積極的に運動を実施している女性のコンディショニング

(1) 報告者情報

氏名：松本　朱実　　　所属：フリー　　資格：ADV

(2) クライアント情報

氏名	年齢	性別	身長	体重	職業	運動歴・身体活動状況
Y.S	33歳	女	154 cm	48 kg	専業主婦	エアロビクス・マラソン・ウエイト系

(3) 医学的情報

①病歴（過去に診断名のついたことのある疾患）
　特になし
②身体的リスク（骨粗鬆症・高血圧・高齢・後遺症など主治医に確認したほうがいいこと）
　肩こりと腰の周りに違和感の訴えがある．ストレッチポールはハーフカットを使用し，エクササイズ中に違和感の増加がないように注意する．

(4) 全体像

①生活背景と現状
　専業主婦．5歳児の母．アクティブなタイプで，家にいることは少なくPTA活動などを積極的に行う．学生時代からスポーツに触れ，現在もスポーツクラブに所属．週3～4回通う．主にエアロビクスに専念．最近はエアロビクスの競技クラスにも通い始める．エアロビクスだけではなく，マラソンやウエイトトレーニング系のクラスにも参加．

(5) 主訴

　最近エアロビクスの競技スクールに通うようになり，自分の姿勢を意識しだした．以前から骨盤が倒れており，お尻が出ているのが気になっている．肩周りの凝りや腰の違和感が気になる．エアロビクスで美しく，楽に動きたい．

(6) 評価（アライメントチェックを中心に）

　骨盤の前傾，腰椎前弯があり，やや背中を丸めた印象があり，体幹はやや右に傾いている．右の骨盤が左に比較してやや高く，仰臥位モニタリングでは左肩，左腰が浮いた状態であり，このことが肩の凝りや腰の違和感につながっているのではないかと考えられる．
　矢状面から観察すると，肩関節が内旋位でやや前方に位置し，頭も前方に位置している．
　インナーユニットの働きが悪いのか，お腹にうまく力が入っていないような印象を受ける．

(7) コンディショニングの目的

①短期目標
　アライメントの改善．
②長期目標
　美しい姿勢と美しい動作（エアロビクス）の獲得．スポーツ障害の予防．

(8) 問題点

　仰臥位においての肩・腰の左右差があり，体幹の捻れが考えられる．
　腰椎の前弯．
　インナーユニットがうまく働けない．

(9) コンディショニングの方針

　体幹の捻れ，骨盤前傾，腰椎前弯に対し，ベーシックセブン，アドバンストスリーでリアライメントを行う．
　仰臥位モニタリングで肩関節に左右差があるので，肩関節のリアライメントを行う．
　コアスタビライゼーションは呼吸を中心に行い，インナーユニットを活性化させ，体幹の安定性を高め，よい姿勢で動けるように自宅にストレッチポールを持っているので，ベーシックセブンは毎日行ってもらう．
　荷物を持つ手を均等にするように指導．

（10）実施プログラム

1. ベーシックセブン
2. アドバンストスリー：脇下・頭上ローリング，ワイパー運動，左上を中心に側臥位ローリング
3. コアスタビライゼーション：呼吸を中心に行う．
その他：ベーシックセブンを自主練習で毎日行う．

（11）姿勢の変化

①前額面

介入前 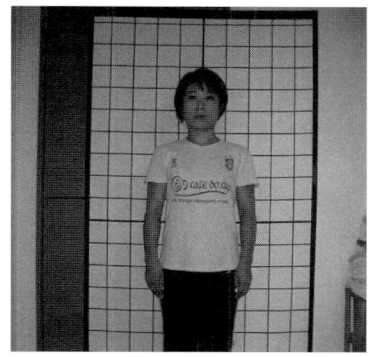　　　　　　　　　　　　　　介入後

②矢状面

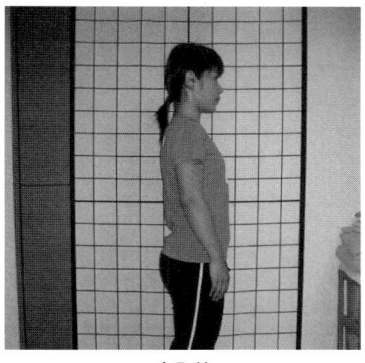

介入前 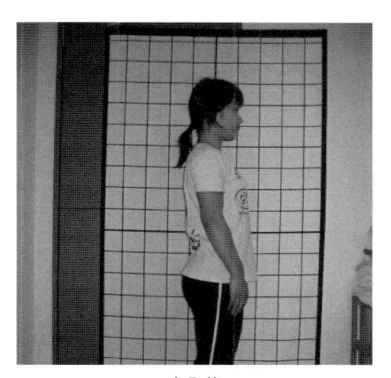　　　　　　　　　　　　　　介入後

（12）考察

　エクササイズ開始時は呼吸がうまくできず，ストレッチポールの上で体幹を安定させることができなかったが，介入5回目にはハーフカットで安定して上下肢を動かせるようになった．
　姿勢の変化は矢状面で著明で，腰椎前弯は残るものの，肩関節・頭部のリアライメントが見られる．前額面でも，肩の位置が整い，肩から頸にかけてのラインがスッキリとして見える．
　骨盤の傾き，床上モニタリングによる体の左右差も改善され，立位姿勢が無理なく美しく立てている印象がある．
　今回5回しか介入していないのに，本人の日常生活における見直しの影響は大きい．

（13）クライアントの感想

　何よりも姿勢がよくなり，立っていることが楽になりました．肩周り，腰周りの違和感もなくなり，ポールをした直後はとっても快適です．そして，回を重ねるごとにその快適さが持続していくのがうれしかった．スポーツクラブの鏡の中の自分が以前とはまったく違う姿であり，のびのびと手足を動かせるのがとっても心地よい．何の力もいらず，苦痛もないのこんなに楽になるなんてすばらしいですね．もっとエアロビクスをがんばれそうです．

E　運動習慣のない女性の不定愁訴に対するコンディショニング

（1）報告者情報

| 氏名：手嶋　美世子 | 所属：日出町立大神中学校 | 資格：ADV |

（2）クライアント情報

氏名	年齢	性別	身長	体重	職業	運動歴・身体活動状況
J.H	21歳	女	159 cm	58 kg	事務	この2年はまったく運動していない

（3）医学的情報

①病歴（過去に診断名のついたことのある疾患）
　特になし．

②身体的リスク（骨粗鬆症・高血圧・高齢・後遺症など主治医に確認したほうがいいこと）
　左腕挙上時に左肩に違和感があるため，エクササイズはハーフカットで進め，違和感の出現に気をつける．

（4）全体像

①生活背景と現状
　子どもの頃から運動は苦手で，積極的に身体は動かしたことがない．学生時代は弓道をサークル活動として行ってきたが，ここ2年間はまったく運動は行っていない．事務系の仕事であり，1日中椅子に座っている．靴はほとんどハイヒール．最近体重増加傾向．お腹が出ていることが気になり，背中を丸めて隠してきた．日常生活では肩関節を挙上することがほとんどない．

②全体の印象
　常に疲れているような様子．背中を丸めて立っており，腹圧が抜けた感じがある．

（5）主訴

常に肩・首の凝りがあり，時々腰痛がある．左腕を上げると嫌な感じがある．

（6）評価（アライメントチェックを中心に）

　前額面：左肩が下がり，両上肢は内転・内旋位で身体の前にある．肩甲骨は外転しており，大胸筋など肩関節前方の筋肉の短縮が考えられる．顎が上がって，頭部はやや右回旋．重心は左に寄っている．
　矢状面：円背・腰椎前弯増強・頭部前方変位があり脊柱のカーブが増大している．左＞右で肩関節は前方に突出している．耳・肩峰・ともに重心線よりやや前方に位置し，膝を過伸展ぎみにして立っている．
　ストレッチポール上：胸郭は右回旋，骨盤は左回旋でバランスをとる．右股関節をやや内旋させ，膝を内側に倒して体を支えており，インナーユニットがうまく機能していないことが考えられる．

（7）コンディショニングの目的

①短期目標
　胸椎の伸展，肩甲帯の左右差の軽減によるリアライメント．
②長期目標
　スタビライゼーションの向上による姿勢の安定．姿勢の安定による疲労感の軽減．不定愁訴の軽減．

（8）問題点

　円背，腰椎前弯，頭部前方突出など脊柱のアライメント不良．肩甲帯の左右差．体重増加とそれに伴う姿勢不良，不活動．体幹の安定性の低下．肩・頸・腰の不定愁訴．

（9）コンディショニングの方針

　まずは円背や腰椎の前弯増強に対し，ベーシックセブンにて脊柱のリアライメントを図り，次に肩関節，股関節や胸椎・腰椎の回旋に対しアドバンストスリーを行い，より高いリアライメントを目指す．
　ある程度リアライメントできたら，呼吸によってインナーユニットを安定させ，そのうえで軸回旋を行い身体をリセットする．
　リセットにより安定した立位姿勢が獲得されると，日常感じている不定愁訴が軽減するのではないかと考える．
　身体に対する意識が低く，エクササイズを通して自分の身体への意識が向上するように声かけをする．

（10）実施プログラム

介入回数 4 回
1. ベーシックセブン
2. アドバンストスリー：肩関節に対し脇下ローリング（肩挙上時に違和感があるため，頭上ローリングは行わなかった）胸椎に対し側臥位ローリング，股関節に対してワイパー膝ゆるめ
3. コアスタビライゼーション：呼吸エクササイズ，軸回旋エクササイズ，四肢を使ったエクササイズ

（11）姿勢の変化

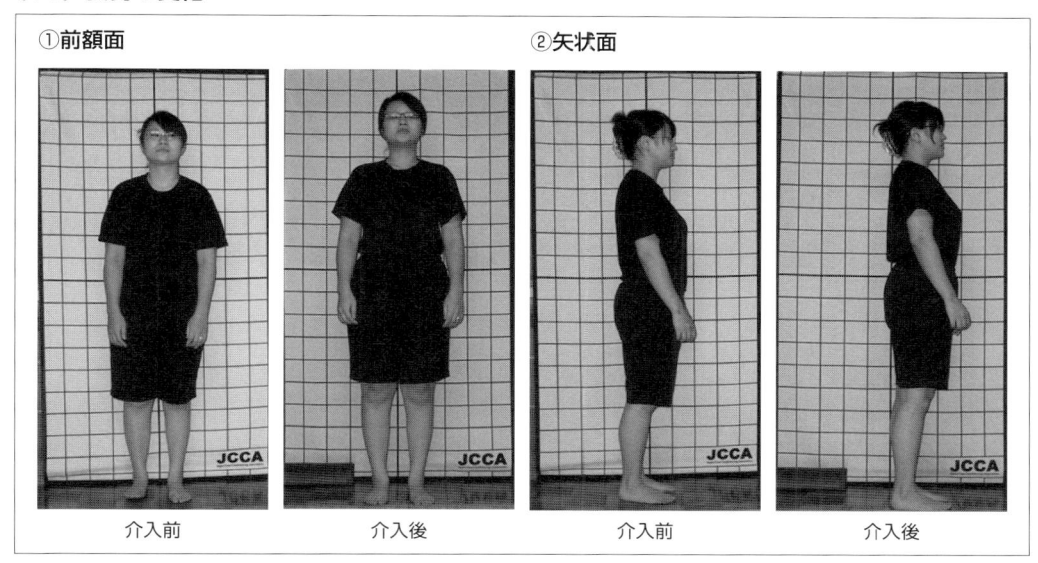

①前額面　　②矢状面

介入前　　介入後　　介入前　　介入後

（12）考察

エクササイズ開始時はストレッチポールにうまく乗れず，ポールから落ちる感じがしなかなかリラクゼーションが得られなかった．しかし，コアリラクゼーションで肩関節の左右差が改善されてくると徐々にポールに乗れるようになり，呼吸エクササイズでさらなる体幹の安定性を図った．しかし，スタビライゼーションはなかなかうまくいかず，片足支持での上肢の運動までとし，呼吸エクササイズを重点的に行った．体幹がやや安定してくると，右股関節へのワイパー膝ゆるめエクササイズ時にフラフラしないようになり，股関節の左右差が改善された．介入を重ねるにつれ「今日は右肩の動きが悪い」など自分の身体の変化を細かく感じるようになり，身体への意求も向上した．介入後は胸椎の伸展が得られ，胸を張った状態で立てるようになり，肩の前方突出も改善し上腕は体側へ近づいている．仰臥位では肩関節から頸部にかけての緊張は軽減しているものの，立位になると頸部を緊張させる．これはコアの安定が不十分であることと，本人のクセではないかと考える．重心は以前はやや左に変位しているが，リアライメントにより立位姿勢における印象が大きく変わった．

（13）クライアントの感想

エクササイズ中，すぐに眠くなる．立ち上がったときスッキリしていて，長時間立っていてもつらくなくなった．重心が後ろにいった感じがする．頸や肩がスッキリして軽くなったが1日中仕事をしていると凝りが戻ってくる．今まで，お腹を突き出していい姿勢をとろうとしてたが意識しなくてもいい姿勢がとれるようになった．今までは力を抜いておくことが楽だと思っていた．しかしエクササイズをしてからは今までの姿勢がきつく感じるようになった．お腹の調子もよくなり，よく動いている感じがする．

F　マルアライメントのある長距離選手に対するセルフコンディショニング

(1) 報告者情報

氏名：渡辺　なおみ　　所属：コンディショニングセンター Be-ing　　資格：MT

(2) クライアント情報

氏名	年齢	性別	身長	体重	職業	運動歴・身体活動状況
A.O	21歳	女	147 cm	40 kg	大学生	陸上長距離

(3) 医学的情報

①病歴（過去に診断名のついたことのある疾患）
　中学2年のときに両側の外側半月板摘出．その後，両膝屈曲・外反変形．X-Pにて両膝に骨棘あり．
②身体的リスク（骨粗鬆症・高血圧・高齢・後遺症など主治医に確認したほうがいいこと）
　現在膝の痛みはない．中足骨疲労骨折，ジョギング程度までは痛みなし．

(4) 全体像

①生活背景と現状
　長距離選手．大学進学後，故障が多く満足に走れていない．高校時代はスタビライゼーショントレーニングを毎日行っていたが，大学進学後はあまり行わず．ランニング時の体幹の不安定感，体重が乗らない感じが気になっていた．今回の故障を期にスタビライゼーションエクササイズ開始．
②全体の印象
　両膝の屈曲・外反変形に伴い，骨盤前傾・腰椎前弯の拡大が見られる．

(5) 主訴

　重心がきれいに乗らない．ランニング時腹圧が抜けて不安定な感じ．下肢が重く，スムーズな重心移動ができない．インナーユニットを使うイメージができなくなっている．

(6) 評価（アライメントチェックを中心に）

　両膝関節に屈曲・外反変形（左＞右）を認め，内果間約6横指のX脚である．立位にて，骨盤の左傾斜，体幹の右回旋が認められるがこれは，左＞右の膝の屈曲拘縮・外反変形から来るマルアライメントの連鎖によるものと思われる．矢状面では，軽度の頭部前方突出が認められ，若干ではあるが，肩関節も前方突出している．正常アライメントに比べ，腰椎の前弯と骨盤の前傾が著明であるが，成長期の段階で膝の屈曲・外反変形を来した彼女の姿勢安定のための工夫であり，この骨盤前傾と腰椎前弯のおかげで，膝へのメカニカルストレスを軽減させることができているものと考える．
　これらの姿勢の客観的裏づけとして，Yシート（p.145）において，頭部前方突出：lt152/rt148 mm 肩甲骨外転：lt6/rt6.5 cm．前屈において胸郭・骨盤ともに2°の右回旋が認められる．

(7) コンディショニングの目的

①短期目標
　脊柱の柔軟性の向上．それに伴う重心位置の正中化．下部体幹のスタビリティ向上．
②長期目標
　ランニング時の下部体幹の安定性向上．脊柱・股関節の柔軟性の向上に伴う，ランニング時の下肢荷重伝達の最適化（コアコーディネーション）．

(8) 問題点

　下部体幹の安定性の低下に伴う体幹の分離性の低下・脊椎分節の安定性・分離性の低下，肩甲帯および頸部の過緊張．ボディイメージの低下（以前は仙骨や胸椎の小さなアライメントの変化に自分で気づき，セルフコンディショニングで改善していたが，現在はその変化がわからない）．以上はスタビリティの低下およびグローバルマッスル（体幹の表層にある多関節筋）の過緊張によるものと推察される．

(9) コンディショニングの方針

グローバルマッスルのリラクゼーションを目的にベーシックセブンを行い，次いで，コアスタビライゼーションの呼吸と軸回旋を徹底的に繰り返すことで，体幹のスタビリティの向上を図る．それにより，脊柱分節の安定性と分離性を獲得したのち，リアライメントを目的とした，アドバンストスリーを施行．体幹の安定性が得られたら，コアコーディネーションエクササイズを股関節・骨盤・脊柱の連鎖を目的とした寝返り動作，下部体幹と上部体幹の協調性をねらったパピーポジション（伏臥位で両肘〈両手の手のひら〉で身体を持ち上げた状態）のエクササイズから段階的に進める．

(10) 実施プログラム

1. ベーシックセブン
2. 呼吸・軸回旋エクササイズ
3. 下部体幹・脊柱の安定性が得られたらアドバンストスリー：股関節・胸郭を中心に本人の主観（動きにくさ）に応じてエクササイズを選択．
4. コアコーディネーション：寝返り→パピーポジション→腹這い→四つ這いの順で進める．ランニング開始前に下肢と体幹の運動連鎖を高めておく（姿勢戦略の最適化）．

(11) 姿勢の変化

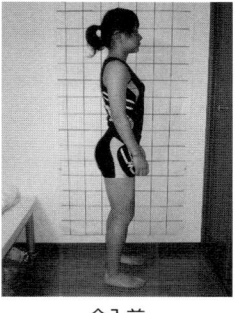

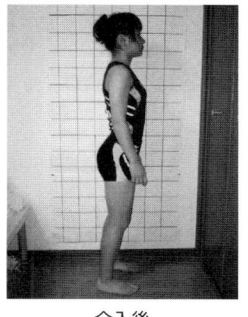

①前額面　　　　　　　　　　　　　②矢状面

介入前　　　介入後　　　　　　　　介入前　　　介入後

(12) 考察

エクササイズにおいては，すべてセルフコンディショニングにてアプローチを進めた．初回評価のみトレーナーにて評価し，方針の説明とスタビライゼーションの指導は行ったものの，リラクゼーション種目に関してはすべて，本人の主観にてエクササイズを選択してもらった．写真で見る限りでは，著明なアライメントの変化は感じないものの，胸椎の後弯減少，胸腰椎移行部の伸展が確認できる．またYシートにおいて，頭部前方突出 lt：152 mm → 103 mm rt148 mm → 112 mm と軽減し，肩甲骨の外転も lt6.0 cm → 5.9 cm rt6.5 cm → 5.8 cm と右側の内転により左右差が消失している．骨盤の傾斜，回旋に関しては変化がないが，胸郭の回旋が2°の右回旋から3°の左回旋へと変化し，それに伴い頭部の回旋方向も右回旋から左回旋へと変化している．本症例の場合，下肢のアライメント異常による骨盤の傾斜，片足立脚時のknne-in（膝外反）などは避けられない．これに対して下部体幹が安定していれば股関節と胸郭の回旋により正中軸は保たれ，姿勢調節に不要な筋活動がいらなくなるものと考える．本人の主観によりエクササイズを進めたが，呼吸時の筋への意識の向上や軸回旋時の体軸内回旋を認識できるようになるとともにランニング時の安定性が向上しているようである．

(13) クライアントの感想

エクササイズ開始直後は息を吐くときに全身に力が入り，深層の筋肉を使えている感覚が全然なかったが，エクササイズを進めるうちに徐々に深層の筋肉だけで呼気ができるようになってきた．以前はわかっていた仙骨の動きや胸椎の動きが全然感じられなくなっていたが，四つ這いのトレーニングなどで，小さな動きに意識をおくうちに徐々に動きを感じられるようになってきた．この頃から，ジョギングをしていても，重心がスムーズに移動する感じがつかめ，足部に負担をかけずに走ることができるようになった．

第4章 コアコンディショニングの介護予防への活用

介護予防に関するコアコンディショニングの考え方，その具体的方法を目的別，段階別に解説してあります．

4.1 介護予防における運動指導

渡辺なおみ

A 介護予防とは

　2000年4月に高齢者の「自立支援」と「尊厳の保持」を基本理念にスタートした介護保険制度だが，要介護状態にならないようにするための廃用症候群に対して十分な効果が得られず，予防効果が思ったほど上がらなかった．このため2004年4月に介護保険制度の大幅な改正が行われることとなった．この改正では「予防重視型システムへの転換」が図られ，口腔ケア，栄養改善とともに運動器に関しても，機能向上を図る具体的なアプローチが重要視されることとなった．

　厚生労働省の定める運動器機能向上に携わる者の要件は，理学療法士，作業療法士，看護師などの国家資格保有者から，経験のある介護職までと幅広く，それらの者が必ずしも運動機能に関して熟知しているわけではない．そのため，介護予防の現場は混在する情報の中から，さまざまなアプローチを試行錯誤しながら運動指導を実施しており，数値化しやすい筋力や歩行距離などに対するアプローチに偏りがちになっている．

　介護予防の目的は日常生活動作の自立支援である．高齢者の自立につなげるためには，これまで理学療法や介護の中で行われてきたような動きの矯正，機能向上などを目的とした，他動的誘導や指導のような「やらされる運動」ではなく，高齢者自身が自分の身体状況に気づき，上手な身体の使い方を知ることで，「残存している能力を十分に活用することができる」と，高齢者自身が思えることが重要である．

　コアコンディショニング協会は，「コアコンディショニングとは，すべての身体活動に通じる姿勢改善エクササイズである」の理念に基づき，高齢者自身が自分の身体の変化に気づき，効率のよい動作を学習し，日常生活動作を行いやすくなる身体作りを基本としたプログラムを提案している．

TEA TIME

運動機能へのアプローチは成功しているのか

　高齢者の自立支援と尊厳保持を基本理念に介護予防制度がスタートして7年が経過している．この間，随時見直しが施行され，2004年4月に介護保険制度の大幅な改正が行われ，「予防重視型システムへの転換」が図られた．

　今はまだ，介護を必要としない高齢者を「特定高齢者」と位置付け，未然に介護予防に取り組むシステムを作るなど対策は講じているが，介護予防事業への参加は低く，高齢者自身の価値観と，運動提供者の価値観との相違が考えられる．また，筋力トレーニングなどの運動機能へのアプローチが高齢者の自立支援にどれだけ貢献しているかは疑問であり，デイサービスやデイケアなど通所介護施設などで仕方なくやらされている運動に終わって

しまっている感も現場にいると感じるところである．

これらの問題がなぜ生じるのか？　1つには，要支援状態の高齢者や特定高齢者として位置付けられる高齢者にとって，施設や地域で提供する運動機能向上のプログラムが，まだ，何とか営むことのできている日常動作の向上につながるものであるという自覚がないことがあげられる．運動の重要性を聞かされるものの，それが自分のこととして捉えることができておらず，「もう歳だから……」と自分の身体に対してあきらめに近い感情を持っていることなどが自立を妨げているように思える．

また，本当に運動の必要な運動習慣のない者や，日常生活における活動量の低いものにとって運動に楽しみを見いだしたり，運動が健康維持・増進に結びつくということはわかっていても，それが積極的に運動を生活の中に取り入れ継続していく動機には結びつきにくい[5]．集団でのエクササイズや個別機能訓練，自宅でできる体操など対象者の価値観に基づいて運動方法を選択できる工夫をしたり，意識改革を図るなど，高齢者自身が運動の必要性を感じ，自発的に運動に参加・継続できる工夫を凝らすことが大切となる．

介護予防コアコンディショニングのエクササイズは，今持っている能力を引き出すことを目的として構成されている．体感を重要視し，高齢者自身が自分の身体の変化に気づくよう意識的に身体の動き，変化を感じられるよう構成してある．自分の身体の変化に気づき，動きやすさを体感していただくことが日常生活の活動量を自然に増加させることにつながるものと考えている．

B　高齢者の身体特性

高齢者の抱える問題は，加齢そのものによる問題ばかりではなく，疾患による問題や後遺症など，さまざまな問題が混在している．運動器の機能低下も，その原因は単に筋力や関節の動きなど運動器の問題のみでなく，疾患や廃用，生活環境や人的環境などさまざまな要因が混沌としているということを踏まえておく必要がある．その混沌とした問題1つ1つを明確にし，個別的にアプローチすることも大切だが，まずはその問題の共通性を見いだし，日常生活の活動性を向上させるためのアプローチを考える必要性がある．

（1）加齢変化
●筋肉の萎縮

加齢に伴い筋肉の萎縮が生じる．特に大腿四頭筋（大腿部前面の筋肉）と腹部の筋の萎縮が著明であり，大腿四頭筋に関しては80歳の平均値は20歳の平均値より45％低いとされている[8]．このことは，下肢筋力強化の重要性を裏付けるものである．また，脊柱において，筋機能の低下は頸椎や胸椎に比較して，腰椎で著明であり[1]，高齢者の持つ腰の問題や脊柱の変形に影響を与えている．

●骨密度の低下

加齢に伴い萎縮するのは筋肉だけではない．骨粗鬆症などにより骨も萎縮し脆くなるのは周知のことである．Mosekideによれば，加齢により椎体全体の強度は性別に関係なく70～80％低下するとされている[1]．これらの変化は胸椎・腰椎で著明に見られ，圧迫骨折や脊柱の変形などの要因となり，高齢者の姿勢に大きな影響を与える．

● **感覚機能の低下**

　感覚機能の加齢変化も高齢者の身体特徴を把握するうえで重要である．加齢に伴い体温調整が低下し，体温変化の識別能力が低下する．これは運動を指導するうえで十分に配慮しなくてはならない．また，足底感覚の低下がバランス能力へ影響を与え，神経伝達速度の低下，関節可動域の減少，筋力の低下とともに転倒のリスクとなりうる．感覚機能の低下は運動指導において重要であり，身体感覚を考慮して運動指導することが高齢者の身体機能向上には欠かせないものと思われる．なお，加齢による体力や身体機能の生理的変化は，個人差が大きいことが知られている．したがって，高齢者の身体機能を把握する際，年齢のみで判断することは望ましくない．

(2) 疾患による変化

　「持病のない高齢者はいない」と言っても過言でないほど，高齢者はさまざまな疾患を有している．その疾患も単一のものでない場合が多く，時には無自覚であったり，自覚症状があっても個人差が大きいことがしばしばある．自覚症状がさほどない場合でも重症度が高い場合があるなど，個々の状態に注意が必要である．

　整形外科的には骨折や関節の変形などによる痛みやアライメントの変化，関節可動域の低下などその構造，機能に大きく影響を与える．また，転倒による大腿骨頸部骨折や圧迫骨折などの既往に関してはあらかじめ問診などで，人工関節や手術の有無を踏まえ，聞き出しておく必要がある．脳卒中など中枢神経疾患の後遺症や認知症などの症状，不整脈や心不全など循環器の問題など，どんな疾患を持っているのか，現在治療中なのか，症状は落ち着いているのか，などの情報は積極的に集め，日々の変化を把握しておくことが重要である．

(3) 姿勢の変化

　高齢者の立位姿勢の特徴は，広いスタンス，軽く屈曲した膝と股関節，体幹部の前傾，骨盤後傾，腰椎の平坦化，胸椎の後弯増強，頭部の前方突出である（図4.1）．これは背部の筋力低下や筋の萎縮・変性，椎骨の変形・椎間板の変性などによって起こり，このような脊柱の変形と頭部の前方突出があいまって体幹の前傾が生じる．体幹が前傾すると，骨盤全体を後傾，後方移動することで体幹を保持しようとする．この際，重心の過度の後方への移動を避けるため，膝関節を

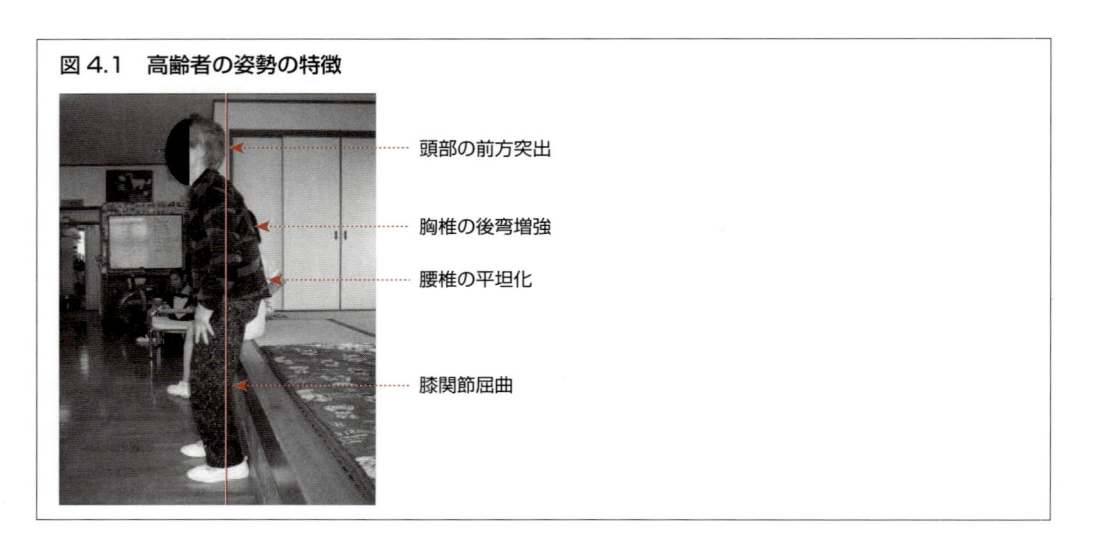

図4.1　高齢者の姿勢の特徴

- 頭部の前方突出
- 胸椎の後弯増強
- 腰椎の平坦化
- 膝関節屈曲

屈曲させてバランスをとろうとする．

　姿勢の変化は重心線を変化させ，動作時のバランスや動作効率の低下の原因となり，転倒などのリスクが高い身体になりうる．このような変化は緩徐に起こり，脊柱の変形は骨や椎間板の変性のみならず日常の動作時の癖や，体幹の筋力に大きく左右される．姿勢に対するアプローチは介護予防としてできるだけ早い段階から取り組むべき課題である．

　また，脳卒中や変形性膝関節症，大腿骨頸部骨折など，高齢者に多い疾患も姿勢に大きな影響を与える．疾患から来る姿勢変化は急激に起こり，不良姿勢による二次的な痛みを生じたり，日常動作の妨げになる．

4.2 介護予防にコアコンディショニングを活かす

渡辺なおみ

　介護予防における運動指導は,「コンディショニング期」,「筋力向上期」,「機能的運動期間」と分けて進めることが薦められている.コアコンディショニングは,この「コンディショニング期」もしくは「筋力向上期」,「機能的運動期間」におけるウォーミングアップに最適な運動だと考える.

A　介護予防コアコンディショニングの構成

　介護予防におけるコアコンディショニングも通常のコアコンディショニングと同じように,基本的には「コアリラクゼーション」,「コアスタビライゼーション」,「コアコーディネーション」の順番で進められる.

●コアリラクゼーション

　高齢者にとっては,必ずしも教科書的な良姿勢が動きやすい姿勢とは限らない.コアリラクゼーションでは,本人の「立ちやすさ」や「座りやすさ」を重視し,本人にとって楽な状態を最大の目標とする.

●コアスタビライゼーション

　「リセット」とは,コアスタビライゼーションにより,体幹を中心とするアライメントが整い,体幹の安定性を獲得した状態であり,身体が再び動き出せる（いつでも活動できる）用意の整った状態にあることを言う.介護予防コアコンディショニングでは,リセットを目的としたコアスタビライゼーションのエクササイズを「リセット体操」と名付けている.体幹が安定し,いつでも動ける準備ができたら,日常生活動作の改善を目的としたコアコーディネーションへと移行する.

●コアコーディネーション

　ボディコントロールの獲得には,コアコーディネーションにより殿部や足底における重心移動を学習する.私たちの日常動作は座位,もしくは立位で行われる.たとえば髪を洗う動作にしても,上肢の動きに合わせて殿部での重心移動が必要であるし,立ち上がりに関しては,殿部,足底での重心移動が重要である.このような重心移動を学習したのち,四肢の動き,より大きな重心移動に対して体幹が適時反応できるようにコントロールしていく.

　介護予防コアコンディショニングの機能改善プログラムは,リセットからの一連の流れをいくつかのパッケージとして提案している.その1つに「立ち上がり動作改善エクササイズ」や「失禁予防エクササイズ」などがあり,高齢者の日常生活におけるさまざまな問題に対して,アプローチしていく流れになっている.

＊いろは体操：旧名称は「リセット体操」.

> **MEMO** 高齢者にとってのよい姿勢とは

　人間の立位姿勢の基本は「足首の上に頭が乗る」ことである．横から見ると脊柱は頸椎前弯，胸椎後弯，腰椎前弯の適切な S 字となり，外耳孔・肩峰・大転子・膝関節・外果の少し前に重心線が通る（図 4.2）．このような効率のいい立位姿勢を獲得するために我々の身体は骨盤の形，股関節の可動性，大殿筋の発達などいろいろな工夫を凝らしてきた．このように，私たちが直立で立つうえで正しいとされる立ち方はおおよそ決まっている．これは私たちの身体機能上，効率のよいものではあるが，この正しいと言われる姿勢が高齢者にとって"よい姿勢か？"というと一概にそうとは言えない．

　高齢者には，膝や脊柱が変形し，アライメントが崩れているのになんら支障なく元気に日常動作を営んでいる方もいれば，アライメントは大きくは崩れていないのに日常動作に支障を来すような痛みを抱えている方もいる．長年の生活習慣や生活環境によってさまざまな変形やアライメントの崩れを持っている高齢者にとって教科書的な良姿勢を求めるのではなく，変形を有しながらも 1 人 1 人が重力に対して最も効率よく楽に立つことができる姿勢を探すことが重要である．高齢者にとってのよい姿勢とは，1 人 1 人の身体に合わせ，最も楽に立てる姿勢を高齢者自身が気づき，感じることで得られるものであろう．

図 4.2　立位姿勢（矢状面）

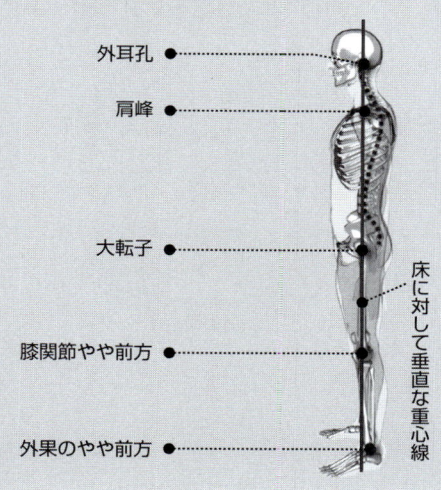

B　介護予防コアコンディショニングの特徴

　コアコンディショニングは，ヒトの発育発達過程に沿ったエクササイズによって進められる．このことは介護予防コアコンディショニングも同じである．

(1) 呼吸とインナーユニット

　ヒトが生まれて最初にする運動が呼吸である．生まれたばかりの赤ちゃんは産声を上げ，大きな声で泣くことで最初の呼吸を開始する．しっかり息を吐ききることにより，体幹を支えるインナーユニットが活性化するが，我々人間はまず，泣くという行為を通して，しっかり息を吐ききり，このインナーユニットを活性化させてきたと考えられる．

インナーユニットについては，他章でも解説されているが，もう一度ここでも簡単に説明したい．インナーユニットとは腹横筋，多裂筋，横隔膜，骨盤底筋群の腹腔を構成する筋肉のことを言う（図4.3）．腹横筋は胸郭と骨盤の間を取り囲む筋肉で，骨盤と胸郭の位置をコントロールする．多裂筋は，背の深層にあり，数個の椎体をまたいで脊椎の安定性に寄与している．横隔膜は胸腔と腹腔を分け，吸気専門の呼吸筋である．骨盤底筋群はその名のとおり，骨盤の底から腹腔を支え，この筋肉は骨盤の安定性に関与すると言われている．また，陰部を構成する筋群であり，この筋群の機能低下は尿漏れなどの原因になる．これらの筋の機能が体幹の安定性には重要であり，我々が姿勢を保持したり，四肢を自由に動かすために欠かせない機能である．

　高齢者は加齢に伴い肺機能の低下，肋骨の可動域の制限などにより呼吸が浅くなる．このためしっかり息を吐ききることができにくくなり，インナーユニットの機能も低下してくることが考えられる．介護予防コアコンディショニングの特徴は，呼吸がしっかりできるようにインナーユニットを活性化させることを丁寧に行うことである．

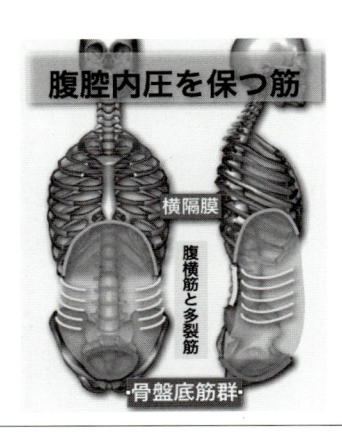

図4.3　インナーユニット

(2) 正中感覚

　生まれたばかりの赤ちゃんが自分で動けるようになるには，頭と背骨が身体の中心に安定することが大切である．これを正中感覚といい，すべての動きの基本になる感覚である．高齢者の場合，さまざまな感覚の低下により，身体からの情報を十分にキャッチできなくなるため，自分の身体の中心がどこにあるのかわからなくなっている場合が多く認められる．このことが，動きの基本である重心移動が上手に行えない理由の1つであり，バランス能力に影響を与える．

　介護予防コアコンディショニングの特徴の2つ目は，この正中感覚，自分の真ん中を探すことであり，正中感覚を再認識し，体幹を安定させるためのエクササイズを「いろは体操（p.94）」の中で丁寧に行う．「いろは体操」が，介護予防コアコンディショニングの中心となるエクササイズになっている．

C　運動指導時のリスク管理

　介護予防コアコンディショニングは日常生活動作を無理なく楽に遂行するための運動学習過程により構成される．よって，さまざまな疾患や後遺症に対しても適応である．リスク管理におい

ては一般的な運動療法の禁忌に準じて判断する（表4.1）が，ストレッチポールを使う際，特に注意を要することがいくつかあげられる（表4.2）．

まず，第1にコアコンディショニングはストレッチポールを使うものであれば直接的に，使わないものであっても間接的に脊柱に刺激を加えるエクササイズが多くある．このため，特に脊椎の圧迫骨折や椎間板の変性，腰痛など，脊柱に関係する疾患の既往や痛みに関しては注意が必要となる．また，これらのエクササイズは自重を利用し，関節を緩める効果があると考えられてい

表4.1 対象者から除外すべきもの（基本健診，または主治医の判断に基づく）

- 絶対除外基準
    - (1) 心筋梗塞，脳卒中を最近6カ月以内に起こしたもの
    - (2) 狭心症，心不全，重症不整脈のあるもの
    - (3) 収縮期血圧180 mmHg以上，または拡張期血圧が110 mmHg以上の高血圧のもの
    - (4) 慢性閉塞性肺疾患（慢性気管支炎，肺気腫など）で息切れ，呼吸困難があるもの
    - (5) 糖尿病で重篤な合併症（網膜症，腎症）のあるもの
    - (6) 急性期の関節痛，関節炎，腰痛，神経症状のあるもの
    - (7) 急性期の肺炎，肝炎などの炎症のあるもの
    - (8) 本サービス等の実施によって健康状態が急変あるいは悪化する危険性があるもの

- 主治医の判断で相対的に除外や運動の制限を考えるべき基準
    - (1) コントロールされた心疾患，不整脈のあるもの
    - (2) 収縮期血圧180 mmHg未満の高血圧のもの
    - (3) 慢性閉塞性肺疾患で症状の軽いもの
    - (4) 慢性期の関節痛，関節炎，腰痛，神経症状のあるもの
    - (5) 骨粗鬆症で，脊椎圧迫骨折のあるもの
    - (6) 認知機能低下により，参加が困難であるもの
    - (7) その他，医師が除外や運動の制限が必要と判断したもの

プログラム前提前の留意点
    プログラムを行う前の状態チェックで，以下に該当する場合は運動を実施しない
    ・安静時に収縮期血圧180 mmHg以上または拡張期血圧110 mmHg以上である場合
    ・安静時脈拍数が110拍以上，または40拍以下の場合
    ・いつもと異なる脈の不整がある場合
    ・関節痛，腰痛など慢性的な症状の悪化
    ・その他，体調不良などの自覚症状を訴える場合

表4.2 ストレッチポールの特性を考慮したリスク

- 急性炎症期（打撲・捻挫・筋挫傷など）
- 各疾患の急性期（特に炎症性の疾患・脊椎圧迫骨折・大腿骨骨折など）
- 悪性腫瘍・骨転移（または疑い）
- 病的骨折
- 重度の骨粗鬆症
- 皮膚疾患や皮膚が弱い，褥瘡など
- 重度の関節不安定性（関節リウマチなど）
- メニエール病などでめまいが激しい
- ストレッチポール使用にて痛み，めまい，恐怖感が増強
- 認知症などで意思の疎通が図れない
- 不随運動が激しい
- 著明な関節の変形（著明な円背など）

る．このことは，関節の動きが悪くなっている場合には効果的だが，逆に関節の不安定性が問題である場合は痛みを引き起こす原因になりかねない．重度の骨粗鬆症や関節リウマチなどによって関節の不安定性がある場合はストレッチポールの使用は禁忌である．

　第2にコアコンディショニングはゆらゆらと身体を揺らしたり，ストレッチポールという不安定な丸太状のアイテムに寝て揺らぎ動作を行うため，めまいや吐き気などが生じる場合がある．このような場合は直ちに運動を中止する．

　第3にコアコンディショニングはリラクゼーションを基本としたエクササイズである．このためポジショニングがエクササイズの効果を引き出すためにも，リスクを回避するためにも重要である（p. 31 3.2節「C 高齢者における留意事項」を参照）．対象者のレベルに応じて仰臥位や椅子座位などのポジションの選択，枕やクッションの使用など，さまざまな工夫が必要である．また，これらのエクササイズは姿勢改善を目的とし，その効果は胸椎の後弯の減少や腰椎の前弯の減少など，脊椎のアライメント変化が認められるが決して過度の伸展を促さないようにし，あくまでも高齢者本人の動きやすい範囲で行ってもらうことが大切である．

D　今後の展望

　高齢者の身体機能は純粋な加齢変化のみを来している者から，さまざまな疾患や疾患の後遺症を来している者など，実に多様である．このような高齢者に対し，介護現場で運動器機能向上に携わる者は，前述したとおり，さまざまな資格の者である．

　理学療法士や作業療法士など，リハビリテーションの専門家が運動器機能向上に携わる場合，高齢者の身体機能の問題点を的確に把握し，後述（第5章）するコアセラピーの提案するさまざまな疾患や機能不全に対する方法を参考に，ストレッチポールの選択やポジショニングの工夫をし，高齢者1人1人に合わせたアプローチにより機能改善を図ることが，身体活動の向上に関与するであろう．しかし，介護の現場には常に専門家が関与しているとは限らない．このような介護の現場に対し，より効果的なコンディショニング方法を，安全性，再現性を確認したうえで，誰もが安全に，そして簡単に指導できるようにパッケージ化して提案していきたい．

TEA TIME

高齢者に必要な運動とは何か

高齢者はなぜ日常生活の活動量が減るのか？

　答えは簡単である．動くことが億劫だからだ．たとえば家の中を移動するのに全力で走る人はいない．しかし高齢者にとって単に"歩く"ということが全力で走ることと同じくらいエネルギーを必要とする行為だとしたら歩くことが億劫になるのもしかたないことである．

　日常生活における活動量を向上させることが特に，要支援状態の高齢者にとって重要であるとの報告がある[5]．まず，我々運動指導者は高齢者の日常生活における活動量を増やすためのアプローチを考えることが介護予防の第一歩であり，そのためには動くことが億劫でない身体動作を身に付けることが大切だと考える．

　たとえば，立ち上がりエクササイズを体験後，楽に立ち上がれるようになった高齢者が「今まで肘掛のある椅子じゃないと立ち上がれないと思っていたから，息子たちから食事に誘

われても断っていたけど，どんな椅子からも立ち上がれるようになったから，先日息子たちと食事に行ってきました．今度は掘りごたつから立ち上がれるようになりたい」そんなことを話してくださった．立ち上がり1つとっても　楽に立ち上がれるようになることが高齢者の生活の質（QOL）の向上につながり，このような小さな変化の積み重ねが「自立支援」と「尊厳の維持」につながっていくものと考える．

　高齢者の場合，加齢によりアライメントが変化するため，身体構造的に重力に抗する効率が悪くなること，足底感覚や視野などさまざまな感覚情報の低下により，バランス能力が低下すること，脊柱が硬く動きにくくなることによる姿勢反射の遅延，姿勢保持筋の筋力低下など，さまざまな要因によって全身に力を入れて身体を支えようとする傾向にある．高齢者の動きを見ていると，全身に必要以上の力が入っていることが多い．運動指導時，四肢の力を抜くように誘導してもなかなか力を抜くことはできないし，そもそも，力が入っているという自覚すらない場合が多い．人間にとって力を入れることのほうが力を抜くことよりはるかに簡単なのかもしれない．

　我々は運動を筋力強化や持久力強化など，何かを強化することのみで考えがちだ．しかし，まず始めに動きやすい身体環境を整えることが重要であり，動きやすい身体の準備をすることが，必要以上の力を使ってしまう高齢者にとって必要な運動である．ここで強調しておきたい．決して「筋力強化や持久力強化が必要ない」と言っているのではない．筋力や持久力の低下した高齢者にとって，これらの向上は日常動作に直接的に影響を与えるものである．しかし，その前に身体の準備として，姿勢を整え，体幹の安定性を図り，効率のいい重心移動を学習することで動きやすさを身に付けておくことが，運動による痛みの予防にも，日常生活の活動量の向上にも大切である．

　私たち人間のすべての動きの基本は姿勢である．どのような姿勢で重力を受け止めているかが動きの質を決める．しかしながら，高齢者の脊柱は加齢による変形に加え，非常に不安定な部分と逆に強固に固定されて動きが悪くなった部分とが混在しており，動きに対して適切な重心移動をコントロールすることができにくくなっている．また，四肢の協調された動きには体幹の安定性が欠かせない．しかし，腹筋群の筋萎縮や腰部の筋の機能低下，神経伝達速度の低下，皮膚や筋・関節の感覚器の低下などさまざまな要因によって体幹の安定性が低下しており，四肢の動きに対して適時，体幹の安定性を図ることができにくくなっている．このような状態で四肢の筋力強化や歩行などの機能向上を行うことは，腰痛などの痛みを起こしやすいばかりでなく，その効果もあらわれにくくなることが懸念される．

　従来のコンディショニング期のエクササイズはストレッチや負荷の軽い筋力トレーニングが基本であった．しかし，萎縮した筋肉や不安定性を呈した関節などではストレッチ効果を引き出すのは難しく，運動前に獲得したい柔軟性の向上には結びつきにくい側面もある．また，最も運動の必要な「運動習慣のない高齢者」にとって，ストレッチや軽負荷の筋力トレーニングでさえ，負荷の高い"きつい"と感じる運動である．

　まず，導入期の運動としては「これなら自分にもできるかもしれない」と思える程度の負荷にとどめ自分で変化を感じることができるような工夫が必要となる．自分の身体の変化に気づいていただき，「この運動を続けていけば……」というような期待感の持てる提案が重要だと考えている．そのためには，この運動が何を改善し，自分のさまざまな問題の何を解決することにつながるのか，目的を明確にすることが大切である．

4.3 いろは体操

渡辺なおみ

　コアコンディショニングは「コアリラクゼーション」,「コアスタビライゼーション」,「コアコーディネーション」の順で進めることが基本である（それぞれの概念は第3章を参照ください）．介護予防コアコンディショニングの根幹を成すのは，リセットを目的としたコアスタビライゼーションのエクササイズ，すなわち「いろは体操（旧名称：リセット体操）」である．ここでは「いろは体操」について詳しく述べたい．

A　いろは体操とは

(1) 不必要な力を抜く

　コアコンディショニングにおいて，リセットとは，体幹を中心とするアライメントが整い，体幹の安定性を獲得した状態であり，身体が再び動き出す用意の整った状態のことを指す．私たちの身体を動かしているのは筋肉であり，その筋肉は不必要な力の入った状態では働くことができない．いつでも活動状態になれる身体とは，不必要な力の抜けた状態である．「いろは体操」とは，不要な力を抜き，楽に姿勢を維持することを目的としたものである．

(2) 深層にある筋肉を鍛える

　ヒトの筋肉には生理学的にさまざまな分類があるが，ここでは大きく2つ，身体を支えるための筋肉と動かすための筋肉に分けて考える．

　身体を支えるための筋肉とは，身体の深層にある筋肉で，腹横筋や多裂筋などに代表されるいわゆる深層筋とかインナーマッスルと呼ばれる筋肉である．これに対し，身体を動かすための筋肉とは，大腿四頭筋やハムストリングスなど身体の表面にある大きな筋肉で，表層筋とかアウターマッスルと言われるものである．

　私たちが上手に動くためには，動くことに必要な部位以外の筋肉は休んでいることが望ましいが，身体を支えるための深層筋がしっかり働いて関節を安定させることができて初めて，不要な力を抜くことができる．深層筋が機能していないと，表層筋は動くことに専念できず，身体を支えるという役割も担うことになり，常に全身に力が入った状態になる．この表層筋は収縮にたくさんのエネルギーを必要とし，これらの筋肉が常に収縮しているということはただ，姿勢を維持しているだけでも疲れやすい身体だと言える．

　「いろは体操」はインナーユニットと呼ばれる腹横筋・多裂筋・横隔膜・骨盤底筋群を活性化させ，体幹の安定性を図ることにより，表層筋の力を抜くことを第1の目的としている．

B　いろは体操の留意点

　いろは体操の指導上の留意点はまず，動きを矯正しないことである．私たちはつい，「正しい動き」,「正しくない動き」として相手の動きを判断しがちである．いろは体操では「正しい動き」,

「正しくない動き」で判断するのではなく，「動きやすいか否か」，「効率的か否か」で判断する．このためには高齢者自身に動きを感じてもらい，どう動くことが一番楽に動けるのかを，検証していただくことが大切になる．それには，今，どこを動かす運動をしているのか，その結果どこがどんな動きをするのか，どこに意識を置いたらいいのか，高齢者が自分の身体を意識できるような言葉がけをすることが大切になる．

C エクササイズの実際

(1)【ステップ1 呼吸のドリル】
目的　：呼吸を意識的に行うことにより，腹筋群への意識を高め，インナーユニットを活性化させ安定した座位を獲得する．
注意点：・自分のペースで呼吸をする．
　　　　・苦しくなるところまで呼気をしないように注意する．
　　　　・坐骨結節を意識して座り，呼吸時に体幹が動かないように誘導する．

1) お腹の運動

目的　　　：腹式呼吸への準備，腹部の柔軟性の向上．
フォーム　：椅子に坐骨結節を意識して座り，下腹部に手を当てる．
エクササイズ：ゆっくりお腹を膨らませたり，へこませたりする．
注意点　　：呼吸は自然な呼吸で行う．お腹の動きを感じるように意識してもらう．

2) 腹式呼吸

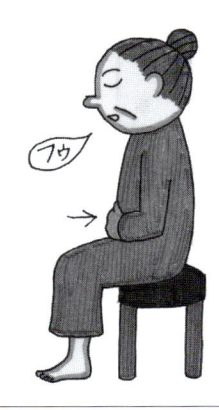

目的　　　：腹筋群を使って呼気を促すことによるインナーユニットの活性化．
フォーム　：椅子に坐骨結節を意識して座り，下腹部に手を当てる．
エクササイズ：ゆっくりしっかり息を吐き，腹筋群を脱力させながら息を吸う．吸気より呼気を意識する．
注意点　　：お腹を凹ませて息を吐くのではなく，息を吐くことによりお腹が凹むのを感じるように誘導する．苦しくなるところまで息をはかないように注意．
　　　　　　息を吐くとき身体が丸まらないように注意．

3）胸の運動

目的	：大胸筋・小胸筋のストレッチ．胸椎の伸展．
フォーム	：椅子に坐骨結節を意識して座り，両上肢は体側に垂らす．
エクササイズ	：体側に垂らした上肢を外旋させながら息を吸い，吐きながら元の位置に戻す．
注意点	：上肢を外旋することで，肩甲骨の内転（背骨に近づける）を促す．上肢の外旋はリード，引き出したいのは肩甲骨の内転である．大胸筋・小胸筋がストレッチされることを感じる．

4）胸式呼吸

目的	：胸郭の可動性向上．横隔膜への刺激入力．
フォーム	：椅子に坐骨結節を意識して座り，下部肋骨に両手を添える．
エクササイズ	：お腹をできるだけ固定したまま，胸で呼吸をする．
注意点	：背中が動くくらい大きく呼吸をする．まずはしっかり呼気を行い，腹横筋を緊張させる．腹横筋を緊張させたまま吸気を行うように誘導し，吸気で肋骨が左右に広がるのを確認する．

5）ゆっくり呼吸

目的	：リラクゼーション．
フォーム	：椅子に坐骨結節を意識して座り，下腹部に手を当てる．
エクササイズ	：自然なリズムでゆっくり呼吸を行う．
注意点	：リラックスが目的なので自分のペースで呼吸をする．肩や頸に力が入らないように誘導する．

(2)【ステップ2　脊柱の運動】

目的　：呼吸に合わせて背骨を動かすことで脊柱の可動性を向上させる．普段意識していない脊柱の動きを意識し，自分の身体の状態に気づく．骨盤と脊柱の動きを連動させ，重心移動に対し，背骨が柔軟に動けるように準備する．

注意点：どこが動いていて，どの辺りの動きが悪いのか？　体感を促す．

1) 胸で呼吸

目的	：胸椎・胸郭の可動性向上．
フォーム	：椅子に坐骨結節を意識して座り，胸骨と鳩尾（みぞおち）に両手を当てる．
エクササイズ	：胸骨と鳩尾に当てた手を近づけながら息を吐き，息を吸いながら元に戻す．
注意点	：胸椎の動きを意識する．腰椎のみの動きにならないように注意する．

2) ななめに呼吸

目的	：回旋位で胸式呼吸を行うことで，より胸郭の可動性と胸椎の可動性を引き出す．
フォーム	：椅子に坐骨結節を意識して座り，上部体幹を回旋し，顔は正面を向く．
エクササイズ	：胸式呼吸を意識して，大きく呼吸を行う．
注意点	：呼吸による胸郭の動きを感じるように誘導．体幹の回旋時，体幹が側屈しないように注意する．体重は両方の坐骨結節にかかることを意識する．

3) 背骨で呼吸

目的	：脊柱全体の可動性の向上．骨盤と背骨の動きの連動．
フォーム	：椅子に坐骨結節を意識して座り，両手は膝の上．
エクササイズ	：息を吐きながら背中を丸め，息を吸いながら背中を伸ばす．背中を丸めるときには骨盤は後ろに倒れ，背中を伸ばすときにはスタートポジションのように坐骨結節に体重が乗る．
注意点	：骨盤の動きと脊柱の動きが連動するように誘導．吸気で背中を伸ばすときには身体を反らさないようにする．脊柱は反るのではなく上に伸びるように誘導する．

4) ななめに背骨で呼吸

目的	：胸椎・腰椎の回旋可動域の向上．
フォーム	：椅子に坐骨結節を意識して座り，体幹を回旋．左回旋のときは右手を左膝の上に乗せ，左手は体側，もしくは椅子の上に置く（右回旋のときは逆）．このとき，体重は回旋側の坐骨結節にかかる．
エクササイズ	：体幹を回旋させたまま，息を吐きながら背中を丸め，息を吸いながら背中を伸ばす．背中を丸めるときには骨盤は後ろに倒れ，背中を伸ばすときにはスタートポジションのように回旋側の坐骨結節に体重が乗る．
注意点	：回旋時の重心は回旋側にあることを確認する．左右の胸郭の動きの差を感じる．

5) ゆっくり呼吸

目的	：リラクゼーション．
フォーム	：椅子に坐骨結節を意識して座り，下腹部に手を当てる．
エクササイズ	：自然なリズムでゆっくり呼吸を行う．
注意点	：リラックスが目的なので自分のペースで呼吸をする．肩や頸に力が入らないように誘導．

（3）【ステップ3　リセット】

目的：坐骨結節からの感覚入力と脊柱の小さなゆらぎによって体幹や四肢の無駄な力を抜く．座位における自分の重心位置を真ん中に近づけ，正中感覚の向上を図る．重心移動に対して脊柱が柔らかく反応できるように準備する．

注意点：できるだけ小さな動きで行う．自分の重心の真ん中を意識する．

1）ゆすゆす

目的	：坐骨結節からの感覚入力．体幹の脱力．
フォーム	：椅子に坐骨結節を意識して座り，両手は膝の上．下腹部に意識を置く．
エクササイズ	：子どもがイヤイヤをするように小さく身体をゆする．坐骨で小さく重心が移動する．
注意点	：肩・頸・顎・腕の力を抜くように誘導．坐骨結節を意識し，坐骨結節をしっかり感じる．坐骨結節での小さなゆらぎが背骨に伝わるようなイメージを持つ．

2）ゆらゆら（前後・左右）

目的	：坐骨結節からの感覚入力．体幹の脱力．正中感覚向上．
フォーム	：椅子に坐骨結節を意識して座り，両手は膝の上．下腹部に意識を置く．
エクササイズ	：骨盤の前傾・後傾を繰り返しながら体幹を揺らし，だんだんその動きを小さくしながら，前後の真ん中でとめる．その位置から左右の坐骨に重心を移動させるように左右に体幹を揺らす．動きを徐々に小さくしながら左右の真ん中でとまる．前後・左右を数回繰り返す．
注意点	：殿部（坐骨）での重心移動を感じる．坐骨での重心移動に対して背骨は柔軟に反応するように力を抜く．水中に浮かんでいるようなイメージを持つ．前後・左右の揺れは始め大きく，徐々に小さくしていきながら，真ん中を探すように誘導する．

3）糸飛ばし呼吸

目的	：インナーユニットの活性化．
フォーム	：椅子に坐骨結節を意識して座り，両手は下腹部に置く．
エクササイズ	：口から糸を飛ばすように細く長い息を吐く．
注意点	：ゆらゆらで見つけた自分の重心の中心から重心が移動しないように注意．下腹部に意識を置き，呼気は目の前のロウソクの火が消えない程度の力で細く長く吐く．

4）まるゆら（回転）

目的	：坐骨結節からの感覚入力．体幹の脱力．正中感覚向上．
フォーム	：椅子に坐骨結節を意識して座り，両手は膝の上．下腹部に意識を置く．
エクササイズ	：②のゆらゆら（前後・左右）で見つけた真ん中を中心に右回りでおしりの下に円を書く．徐々に円を小さくし，真ん中でとまる．左回りも同様．
注意点	：殿部（坐骨）での重心移動を感じる．坐骨での重心移動に対して背骨は柔軟に反応するように力を抜く．水中に浮かんでいるようなイメージを持つ．頭が動き過ぎないように注意．左右均等に円が書けるか，左右差はないか，を感じてもらう．

5）おっ呼吸

目的	：腹横筋優位のインナーユニットの活性化．
フォーム	：椅子に坐骨結節を意識して座り，両手は下腹部に置く．
エクササイズ	：「おっ！」っと短く発声．1回から始め，連続で発声する．
注意点	：発声時体幹がぶれないように注意．下腹部に意識を置き，発声に合わせて下腹部が動くことを感じる．10回を目標に，レベルに応じて回数を調整する．

4.4 姿勢改善エクササイズ

渡辺なおみ

A　姿勢改善エクササイズとは

　姿勢改善エクササイズでは，「ストレッチポール MX」という直径約 12.5 cm，長さ約 98 cm の少し柔らかいストレッチポールを使用する．エクササイズには椅子座位で行うものと，ストレッチポール MX に寝て行うものとがある．「いろは体操」が集団エクササイズを想定して構成してあるのに対し，姿勢改善エクササイズは個別対応のエクササイズとして適している．対象となる高齢者の身体レベルに応じて，椅子で行うか，床で行うかを選択する．ストレッチポールに乗ることが困難な方や，バランスがなかなかとれず力が抜けない方，初めてで恐怖心が強い方などは椅子座位で行うことを勧める．

B　エクササイズの実際

(1) 椅子でのエクササイズ（椅子で行うベーシックセブン）

●基本姿勢

　椅子を壁際に置き，ストレッチポール MX を椅子の背もたれに立てかけ，ストレッチポール MX に軽くもたれて座る（図 4.4 ①）．脊柱の変形が強い場合は腰のところにクッションを入れたり（図 4.4 ②）頭の高さにクッションやハーフカットを入れると（図 4.4 ③）安定する．

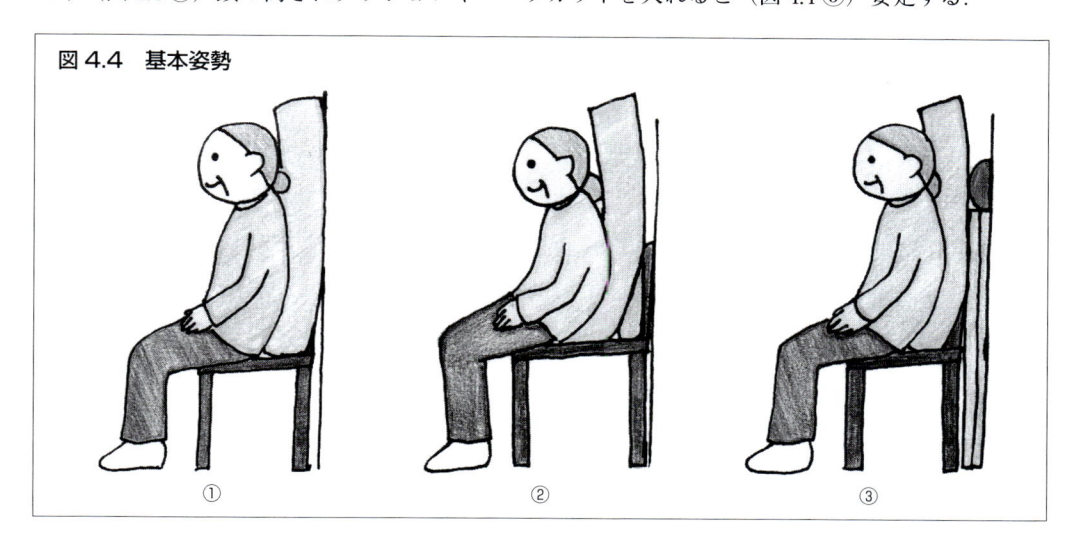

図 4.4　基本姿勢

● エクササイズ

1）深呼吸～7）ゆらぎ運動まである．

1）深呼吸

目的	：リラクゼーション．
フォーム	：基本姿勢で力を抜く．
エクササイズ	：ゆっくり，自分のペースで深呼吸する．
注意点	：基本姿勢でできる限りリラックスできるよう，ポジショニングを工夫する．

2）胸の運動

目的	：胸椎の伸展．肩甲骨の内転．大胸筋・小胸筋など胸部の筋肉のストレッチ．
フォーム	：頭の後ろで両手を組む．頭の後ろに手が回らない場合は体側に垂らす．
エクササイズ	：両肘を左右に開く．または体側に垂らした腕を回外させながら軽く引く．胸を開きながら深呼吸する．
注意点	：胸を開くときに肩甲骨が内転（ポールに寄ってくる）していることを確認．無理して肘を開かないように誘導する．

3）股関節の運動

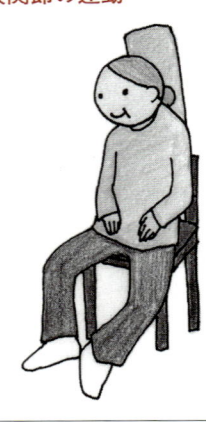

目的	：内転筋群のストレッチ．
フォーム	：基本姿勢でリラックス．
エクササイズ	：足の裏が向き合うように，両膝を左右にゆっくり開き，そのまましばらくキープする．
注意点	：自然な呼吸で行う．膝が外側に倒れるようにリラックスする．

4) 肩甲骨と上肢の運動

目的	：肩甲骨周囲，頸部のリラクゼーション．肩甲骨の可動性向上．脊柱の伸展．
フォーム	：基本姿勢で両膝の上にストレッチポールやボール（転がるものなら何でも可）を置き，その上に両手を乗せる．
エクササイズ	：肘を伸ばしたままストレッチポール（ボール）を押したり引いたりする．
注意点	：肩甲骨の運動であり，肘の曲げ伸ばしの運動にならないように注意．肩甲骨の動きを感じるように誘導．ボールの大きさを変える，上肢をテーブルの上に乗せるなど，肩関節の屈曲角度を変えるとよい．

5) 肩甲骨と上肢の運動（ボール回し）

目的	：肩甲骨周囲，頸部のリラクゼーション．肩甲骨の可動性向上．肩関節・胸鎖関節の可動域向上．
フォーム	：基本姿勢で膝の上にボールを置き，その上に片手を乗せる．
エクササイズ	：ボールを小さく回す．内回し，外回しともに行う．まずは片側ずつ行い，慣れてきたら両側同時に行う．
注意点	：肩関節のみの動きにならないように，肩甲骨や胸鎖関節を意識させる．ボールを回すときに頭や体幹が動かないように注意．椅子の横にテーブルを置き，身体の外側でボールを転がしてもよい．

6) 足のワイパー運動

目的	：股関節の可動域向上．
フォーム	：基本姿勢から両足をゆっくり伸ばし，足幅は骨盤幅．
エクササイズ	：踵を支点につま先が内側・外側を向くように小さく動かす．
注意点	：つま先だけの動きにならないように，股関節の動きを意識する．力を入れず軽く振るような感じで行う．

7）ゆらぎ運動

目的	：身体の正中軸の獲得．下肢への荷重連鎖．
フォーム	：基本姿勢．両足を骨盤幅で足の裏をしっかりと床につける．
エクササイズ	：ポールにもたれたまま，身体を左右に小さく揺らす．
注意点	：体幹が側屈したり傾いたりしないように注意．骨盤の揺れが背骨に伝わることを感じる．股関節と膝関節が連動して動いていることを意識する．

（2）床でのエクササイズ

ストレッチポールEX，ストレッチポールMXとハーフカット，バランスボールなどを使用したエクササイズ．

● **基本姿勢**

ストレッチポールEX，ストレッチポールMXに仰向けに寝て，両膝を立てる（図4.5①）．両手は一番力の抜ける位置に置く（ポールへの乗り降りに関しては第3章．p.31参照）．安定感のない場合は頭を枕で支えたり，ポールの転がりを支えるように骨盤の両サイド辺りにクッションや枕を入れる（図4.5②）．また，肩関節などに痛みや違和感のある場合は肘の下に支えを入れ，両手をお腹の上に置くとよい（図4.5③）．

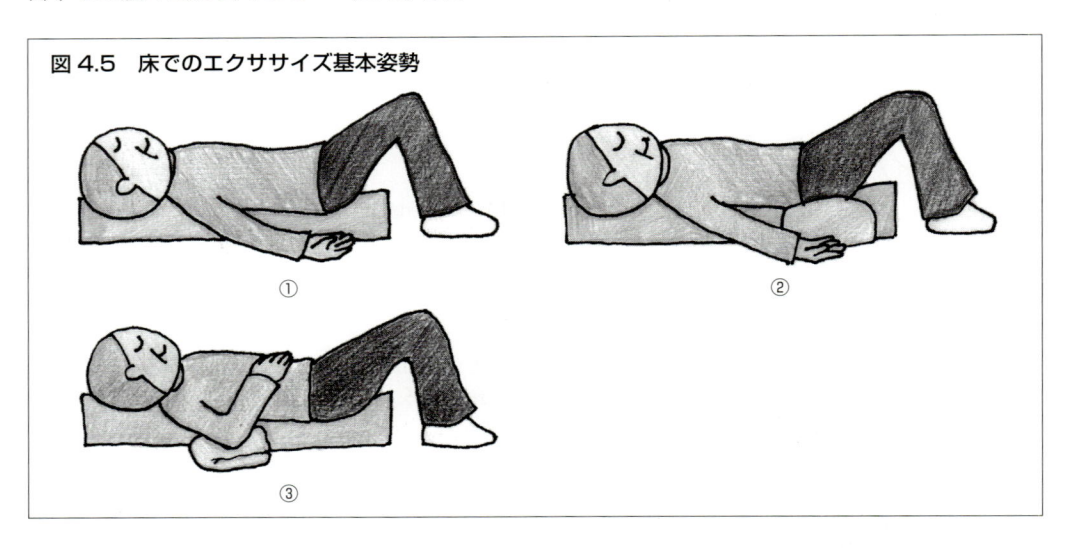

図4.5　床でのエクササイズ基本姿勢

第4章　コアコンディショニングの介護予防への活用

●エクササイズ

1）深呼吸〜8）深呼吸まである．

1）深呼吸

目的　　：リラクゼーション．胸郭の可動性向上．
フォーム：基本姿勢でゆっくり深呼吸する．
注意点　：自分のペースでゆっくり，大きく深呼吸する．

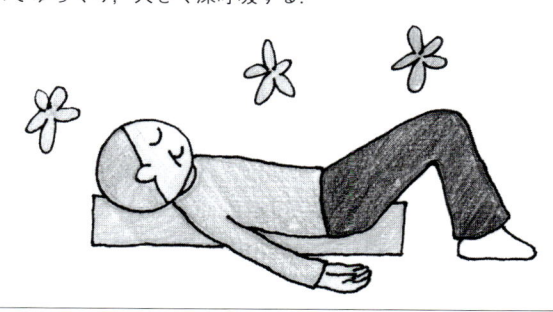

2）お腹で呼吸

目的　　　：お腹をしっかり動かしながら呼吸することで，呼気時の腹筋群への意識を高める．
フォーム　：基本姿勢で胸と下腹部に手を乗せる．
エクササイズ：腹筋群をしっかり使って息を吐く．
注意点　　：お腹と胸に置いた手で，呼吸に合わせてお腹が動くことを確認する．

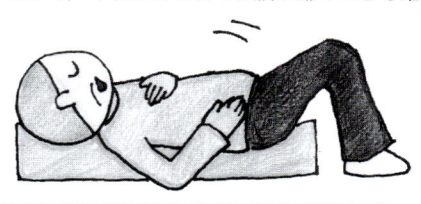

3）胸で呼吸

目的　　　：胸郭をしっかり動かしながら呼吸をすることで，胸椎の伸展を促す．
フォーム　：基本姿勢で胸と下腹部に手を乗せる．
エクササイズ：お腹をあまり動かさないように胸に空気を入れるように呼吸する．
注意点　　：自分のペースでゆっくり行う．背中が動くことを感じるように誘導する．

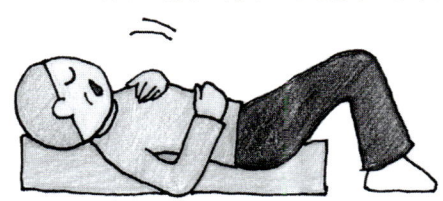

4）腹横筋トレーニング

目的	：腹横筋の活性化．体幹の安定性向上．
フォーム	：基本姿勢で下腹部に両手を乗せる．
エクササイズ	：「おっ！」っと短く発声する．もしくは数字を数えるなど短い発声を促す．
注意点	：大きな声で発声を促す．短く音を切る．発声に合わせて下腹部が動くことを感じる．

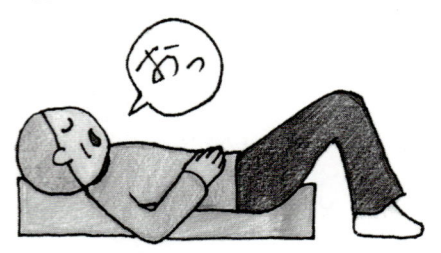

5）股関節の運動（膝ゆるめ）

目的	：股関節の可動域向上．骨盤・胸郭の左右非対称性の改善．
フォーム	：ハーフカットに仰向けに寝て，両足をストレッチポールMXに乗せる．
エクササイズ	：両膝を軽く外に開くように小さく膝を開きながら足元のポールを転がすように膝の曲げ伸ばしを行う．
注意点	：運動時体幹が安定しないようならハーフカットを逆Tの字に配置すると安定感が増す．

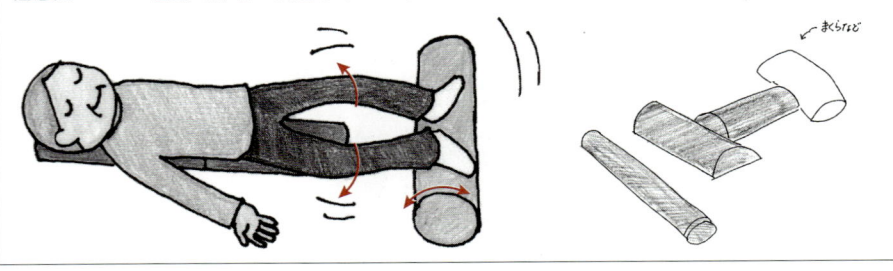

6）股関節の運動（膝回し）

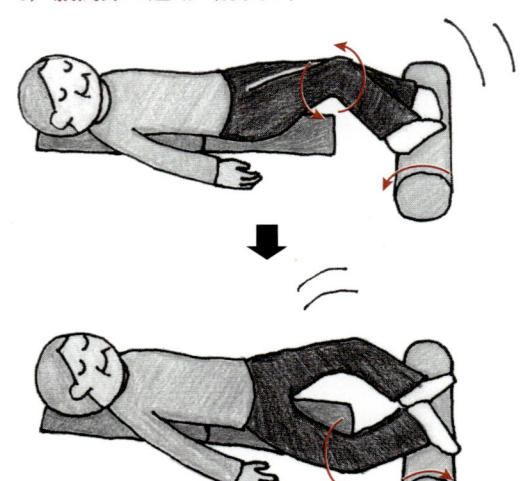

目的	：股関節の可動域向上．骨盤・胸郭の左右非対称性の改善．
フォーム	：ハーフカットに仰向けに寝て，両足をストレッチポールMXに乗せる．
エクササイズ	：股関節を内旋（両膝が合わさるように）させながら膝を曲げ，外旋（膝を左右に倒す）させながら膝を伸ばしつつ足元のポールを転がす．
注意点	：自分で動かせる範囲でゆっくり行う．

7) ボール転がし

目的 ：下部体幹の安定性向上．
フォーム ：ハーフカットに仰向けに寝て，両足をバランスボールに乗せる．
エクササイズ：膝関節 90°屈曲，股関節 90°屈曲位くらいまで膝を曲げる．
注意点 ：下肢がグラグラしたり，膝が開いたりしないように注意．できるだけ大腿前面に力を入れないように誘導する．

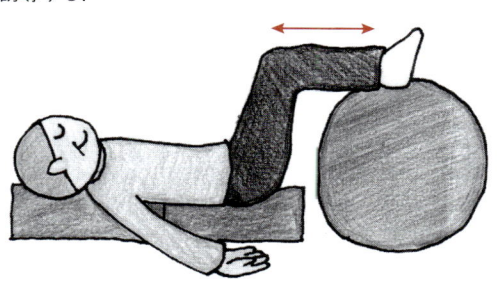

8) 深呼吸

目的 ：呼吸を整え，リラクゼーション．
フォーム ：ハーフカットに基本姿勢．
エクササイズ：ゆっくり深く深呼吸する．
注意点 ：自分のペースでゆったりした気持ちで行う．

4.4 姿勢改善エクササイズ

4.5 失禁予防エクササイズ

渡辺なおみ

A 現場の声から生まれたエクササイズ

　頻尿や尿漏れは高齢者にとって切実な問題である．夏場の水分摂取が必要な時期でも「トイレに行きたくなるから」と水分摂取を制限したり，トイレを心配して外出を控えたり，夜間何度も尿意をもよおすため十分な睡眠が取れないなど，直接生命に影響はないものの，生活の質（QOL）を低下させる．

　介護予防コアコンディショニングは呼吸を重要視し，呼吸のエクササイズを数多く提案してきた．呼吸のエクササイズが定着をしてきたころ，あちこちの現場から「トイレが我慢できるようになった」，「尿漏れが少なくなった」，「夜何度もトイレに起きなくてすむようになった」という声が聞こえてきた．運動を実施している高齢者だけではなく，運動指導をしてくださっている介護職の方々からも同様のお言葉をいただいた．

　インナーユニットは腹横筋・多裂筋・横隔膜・骨盤底筋群などからなる．このうち，骨盤底筋群は骨盤の底，陰部を構成する筋肉で，この筋肉が活性化し，機能しやすくなるということは失禁予防につながることもうなずける．また，腹横筋をはじめとする腹筋群を使って呼気を十分に行えるようになると，排尿時にも同じように腹筋群を意識することで，膀胱内の尿をしっかりと押し出すことができ，残尿を減らすことにもつながる．これらのことはすべて，一緒に体操をしてきた高齢者の方々から教えていただいたことだ．ある方が，夜トイレに行ったとき，教えてもらった呼吸を思い出して，排尿時，呼気と一緒に腹筋群を使って尿を搾り出すように排尿してみたら，その日は連続して寝ることができたと話してくれた．変な話だが，久しぶりに排尿の音を聞いたと，笑いながらおっしゃっていた．

　筆者は，まだ，残念ながら高齢ではない．運動機能も，排尿機能も健全に機能している．このため，高齢者の方々が日常生活を営むのにどんなことに困っているのか，どんなことが大変なのかを本当はわかっていないのかもしれない．このような現場の声を1つ1つ拾い集めて，高齢者にとって本当に必要な運動が何なのかという視点から生まれたのがこの失禁予防エクササイズである．

　一言で尿失禁といってもさまざまなタイプがある．その中で私たちが失禁予防としてアプローチ可能なのは，腹圧性尿失禁と切迫性尿失禁である．腹圧性尿失禁とは，くしゃみや咳など急激に腹圧が向上する動作時に尿漏れを起こすもので，切迫性尿失禁とは尿意をもよおしたとき，トイレまで我慢できずに尿漏れを起こすものである．投薬などさまざまなアプローチがあるが，骨盤底筋群をはじめとする下部体幹のトレーニングがその予防，改善に効果的であると言われている．尿道括約筋など失禁予防に重要な筋肉や排尿機構は，本来無意識にコントロールされ働いているものである．しかし，一度機能低下を起こしてしまった筋肉をもう一度無意識に使えるようにすることは難しく，まずは意識的に筋を使うことが大切である．

　失禁予防エクササイズは普段意識することのない，骨盤底筋群を意識することから始める．ほ

とんどの高齢者は初めは意識できないが，意識を持ってエクササイズを進めるのと，何も考えずにエクササイズを進めるのとでは結果に大きな差が出てくる．小さな動きであるが，根気強く意識し続けるサポート，声かけをしていくことが重要である．

B　エクササイズの実際

●**基本姿勢**（図4.6）

安定した椅子で行う．両脚を骨盤幅に開き，足の裏をしっかり床につける．
骨盤を立てて，坐骨結節を意識して座る．

図4.6　基本姿勢

1）身体の底を意識する

目的	：普段意識に上りにくい骨盤底筋群を意識する．
フォーム	：椅子に坐骨結節を意識して座る．
エクササイズ	：骨盤底筋群を意識する．女性は腟，男性は睾丸あたりを意識する．
注意点	：わからなくても意識し続ける．

2）お腹の運動

目的	：腹式呼吸への準備，腹部の柔軟性の向上．
フォーム	：椅子に坐骨結節を意識して座り，下腹部に手を当てる．
エクササイズ	：ゆっくりお腹を膨らませたり，凹ませたりする．
注意点	：呼吸は自然な呼吸で行う．お腹の動きを感じるように意識してもらう．

4.5　失禁予防エクササイズ

3）逆腹式呼吸

目的　　　：腹圧をコントロールしながら呼吸を行う．
フォーム　：椅子に坐骨結節を意識して座り，下腹部に手を当てる．
エクササイズ：意識的にお腹をへこませながら息を吸い，お腹を膨らませながら息を吐く．
注意点　　：苦しくなるほど強く呼吸をしないように注意し，呼吸に合わせ背骨が少し動くことを感じる．

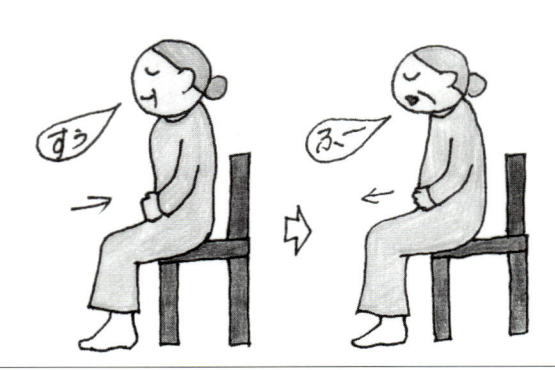

4）腹式呼吸

目的　　　：腹筋群をしっかり使い呼吸を行う．腹筋群の収縮で腹圧を高める．
フォーム　：椅子に坐骨結節を意識して座り，下腹部に手を当てる．
エクササイズ：腹筋群を使ってしっかり息を吐ききったらゆっくり息を吸う．
注意点　　：呼吸時に体幹が前後に動かないよう注意し，腹筋群の動きをお腹に手を置いて手で感じるように誘導．

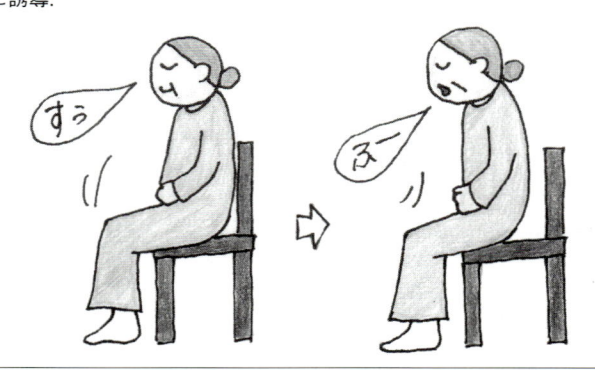

5）糸飛ばし呼吸

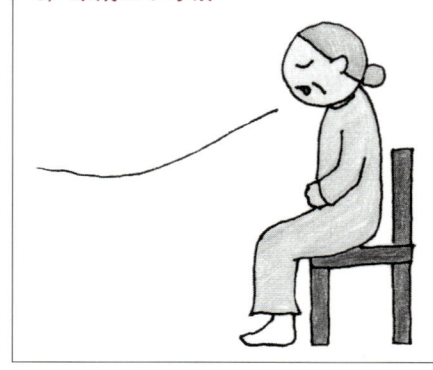

目的　　　：インナーユニットの活性化．
フォーム　：椅子に坐骨結節を意識して座り，両手は下腹部に置く．
エクササイズ：口から糸を飛ばすように細く長い息を吐く．
注意点　　：「ゆらゆら」（p.99）で見つけた自分の重心の中心から重心が移動しないように注意する．下腹部に意識を置き，呼気は目の前のロウソクの火が消えない程度の力で細く長く吐く．

6）おっ呼吸

目的	：腹横筋優位のインナーユニットの活性化．
フォーム	：椅子に坐骨結節を意識して座り，両手は下腹部に置く．
エクササイズ	：「おっ！」と短く発声．1回から始め，連続で発声する．
注意点	：発声時，体幹がぶれないように注意する．下腹部に意識を置き，発声に合わせて下腹部が動くことを感じる．

7）内ももの運動

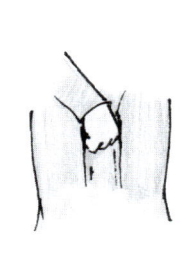

目的	：内転筋からの筋収縮の連鎖で骨盤底筋群へ刺激を入れる．
フォーム	：椅子に坐骨結節を意識して座り，片手を握りこぶし（グー）にして股間に挟む．
エクササイズ	：膝と膝は近づかないように注意しながら，握りこぶしをつぶすように股関節内転方向に力を入れる．
注意点	：筋収縮を起こすだけで，実際の関節運動（股関節内転）は起きないように誘導する．握りこぶしをつぶすことで骨盤底筋群や下腹部に力が入ることを確認．自然な呼吸で行う．

8）そっと膝上げ

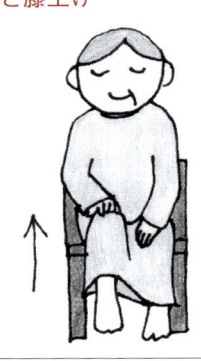

目的	：骨盤周囲，下部体幹の機能亢進．
フォーム	：椅子に坐骨結節を意識して座り，両手は膝の上に置く．
エクササイズ	：片足ずつ膝をゆっくり上げて，ゆっくり下ろす．
注意点	：床から足が少し浮く程度で十分．足を上げたときに体幹が後に倒れないように注意する．自然な呼吸でゆっくり行う．

9) 深呼吸

目的	：リラクゼーション．
フォーム	：椅子に坐骨結節を意識して座り，下腹部に手を当てる．
エクササイズ	：自然なリズムでゆっくり呼吸を行う．
注意点	：リラックスが目的なので自分のペースで呼吸をする．肩や頸に力が入らないように誘導する．

[参考文献]

4章
1) Jacqueline D. Bougie and A. Paige Morgenthal：エイジング・ボディー（佐藤昭夫　竹谷内宏明　監修，橋本辰幸　訳），東京，エンタプライズ，2004.
2) 運動器の機能向上についての研究班（大渕修一　他）：運動機能向上マニュアル，2005.
3) 木藤伸宏　他：姿勢異常と理学療法．理学療法 **24**(1)：179, 2007.
4) 厚生労働省：介護予防に関する各研究班マニュアルについて．
5) 重松良祐　他：運動実践の頻度別にみた高齢者の特徴と運動継続へ向けた課題．体育学研究 **52**(2)：173-186, 2007.
6) 島田裕之：環境と加齢．環境と理学療法（内山靖　編著），東京，医歯薬出版，2004.
7) 隆島研吾：加齢による姿勢異常に対する理学療法．理学療法 **24**(1)：263, 2007.
8) 福永哲夫　他：筋力にみられる加齢変化．筋の科学事典，東京，朝倉書店，2002.

第5章 コアセラピー

本章ではコアセラピーの中核的なエクササイズである骨盤と胸郭の
リアライメントについて解説します．

5.1 コアセラピー®とは

蒲田和芳

A 定義

コアセラピー®は,「コアコンディショニングの概念と方法に基づき,直接的な治療効果を期待し,あるいは他の治療方法の効果促進を期待して実施される治療理論および方法」と定義される.第3章に記載されているように,コアコンディショニングの特徴は,

① ヒトの発育発達過程に沿ったエクササイズによりすべての身体活動に通じる姿勢改善を目的とし,各種トレーニング・運動スキル獲得の最大効果を引き出すエクササイズ体系である.
② リラクゼーション・スタビライゼーション・コーディネーションの3段階で身体の運動機能の再教育を図る.
③ コア(身体の中心)から末梢に,その効果を波及させる.

とまとめることができる.

コアセラピーは,上記の原則を踏まえつつ,運動療法が適応となる種々の疾患や病態の治療プロセスを加速させるために有益な治療的運動(therapeutic exercise)から構成される.過去の発展の経緯から,その方法論はストレッチポールを用いる運動が中心であるが,今後はより効果的な治療を追求する中でそれ以外の器具も積極的に導入される予定である.

コアセラピーは理学療法士などの医療資格者により,医学的なリスク管理下にて実施されることを前提としている.医療資格者ではない方を主な担い手としているコアコンディショニングの認定制度では,事故や副作用的な問題発生を極力防止するため,認定レベルごとに実施可能な方法(エクササイズ,指導方法)が定められている.これに対し,医療資格者を前提としているコアセラピーでは,その他の治療と同様に治療者としての判断により適切に治療法が選択され,また場合によっては新たな方法が創生されることを推奨している.

コアセラピーの方法論は,コアコンディショニングの経験に立脚し,治療プロセスの加速に必要と思われるさまざまなエクササイズから構成される.その基本はストレッチポールを使用したベーシックセブンである.ベーシックセブンの効果に関する一連の研究[8〜10]により,ストレッチポールが身体に及ぼす直接的な力学的作用や身体の各部位への波及効果が徐々に解明されてきた(表5.1).また,ベーシックセブンでは解決できない事例の蓄積は,日々新たな臨床的な工夫を生み出し,さまざまな臨床的な課題に対してより特異的な解決策が開発されている.

表5.1 ストレッチポールが身体に及ぼす効果

- リアライメント:胸椎伸展,骨盤後傾,骨盤対称化,胸郭対称化
- 可動域改善:SLR,股関節屈曲,肩関節屈曲・外転,立位体前屈,立位後屈など
- 胸郭可動性:上位胸郭拡張差
- バランス:片脚立位バランス
- 不快感:肩こり改善,腰痛改善,手足の血行改善,眠気促進

*コアセラピー®は,登録商標です(商標登録番号第5636557号).

B ストレッチポールの身体への作用

ストレッチポールを用いたエクササイズの効果として姿勢改善，肩関節，胸郭，股関節の可動域改善，片脚立位バランスの改善などが確認されてきた．このようにさまざまな効果が得られる理由は，ストレッチポール上の仰臥位（基本姿勢（p.27 図3.3））そのものにあると考えられている．具体的には，基本姿勢においてストレッチポールは頭蓋骨・胸椎・仙骨の3部位を下方から支持することにより，寛骨に対する仙骨後傾，骨盤帯の後傾，胸椎伸展が誘導される[9]．また，同時に胸郭，肩甲帯，寛骨，股関節などを荷重から解放することが，これらの周囲の筋緊張の低下をもたらしているものと推測されている．以下，これまでの経験および研究を参照しつつ，ストレッチポールの身体に及ぼす基本的な作用について整理する．

（1）基本姿勢

ストレッチポール上の基本姿勢は，原則としてストレッチポールが正中に位置することから，正中（身体の中心）への意識を高め，体幹の対称性に関する固有受容覚・関節位置覚の基準を再構築する効果（正中感覚の回復）があると考えられる．立位や椅子座位において体幹は重心線を保つよう無意識下に姿勢調節を行うが，下肢や骨盤の非対称性が存在する場合は体幹の対称性を犠牲にした姿勢調節が余儀なくされる．このような例においても，基本姿勢では体幹対称性に関する明確な基準線がストレッチポールから得られる．ある意味，基本姿勢は固有受容覚を刺激し，身体感覚のキャリブレーション（ゼロ点調整）を促し正中感覚を改善する効果があると考えられる．これは恐らく体幹深部筋（インナーユニット）活動の対称化にも貢献するものと推測される．

●アッパーコアへの作用

基本姿勢におけるストレッチポールのアッパーコアへの作用としては，基本姿勢における胸椎と胸郭のアライメント変化を基盤とし，頸椎や上肢に間接的な影響が及ぶことが推測されている（図5.1）．まず，基本姿勢における胸郭への間接的な作用として，胸椎伸展は胸郭の挙上を促すとともに胸郭の拡張性を改善する．この効果は若年者よりも中高年者において認められた[8,9]ことから，加齢による胸郭アライメントの変化を改善することが期待される．胸椎伸展と胸郭挙上は，肩甲骨をより内転・下制位へと誘導し，肩関節の可動域改善をもたらす[10]．また，胸椎伸展は頭部を後方に変位させ，いわゆる上位交差性症候群（upper crossed syndrome[2,3]）改善の基礎となる．さらにベーシックセブンで得られる手の冷えの解消や眠気は，上肢の血行改善や副

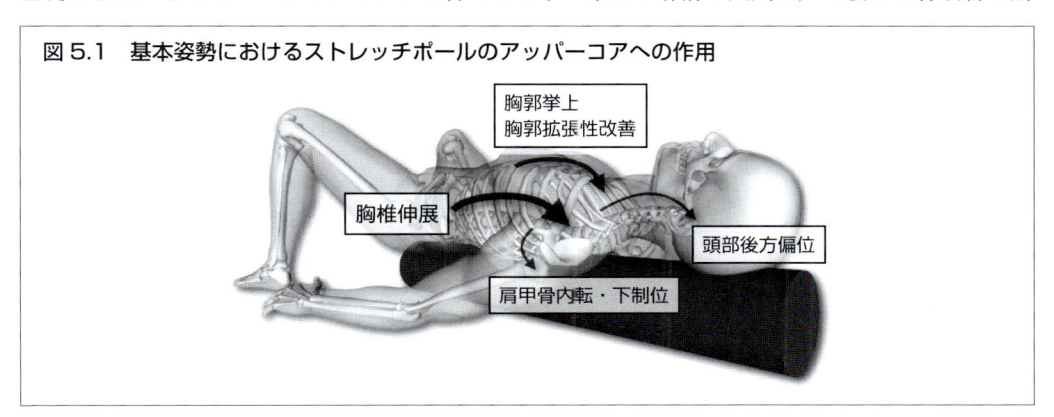

図5.1 基本姿勢におけるストレッチポールのアッパーコアへの作用

胸郭挙上
胸郭拡張性改善
胸椎伸展
頭部後方偏位
肩甲骨内転・下制位

交感神経の活動亢進などをもたらしている可能性が示唆されている．

● ロアーコアへの作用

ロアーコアへの作用としては，基本姿勢における骨盤帯のアライメント変化を基盤とし，その影響が腰椎，寛骨，股関節などに間接的に波及することが推測されている（図5.2）．基本姿勢では，ストレッチポール上に仙骨の遠位部が乗ることから仙骨は寛骨に対して後傾し，また骨盤帯全体としても後傾する．これにより，立位姿勢の下位腰椎前弯角の減少が得られる[9]．寛骨に対する仙骨の後傾位（counternutation）は骨盤輪の緩みの位置（loose-packed position[6,7]）であることから，骨盤帯の非対称性改善など骨盤帯のアライメント異常の改善に適した状況が得られる．仙骨後傾の股関節への影響としては，仙結節靱帯や梨状筋を弛緩させ，股関節後方の軟部組織の緊張を減弱させる効果が推測される．これにより，股関節において大腿骨頭の前方偏位の改善が得られ，股関節の内旋や屈曲可動域の改善がもたらされることが推測される．

（2）振動（セルフモビライゼーション）

ベーシックセブンに含まれるエクササイズの多くは，リラックスした状態で，各関節の軽い振動運動（セルフモビライゼーション）を行うものである．すなわち，筋は伸張されていないにもかかわらず，ベーシックセブンによって体幹周囲の筋緊張が低下し，リアライメントが得られる点が特徴と言える．このことは，脊椎・胸郭・骨盤などの各関節の軽い震動が，前項で述べたようなストレッチポール上での自然なアライメント（＝良姿勢）獲得を強く促すことを示唆している．

ベーシックセブンで実施するセルフモビライゼーションの意義については十分に解明されていないが，JCCAではその効果について次のように推測している．まず，この振動は関節包を伸張しない程度（グレードⅠ）のモビライゼーションと考えるのが妥当である[4]．通常，徒手療法で特定の関節を対象として実施されるグレードⅢ以上の関節モビライゼーションは，関節内の骨の位置関係を変化させる（リポジショニング）とともに，関節周囲の筋緊張を劇的に低下させることができる．持続性のある体幹のリアライメント（＝姿勢矯正）を得るには，不良姿勢を形成するすべての関節のリポジショニングが必要と考えられる．しかし，骨盤・脊椎・肋骨・鎖骨・肩甲帯などのすべての関節に対して徒手療法を施行することは現実的に困難であり，結果としてリポジショニングされていない関節が残存することになる．ところがストレッチポールを用いると，身体の一部分の振動が効果的かつ同時に胸郭・脊椎・骨盤・股関節・肩甲骨・鎖骨・肩甲上腕関節など多数の関節に同時に伝達される可能性がある．これにより脊椎周囲に存在する多数の関節

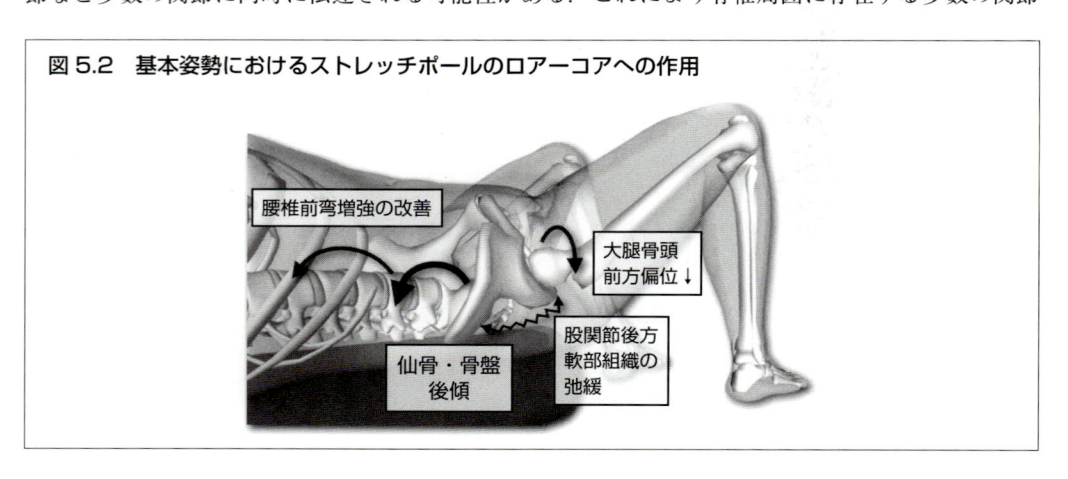

図5.2　基本姿勢におけるストレッチポールのロアーコアへの作用

腰椎前弯増強の改善
仙骨・骨盤後傾
大腿骨頭前方偏位↓
股関節後方軟部組織の弛緩

に対して同時にリポジショニング効果を及ぼしているのではないかと考えられる．

（3）その他の基本的なエクササイズの効果

"深呼吸"は，ストレッチポール上のエクササイズの中でも最も簡単かつ重要なものと位置付けられる．その意義としては，心理的に十分にリラックスすること，胸郭可動性を拡大させつつ胸郭周囲筋をリラックスさせること，横隔膜や腹横筋を活性化すること，などがある．深呼吸はストレッチポール上に乗ることができればほぼ誰でも実施可能なエクササイズであり，しかも上記のように重要な意義を持つことから，対象や目的にかかわらず必須のエクササイズと位置付けられる．

"横揺れ運動"（130ページ，図5.11，139～140ページ，図5.25）は，ストレッチポール上で骨盤および胸郭を左右にスライドさせる運動である．この際，体幹の下でストレッチポールが転がり，脊椎の正中から側方に移動するため，肋骨や仙骨・寛骨を後方から前方に向けて押し込み，肋椎関節や肋横突関節，仙腸関節にモビライゼーションの作用を及ぼす．この原理は，後述する胸郭や骨盤の対称性獲得を目的としたプログラムにおいて重要な役割を果たす．

"床みがき運動"（36ページ，図3.20）は基本姿勢から両腕を脱力した状態で，手掌または手背で床をみがくように小さい円を描く運動である．このセルフモビライゼーションは，肩関節は内旋・伸展位において，肩鎖関節・胸鎖関節・肩甲胸郭機構・肩甲上腕関節などに振動刺激を与えるものである．通常，この運動によって広義の肩関節全体のリアライメントが得られ，姿勢の改善とともに肩関節の可動域改善が得られる．

"外転運動"（36ページ，図3.22）は，基本姿勢から肩関節伸展位のまま（肘が床から離れない範囲）両肩関節を外転するものである．このとき外転運動とともに吸気，内転とともに呼気を行うことにより，胸郭運動を最大化させつつ肩甲骨の内転・下制位からの外転運動を学習させる効果が期待される．

"股関節内・外旋（ワイパー運動）"（37ページ，図3.23）は，ストレッチポール上の下肢伸展位での股関節の自動内旋・外旋である．このとき，股関節後方の梨状筋や仙結節靱帯が弛緩する仙骨後傾位で股関節内旋を行うことにより，大腿骨頭の後方移動を促進する効果が得られる．通常，大腿骨頭の後方移動が制限されていると股関節屈曲時の股関節前方の詰まりが生じる．このエクササイズによって大腿骨頭の後方位が獲得されると，股関節屈曲時の股関節前方の詰まりの軽減と屈曲可動域の改善が得られる．

C　適応

コアセラピーの主体は，ストレッチポール上の仰臥位でのエクササイズである．その適応とリスクは，一般的な運動療法の適応と禁忌にほぼ準じる（表5.2）．加えて，ストレッチポールが身体に及ぼす力とその結果生じるアライメントの変化についての考慮が必要となる．

コアセラピーの目的は，疾患の原因や治療経過に影響を及ぼすような体幹マルアライメントの解消，および体幹の柔軟性・可動性獲得・安定性獲得と集約される．したがって，その対象はスポーツ疾患，整形外科疾患，呼吸器疾患，中枢神経疾患，無呼吸症候群，尿失禁症，高齢者など広範囲に及ぶ（表5.3）．また，疾患とは言えない状態として，異常姿勢，長期臥床等による体幹の拘縮，手足の冷え（血行不良），さらにはスポーツ選手・音楽家・職人など特定の運動を反復

表 5.2　ストレッチポールの禁忌

- 炎症
- 各種疾患の急性期
- 脊椎・胸郭・骨盤・股関節等の骨折・脱臼・靱帯損傷
- 脊椎・骨盤の不安定性
- 重度の心疾患，重度の呼吸器疾患，重度の高血圧等
- 脳血管障害の急性期
- メニエール病などめまいを来す病態
- その他，生命の危機にある状態，医師が禁止する疾患

表 5.3　コアセラピー・コアコンディショニングの対象

コアコンディショニング	コアセラピー
・健常者 ・スポーツ選手 ・肩こり，むくみなどの慢性的な不調 ・その他，医師の許可を得た者	・スポーツ外傷・障害 ・整形外科疾患 ・中枢神経疾患 ・呼吸器疾患 ・妊娠中および出産後の骨盤アライメント異常 ・無呼吸症候群 ・尿失禁症 ・高齢者

することによって生じる姿勢や可動域，筋緊張の異常なども適応となる．

　コアセラピーは種々の疾患や病態に対し，直接的な治療効果を期待して用いられるとともに，他の治療の効果を促進するための基盤整備とも言える役割を果たす．直接的な治療効果については，骨盤のアライメント異常（非対称性）に関連する腰痛，肩甲骨のアライメント異常（運動異常）に関連する肩関節疾患などが代表例としてあげられる．他の治療の基盤整備については，呼吸器疾患患者における胸郭可動性改善，腰痛患者における脊椎アライメント・姿勢の改善，片麻痺患者における筋緊張の適正化や姿勢の対称化，などがあげられる．

　一般論として，コアセラピーの適応は，運動療法が適応となる症例すべてを含むと考えられ，整形外科疾患などの外来リハ，回復期，維持期，在宅などいずれの場面においても有益な効果をもたらす．これらどのような場面においてもコアセラピーの再現性，安全性，簡便性は共通した利点となり，また副作用のような問題の発生頻度はきわめて低いことが特徴である．現在，JCCAにおいて痛みの増強など副作用の発生状況についても情報収集に努めており，随時ウェブサイトなどで公開する予定である．

D　禁忌とリスク

●禁忌とすべき疾患や病態

　禁忌とすべき疾患や病態としては運動療法が適応とならない状態，すなわち炎症，骨折や脱臼，運動誘発性の疾患（喘息，労作性狭心症），脳血管障害急性期，重度の高血圧，メニエール病などめまいを来す病態などがあげられる（表5.2）．いずれも運動により症状が増悪したり，疾患の重症度が増したりする危険性の高い状態である．また立つことが困難な急性腰痛の既往がある場合や，"ぎっくり腰を起こしそう"という感覚を持つ場合など，骨盤の不安定性が疑われる状況

でのストレッチポール使用は禁忌である．

● ストレッチポールへの乗降時の注意

ストレッチポールの使用にあたって最も注意すべき点は，実際のエクササイズがもたらす副作用よりもむしろ，不安定なストレッチポールへの乗降の際の事故である．特に骨密度の低下した高齢者では，乗降時にバランスを崩すことにより手関節の骨折や脊椎圧迫骨折などが発生する危険性もあるため，高齢で不慣れな対象者の乗降には細心の注意が必要である．JCCA では 60 歳以上の方については，介助の有無にかかわらず，側臥位からの乗降を推奨している．さらに，自力でストレッチポール上に仰臥位となることが困難な対象者に対応するには，治療者は側臥位からストレッチポールに安全に乗降させる介助法を習得する必要がある．椅子座位での体操が主体となるデイサービス施設などでは，直径の小さいストレッチポール MX またはハーフカットを用いた椅子座位でのエクササイズが選択されている．

● 妊婦および出産直後

以下の疾患・病態については，実施において特別な配慮を要する．妊婦および出産直後については絶対禁忌とはならないが，胎児への影響および骨盤の不安定性や非対称性に十分配慮した方法を用いる必要がある．

● 高齢者

高齢者においては，ストレッチポール上でのエクササイズの後，一時的に歩行しにくくなるという事例が報告されている．その原因としては，筋緊張の寛解や骨盤のアライメント変化に対して，骨盤周囲の筋活動パターンの修正に時間を要するためと推測されている．痛みはないが歩きにくい（または荷重しにくい）というような症状が出現した場合は，立位での左右への体重移動や足踏みなどを 5～10 分間実施し，荷重感覚および筋活動パターンの再構築を図る必要がある．

なお，骨粗鬆症がある高齢者では，基本姿勢において椎体への荷重が減少するため，ストレッチポール上でのエクササイズ自体の危険性は低いと考えられる．

● その他

ストレッチポールに長時間（おおむね 15 分以上）乗ることで脊椎棘突起や仙骨に痛みを訴える場合については，硬度の低いストレッチポール MX を使用するか，1 回あたりの使用時間を短縮することで解決できる例がほとんどである．骨盤の非対称性が存在する場合は，ストレッチポール上に骨盤の中央を乗せることができず，仙腸関節やそれを横断する多裂筋にストレスを与えて痛みが生じる場合がある．このような場合は，治療者が骨盤の適切なポジショニングを指導する必要がある．また，その根本的な解消法は骨盤の非対称性の改善であり，その方法については後述する．

脊椎の圧迫骨折後については，慢性期で患部の安定が得られている場合は適応となるが，圧迫骨折が複数存在する場合は仰臥位を避け，座位でのエクササイズが推奨される．

E コアセラピーの進め方

コアセラピーは，身体の中心であるコアを整えることにより，全身の機能回復を促進し，より高い身体能力を迅速に獲得させることを目的とする．コアセラピーでは，対象とするすべての部位に関して「リラクゼーション」，「スタビライゼーション」，「コーディネーション」の順に進められる（p.7 図 1.5, p.20 図 3.1）．リラクゼーションでは治療対象となる関節のリアライメン

トを，スタビライゼーションではリセット（運動開始準備ができた状態）を目的とする．それらに続くコーディネーションは，コアと末梢関節とが協調した運動パターン（ボディコントロール）を再学習させる過程である．

(1) リラクゼーション

●コアから末梢へ
コアセラピーの運動療法は，通常"コア"から"末梢"へと進められる．"コア"とは身体の中心部であり，腹腔を形成する胸郭と骨盤，および腹腔壁を構成するインナーユニット（腹横筋，多裂筋，横隔膜，骨盤底筋群から構成される．"末梢"とは，コアの上方では胸郭・頸椎・上肢，下方では骨盤と下肢を意味する．

●骨盤と胸郭と腰椎
骨盤と胸郭は，いわば家屋の基礎と屋根のような関係にあり，基礎（骨盤）に歪みが生じると，それに呼応して屋根（胸郭）にも歪みが生じる（図5.3）．この屋根を支えるいわば大黒柱が腰椎であるが，基礎と屋根の歪みの間に置かれることで腰椎は理想的な前弯や対称性を維持することが困難となる．非対称的なアライメントに置かれた腰椎は，立位など静的姿勢保持において軸圧に加えて回旋や側屈などのストレス下に置かれる．本来は1軸性の運動である前屈や後屈などにおいて，非対称的な腰椎アライメントでは側屈や回旋といった他の自由度の運動が混入して他軸性の運動となり，応力集中が生じやすい状態となる．骨盤の対称性破綻は股関節の可動域制限や股関節周囲筋の過緊張の原因ともなることから，インナーユニットの活動の非対称性を増幅させる可能性がある[1,5]．

●ペルコン®とソラコン® ～PTRプログラム
コアセラピーにおいて，骨盤と胸郭へのアプローチは最優先課題と位置付けられ，最も高頻度に用いられる．その目的は，脊椎の生理的弯曲と胸郭・骨盤の対称性回復（リアライメント）と，インナーユニットの正常な活動性の獲得（リセット）である．骨盤へのアプローチを骨盤コンディショニング（PelCon："ペルコン®"），胸郭へのアプローチを胸郭コンディショニング（ThoraCon："ソラコン®"），これら両者を合わせてPTRプログラム（Pelvis-Thorax Realignment Program）と呼ぶ（p.122参照）．

| 図5.3　骨盤と背骨の歪み |

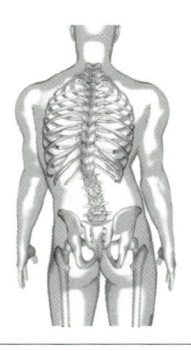

＊ペルコン®は，登録商標です（商標登録番号第5252965号，第5633770号）．ソラコン®は，登録商標です（商標登録番号第5252966号，第5637473号）．

（2）スタビライゼーション

● PTS プログラム

　PTR プログラムによるコアのリアライメントが得られたら，コアのスタビライゼーションへと移行する．スタビライゼーションを目的としたエクササイズには，第3章に記載されているコアスタビライゼーションとともに，インナーユニットを構成する個々の筋群の賦活を目的としたローカルスタビライゼーションが含まれる．これらスタビライゼーションを目的とするエクササイズをまとめて **PTS プログラム**（Pelvis-Thorax Stabilization Program）と呼ぶ．

　PTR プログラムと PTS プログラムは，胸郭と骨盤に挟まれた腰部の疾患はもとより，胸郭と直接連結する頸椎や肩甲帯の諸疾患への対応においても中心的な役割を果たす．頸椎や肩関節疾患への対応を含むアッパーコアセラピーでは，骨盤と胸郭の対称性・可動性・アライメントを改善した後に，胸郭・頸椎・上肢など患部周囲の問題解決を図る．一方，骨盤および下肢疾患に対応するロアーコアセラピーでは，骨盤および胸郭のリアライメントを図りつつ，患部の治療および機能回復を図る．なお，機能的脚長差がある場合はインソールによる補高を積極的に用い，下肢から骨盤への非対称的なストレスを減弱させる．

［参考文献］

5.1

1) Hungerford B, Gilleard W and Hodges P : Evidence of altered lumbopelvic muscle recruitment in the presence of sacroiliac joint pain. *Spine* **28**(14) : 1593-1600, 2003.
2) Janda V : Muscles and motor control in cervicogenic disorders : assessment and management. Grant R(eds.), Churchill Livingstone, New York, 1994.
3) Janda V : On the concept of postural muscles and posture in man. *Aust J Physiother* **29** : 83-85, 1983.
4) Maitland GD : Peripheral manipulation, 3rd ed. Butterworth-Heinemann, Oxford, 1993.
5) O'Sullivan PB, *et al* : Altered motor control strategies in subjects with sacroiliac joint pain during the active straight-leg-raise test. *Spine* **27**(1) : E1-8, 2002.
6) Vleeming A, *et al* : Relation between form and function in the sacroiliac joint. Part I : Clinical anatomical aspects. *Spine* **15**(2) : 130-132, 1990.
7) Vleeming A, *et al* : Relation between form and function in the sacroiliac joint. Part II : Biomechanical aspects. *Spine* **15**(2) : 133-136, 1990.
8) 秋山寛治 他：ストレッチポールを用いたコアコンディショニングの効果に関する対照試験〜健常者の呼吸機能への影響〜．第44回日本リハビリテーション医学会学術集会．神戸，2007．
9) 杉野伸治 他：ストレッチポールを用いたコアコンディショニングの短期効果に関する実験的研究：健常者における立位矢状面脊椎アライメントおよび柔軟性に及ぼす効果．第41回日本理学療法学術集会．前橋，2006．
10) 森内美穂 他：ストレッチポールを用いたコアコンディショニングが体幹および肩関節柔軟性に及ぼす即時効果．第42回日本理学療法学術集会．新潟，2007．

5.2 コアセラピーの基本：
PTRプログラム（骨盤・胸郭リアライメントプログラム）

蒲田和芳・横山茂樹

　胸郭と骨盤のリアライメントを目的とする「PTRプログラム」は，コアセラピーの中核と位置付けられる．PTRプログラムは，骨盤コンディショニング（通称"ペルコン®"；PelCon）と胸郭コンディショニング（通称"ソラコン®"；ThoraCon）から構成される．

A 骨盤コンディショニング（ペルコン，PelCon）とは

　筋力差や脚長差がなくても主観的に"蹴りにくい脚"と"蹴りやすい脚"が自覚され，股関節伸展の力強さ，足音，地面反力などにも左右差が生じる場合がある．重症例では"片脚立位不可能または困難"，軽度であっても体重が乗せにくい，ふらつきやすいなど**骨盤荷重伝達障害**（failed load transfer through the pelvis[14]）が起こりうる．このような左右差は，競歩，ランニング，スキー，スケート，自転車など本来左右対称に下肢を使うべき運動においてしばしば問題視される．"蹴りやすい脚"は利き脚（dominant leg）と一致する場合もあり，運動中の一側下肢への依存とACL損傷や疲労骨折などの下肢外傷との関連性が指摘されている[6]．通常，このような非対称性はストレッチや筋力などの定量データとの関連性を見いだしにくく，その原因や解決策についてコンセンサスは得られていない．

　骨盤荷重伝達障害の改善には，骨格的な適合性の改善[37,38]と筋および筋膜による安定化機構の改善[13,25,29,30,36]，そして神経学的な適応[1,7〜13]が必要と考えられている．**骨盤コンディショニング（ペルコン）**は，骨盤アライメントと股関節可動域の対称化，インナーユニットの筋機能の改善と対称化，そして骨盤における荷重伝達機能の対称化，を目的としたエクササイズパッケージである．ペルコンは，上述したような荷重伝達障害のほか，出産前後[2,24,31]，腰痛および骨盤周囲痛患者[26,28]，変形性股関節症患者，脊椎アライメント異常などさまざまな機能障害や疾患を対象とする．その実施にあたっては，骨盤・股関節アライメント異常や荷重伝達障害についての理解とその評価方法の習得，そしてペルコンの実施方法の習得が必要である．

（1）骨盤のアライメントパターン

　骨盤の可動性に関与するのは左右の寛骨と仙骨であり，両側の仙腸関節と恥骨結合という3つの可動関節を有している（図5.4）．正常な仙腸関節の可動性は並進で0.5〜1.6 mm，回転で1〜4°（平均2°）程度であり[33,34]，6°以上の回転および2 mm以上の並進可動性は異常とされる[16]．それぞれの関節は理論的には6自由度を有するが，各関節は互いに独立して動くことはなく，骨盤輪内で必ず3つの関節が連動する．すなわち，1つの骨がアライメント変化を起こすと，他の2つの骨も同時に位置関係を変え，骨盤輪全体のアライメントに変化が生じる．

　骨盤が左右に対称である場合の動きは単純である．寛骨の対称性を保ちつつ起こりうる仙骨の運動方向は，定義により前傾（nutation）と後傾（counternutation）[35]，上下・前後の並進（translation）といった矢状面上の運動に限定される（図5.5）．これらには特定の運動パターン（coupling motion）が存在し，仙骨前傾には上方・前方への並進，後傾には下方・後方への並進

図 5.4　骨盤内の可動関節

仙腸関節
恥骨結合

図 5.5　骨盤における closed-packed position

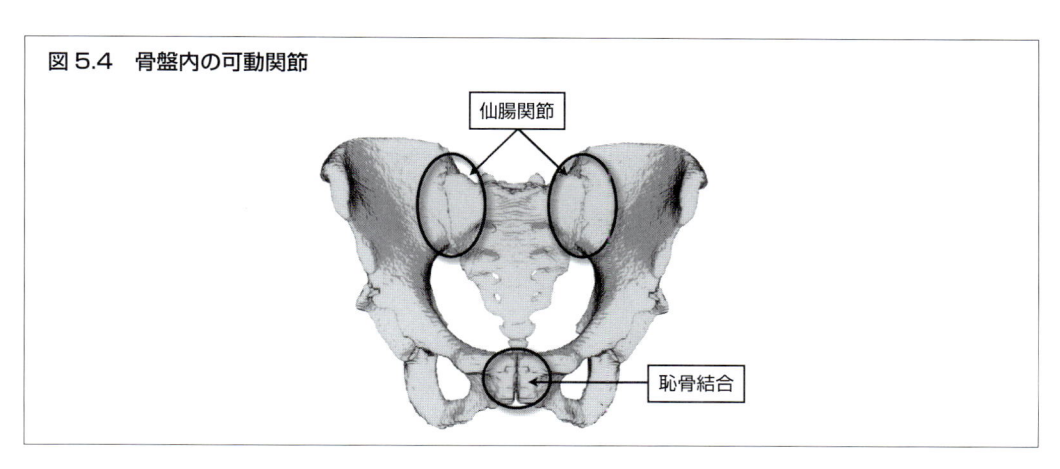

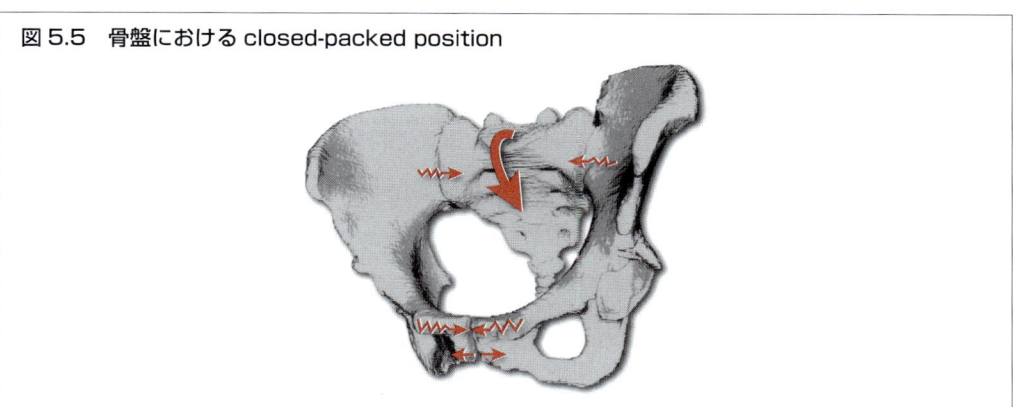

を伴う．仙骨の前傾と後傾には寛骨の回旋が伴う．すなわち，仙骨前傾が起こると，寛骨は外旋し，骨盤前部の上前腸骨棘（ASIS）間が開大する．反対に仙骨後傾が起こると，寛骨は内旋し，骨盤前部の ASIS 間は接近する．仙骨前傾位では仙結節靱帯，仙棘靱帯，骨間靱帯などが緊張し，骨盤輪全体が安定した肢位（close-packed position）（図 5.5）となる．逆に仙骨後傾位ではこれらの靱帯が弛緩し，骨盤輪は弛みの位置（loose-packed position）となる．本書では，寛骨の外・内旋を含む骨盤輪全体の運動パターンを，便宜的に "**仙骨前傾（nutation）**" または "**仙骨後傾（counternutation）**" と表現する．

　骨盤の非対称的なアライメントは，6 自由度の可動性を有する仙骨を基準とするよりも骨盤外の座標系（たとえば身体の矢状面，前額面，水平面）を基準とするほうが理解しやすい．まず，矢状面において左寛骨が後傾すると，相対的に右寛骨は前傾する（図 5.6A）[32]．このとき左の上後腸骨棘（PSIS）は後下方に，右の上後腸骨棘は前上方に移動する．仙骨の位置は，左右の仙腸関節の可動性の範囲内で，左右の寛骨の仙腸関節面の位置関係によって決定される．すなわち，左寛骨後傾位では，左仙腸関節の後方に位置する左 PSIS が後下方に偏位しているため，仙骨は上方からみて左回旋（仙骨前面が左向き）（図 5.6B），後方から見て左に傾斜（尾骨が右に偏位）する（図 5.6C）[32]．つまり，左寛骨後傾とは，右寛骨前傾，仙骨左回旋と左傾斜を伴う骨盤輪全体のアライメント変化を意味する．このアライメントパターンについて，便宜的に本書では仙骨前面が向く方向を**フェイスサイド**（face side：顔が向く方向），反対側を**バックサイド**（back side）と呼ぶ．

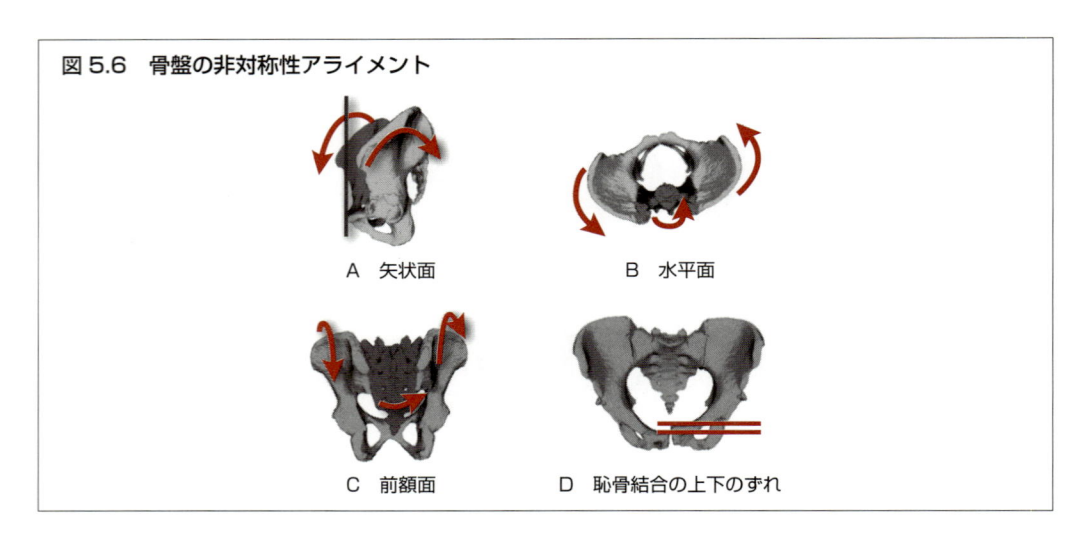

図5.6　骨盤の非対称性アライメント

A　矢状面　　B　水平面

C　前額面　　D　恥骨結合の上下のずれ

　以上の対称的，非対称的アライメントパターンの背景には，恥骨結合と両側仙腸関節の安定性の差がもたらすバリエーションが存在する．たとえば，恥骨結合に過大な可動性が存在する場合，非対称アライメントにおいて恥骨結合の上下のずれ（displacement）が生じる可能性が高い（図5.6D）．一方，左右の仙腸関節の可動性に左右差が存在する場合は，どのような骨盤アライメントを呈する場合であっても，可動性の大きい側の仙腸関節に運動が生じる．これらの可動性の組み合わせにより，同じ非対称アライメントパターンであっても仙腸関節痛，鼠径部痛，腰痛，大腿部の問題など，多様な症状を呈する．

（2）股関節アライメントと可動域

　股関節は深い関節窩を有する臼関節である．回転運動については自由度3であり，それぞれの自由度において大きな可動性を有するのに対し，並進運動については前後方向に数ミリ程度の可動性を有するのみである[5]．股関節後方軟部組織の緊張は，大腿骨頭の前方偏位を来し，さらに屈曲制限および仰臥位での内旋制限をもたらす[17]．通常，屈曲制限には大腿臼蓋インピンジメント（anterior femoroacetabular impingement[17,18]）による詰まり感を伴うのが特徴である．また内旋制限については，見かけ上の内旋角度に制限がなくても，大腿骨頭の後方移動の制限により内旋に伴う大転子の前方挙上が増大する場合がある点に留意すべきである（図5.7）．

　股関節後方軟部組織の緊張は骨盤アライメントと密接に関係し，骨盤アライメントの改善により股関節可動域には著明な改善が得られる場合が多い．骨盤輪が対称である場合，仙骨前傾は股関節後方の軟部組織である梨状筋や仙結節靱帯，仙棘靱帯などを緊張させる（図5.5）．これに対し，仙骨後傾はこれらの軟部組織を弛緩させ，股関節可動域の改善をもたらす．一方，典型的な骨盤の非対称アライメントでは，前額面において仙骨上部がフェイスサイド方向，尾骨がバックサイドに偏位する方向に仙骨は傾斜する（図5.8B）．仙腸関節動揺性の左右差が存在すると，尾骨は仙腸関節の動揺性の大きい側から遠ざかる方向に偏位（図5.8A, C）し，それに抵抗する軟部組織の緊張が高まると推測される．しかしながら，仙骨の理想的な前傾角度や仙腸関節動揺性の左右差を体表から正確に評価することは困難であり，臨床ではむしろ股関節の可動性から骨盤アライメントの詳細を知ることのほうが現実的かつ有益である．

　大腿骨頭の前方偏位の解消には，股関節後方軟部組織にアプローチする前に，骨盤アライメン

図 5.7　股関節内旋時の大転子の挙上

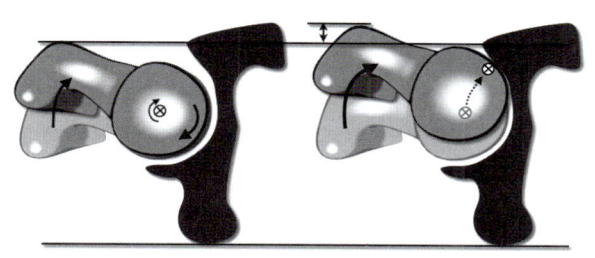

A　正常　　　　B　大転子の前方挙上増大

図 5.8　骨盤非対称性アライメントのバリエーション

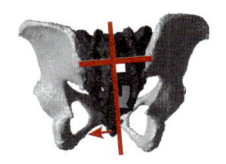

A　尾骨が寛骨後傾側（フェイスサイド：図の左方向）に偏位しており，右仙腸関節に疼痛がある場合は寛骨前傾側（図の右方向）の仙腸関節の動揺性が疑われる．左仙腸関節に疼痛がある場合は寛骨後傾側（図の左方向）の仙腸関節の動揺性が疑われる．

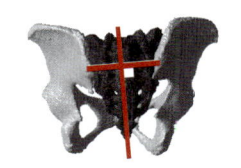

B　左右の仙腸関節の可能性に差がない場合は，尾骨は両 PSIS（後上腸骨棘）の垂直二等分線上に一致する．

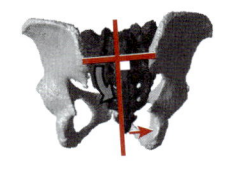

C　尾骨が寛骨前傾側（バックサイド：図の右方向）に偏位しており，左仙腸関節に疼痛がある場合は寛骨後傾側（図の左方向）の仙腸関節の動揺性が疑われる．右仙腸関節に疼痛がある場合は寛骨前傾側（図の右方向）の動揺性が疑われる．

トの改善を進める．特に非対称的な骨盤では，骨盤のさらなる変形に抵抗するため多数の軟部組織が異常な緊張状態に置かれている場合もあり，骨盤の対称化は最優先課題である．一方で，股関節の可動域制限やキネマティクスの左右差は，歩行を含めた日常的な運動において骨盤に非対称的なストレスを伝達する原因となる．以上より，骨盤周囲の問題に対応する場合には，骨盤アライメントと股関節キネマティクスについては並行して正常化を図ることが望ましい．

(3) 荷重伝達障害

立位において荷重側の寛骨が後傾，非荷重側の寛骨が前傾する．この際，荷重側では相対的に仙骨前傾位（close-packed position）となって仙腸関節は安定性を確保（locking）し，非荷重側では仙骨後傾位（loose-packed position）となって可動性を確保（unlocking）する[14, 15, 34]．荷重側は力の伝達に，非荷重側は運動域の増大に貢献することから，このメカニズムは歩行などの移動動作において合理的である．

正常な骨盤では，歩行など左右交互の荷重運動において，図 5.6 で示す非対称的な骨盤アライメントが左右反転する（図 5.9）[4, 19]．しかしながら，この反転運動を歩行中に実現するには，骨盤アライメントがほぼ左右対称であり，しかも左右の仙腸関節や恥骨結合の可動性にも異常がないことが前提となる．非対称的な体幹姿勢，下肢疾患による跛行，非対称的なスポーツ動作の反復などが非対称的な骨盤アライメントを固定化する原因となることは容易に推測される．

図 5.9　歩行中の骨盤反転運動

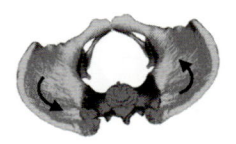

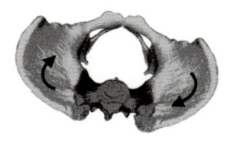

図 5.10　ASLR テストと骨盤圧迫テスト

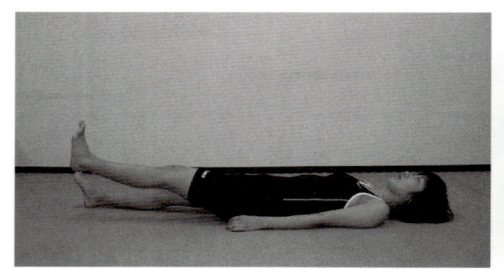

① **ASLR テスト**

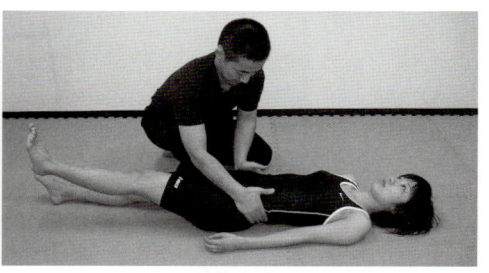

② **前上方圧迫テスト**：両側の上前腸骨棘（ASIS）を正中に向けて圧迫することにより，両側寛骨の内旋を促す．

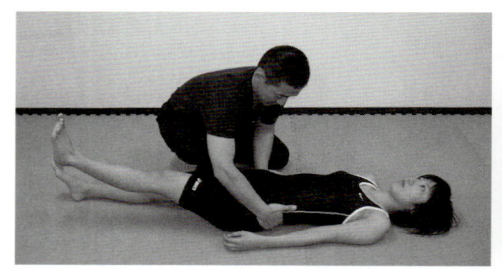

③ **後上方圧迫テスト**：両側の後上腸骨棘（PSIS）を正中に向けて圧迫することにより，両側寛骨の外旋を促す．

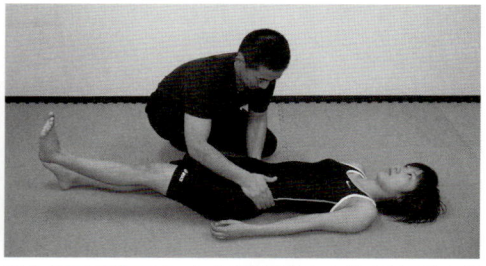

④ **左対角圧迫テスト**：左上前腸骨棘と右後上腸骨棘を接近させるように骨盤に圧迫を加え，左寛骨前傾を伴う非対称アライメントの矯正を促す．

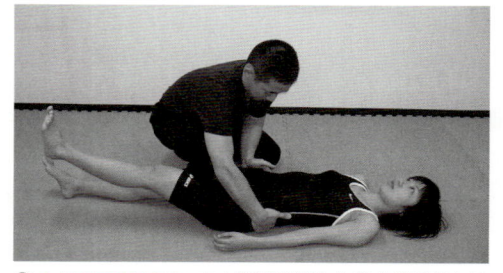

⑤ **右対角圧迫テスト**：右上前腸骨棘と左後上腸骨棘を接近させるように骨盤に圧迫を加え，右寛骨前傾を伴う非対称アライメントの矯正を促す．

　ASLR（active straight leg raising）テスト（①）では，下肢伸展挙上開始時に起こる骨盤などの代償運動（客観的）と脚の重さ（主観的）の左右差を評価する．骨盤圧迫テスト（②〜⑤）では，骨盤のアライメント変化に伴う左右差の改善（および増悪）を判別することを目的として，骨盤に圧迫を加えながら ASLR を行う．これにより，治療的に望ましい骨盤アライメントの修正目標を立案することができる．

＊写真にない方法として，骨盤底圧迫テストがある．これは，両方の大転子を正中に向けて圧迫することにより，骨盤底を閉じるようなアライメント変化を促す．

このような骨盤の非対称性は荷重伝達障害の原因となる可能性が高い．事実，後述するASLRテスト（図5.10 ①）[3, 14, 22, 23, 27]に付随する骨盤圧迫テスト（図5.10 ②～⑤）[19, 20, 29]では，骨盤アライメントを対称化させるような対角方向の骨盤圧迫によりASLRテストが陰性化する例が多い．骨盤非対称アライメントを認める健常者を対象とした筆者らの調査では，仙骨後傾位となるバックサイドに必ずしも荷重伝達障害が生じるとは限らないことが示された．すなわち，荷重伝達障害には骨盤の非対称アライメントと骨盤輪の不安定性[2]が関与することは疑う余地はないが，非対称的な骨盤において左右のどちらに荷重伝達障害が起こるのかを決定する因子については十分解明されていない．

荷重伝達障害の治療には骨盤・股関節アライメントの対称化，仙骨前傾による骨盤のclose-packed positionの確保，骨盤輪の安定化に必要な筋機能改善，骨盤ベルト等の補助具[21]などが用いられる．中でも，骨盤・股関節アライメントの対称化は，対称な骨盤周囲の筋活動パターンの再獲得や腰椎以上の脊椎アライメントの改善の基盤となることから，治療上特に重視すべき因子であると考えられる．

（4）筋緊張と筋活動

筋緊張とアライメントの異常の因果関係を"鶏と卵"の問題と捉えるのは誤りである．確実な治療効果を得るには，筋緊張とアライメントの異常の因果関係について注意深い分析が必要である．

中枢神経系および緊張している筋自体に組織学的な異常がない場合，異常な筋緊張は周囲の関節の異常アライメントに起因する場合が多い．関節モビライゼーションによって筋緊張が低下する現象は，まさにこれを裏付ける現象と言える．緊張状態にある筋や靱帯などが異常アライメントの進行に抵抗している場合は，直接的に筋にアプローチして緊張の低減を図るべきではなく，アライメント異常の改善を優先すべきである．

筋緊張の異常が関節にストレスを及ぼしてアライメント異常を来す場合は，筋緊張の低減が治療上優先されるべきである．アライメント異常とは無関係に筋自体が緊張を亢進する原因としては，肉ばなれなどの筋損傷の後遺症があげられる．また変形性膝関節症などの膝関節疾患は，下肢のアライメント変化および腸脛靱帯・大腿筋膜張筋や大腿直筋などの二関節筋を介して骨盤・股関節周囲の筋緊張に影響を及ぼす．このような例に対して骨盤・股関節アライメント異常の改善を先行させた場合，筋緊張への効果は小さいかあるいは短時間であり，多くの場合治療方針の転換が必要となる．

筆者は，骨盤の異常アライメント進行に筋や靱帯などの軟部組織が抵抗している可能性を考慮して，通常は骨盤アライメントの正常化を治療上優先させている．その結果，軟部組織の緊張が低減すれば，それ以上に軟部組織のリラクゼーションは不要となる．これに対して，アライメント改善に対して軟部組織の緊張が増大する場合は，意図に反して異常アライメントを増強させている可能性や，その他の筋自体の要因などを考慮して治療方針を再検討する．骨盤と股関節のアライメント異常は相互に影響しあいながら骨盤周囲の筋緊張を亢進させる．そのため，これら一方の問題が解決しても，他方の問題に起因した筋緊張の異常が残存することを考慮して，骨盤と股関節のアライメント異常を同時に改善することが望ましい．

(5) 骨盤の評価

　骨盤コンディショニングの効果を検証するには，上述したような諸問題に関して再現性の高い評価方法を持つ必要がある．骨盤のアライメントに関する評価は体表からでは正確性に欠けるため，複数のテストを組み合わせて正しい非対称アライメントパターンを認識できるよう工夫が必要である．表 5.4 は筆者が現在用いている腰椎・骨盤・股関節機能不全判定表である．14 項目の評価の結果は，骨盤の非対称パターン，大腿骨頭の前方偏位の有無，荷重伝達機能不全の有無，の 3 つの機能異常に集約され，治療方針の決定および効果判定に用いられる．

　ASLR テスト（active straight-leg-raise test[3, 14, 22, 23, 27]：自動下肢伸展挙上テスト）（図 5.10 ①）は，骨盤における力の伝達メカニズムの一指標として用いられ，片脚立位の安定性との関連性が認められた機能評価方法である．表 5.4 には記載されていないが，ASLR 骨盤圧迫テスト（図 5.10 ②〜⑤）[19, 20, 29] は，ASLR 中の骨盤輪の安定性確保に必要な筋膜の緊張の方向を調べることを目的として実施される．通常，骨盤の前上方圧迫（両 ASIS を接近），後上方圧迫（両 PSIS を接近），下方圧迫（骨盤底を閉鎖），2 方向の対角圧迫（右 ASIS と左 PSIS を接近，またはその逆）の 5 種類の圧迫に対する ASLR の改善度から，骨盤輪の安定性を高めるために必要な筋張力の方向（張力の合力ベクトル）を特定する．その結果は，筋機能訓練の方針決定に用いられる．

（表 5.4 は次ページ）

表5.4 腰椎・骨盤・股関節機能障害判定表（蒲田, 2007）

肢位	目的	テスト	結果 Rt	結果 Lt	方法と評価基準
立位	アライメント	① Bowing test	(R	L)	仙骨の前額面の傾斜を判定する．骨盤の前傾を随意的に抑制しつつ体幹を前屈しつつ，左右に側屈を行う．第12胸椎棘突起が左右のいずれの方向に移動しやすいのか（フェイスサイド）を判断する．
立位	荷重伝達機能	② One-leg standing test[4]	(R	L)	荷重伝達機能の左右差を判定する．両腕を胸の前で組んだ状態で，片足立ちとなる．この際，バランスが悪い側を判定する．
立位	荷重伝達機能	③ Innominate rotation at one-leg standing[20]	L (+／±／−) R (+／±／−)		荷重伝達機能を判定する．片脚立位における寛骨後傾を触察することにより，仙腸関節のロッキングメカニズムの有無を判定する．正常な寛骨後傾が認められれば〈+〉と判定する．
立位	荷重伝達機能	④ One-leg squatting	(R	L)	荷重伝達機能の左右差を判定する．両腕を胸の前で組んだ状態で，片足立ちとなり，膝屈曲30°程度までの片足スクワットを行う．この際，バランスが悪い側を判定する．
椅子座位	アライメント	⑤ Side reach test	(R	L)	仙骨の前額面の傾斜を判定する．椅子座位で，坐骨結節を座面から浮かせずに側方へのリーチ動作を行う．リーチしやすい側（フェイスサイド）を判定する．
椅子座位	アライメント	⑥ Lumbar rotation test	(R	L)	仙骨の水平面の回旋アライメントを判定する．椅子座位で胸椎屈曲・腕組みの状態から左右に振り向く．回旋しやすい側（フェイスサイド）を判定する．
仰臥位	アライメント	⑦ ASIS heights	(R	L)	寛骨の前傾・後傾を判定する．仰臥位でASISを触診し，ASISがより頭側に位置する側（骨盤後傾側：フェイスサイド）を判定する．
仰臥位	アライメント	⑧ Pelvic rolling test	(R	L)	寛骨の前傾・後傾を判定する．仰臥位で検者がASISを垂直下方に圧迫した際の骨盤の回転のしやすさを判定する．回転しにくい側（骨盤後傾側：フェイスサイド）を判定する．
仰臥位	荷重伝達機能	⑨ ASLR test[15]	(R	L)	骨盤における荷重伝達機能の左右差を判定する．自動下肢伸展挙上を実施し，踵が床から離れる瞬間の骨盤の代償が大きい側（主観的に重く感じる側）を判定する．
仰臥位	股関節	⑩ Wiper test	(R	L)	股関節内旋時の大転子挙上の大小により，大腿骨頭の後方移動量の左右差を判定する．両足を骨盤の幅に開いた仰臥位で，自動的に股関節内旋・外旋を反復する．足部における内旋・外旋可動域の差に注意しつつ，大転子の上下動の振幅が大きい側を判定する．
仰臥位	股関節	⑪ GH高（外旋時）	mm	mm	股関節内旋位，外旋位における大転子の床からの距離を測定し，大転子の上下の移動量を計算する．大転子の上下移動量が大きいほど，大腿骨頭の後方移動が制限されていることを示唆する．
仰臥位	股関節	⑫ GH高（内旋時）	mm	mm	
仰臥位	股関節	⑬ GH上下移動量	mm	mm	
仰臥位	股関節	⑭ Hip Flexion	°	°	股関節屈曲時の可動域および終止感（主観的には詰まり感の有無）を判定する．詰まり感が強いことは，大腿骨頭の前方偏位を示唆する．

判定				方法と評価基準
骨盤アライメント	寛骨後傾	(R ・ L)		上のテスト（⑦，⑧）により，どちらの寛骨が相対的に後傾（フェイスサイド）しているのかを判定する．
骨盤アライメント	仙骨回旋	(R ・ L)		上のテスト（⑥）により，仙骨が水平面でどちらに回旋しているのか（フェイスサイド）を判定する．
骨盤アライメント	仙骨傾斜	(R ・ L)		上のテスト（①，⑤）により，仙骨が前額面でどちらに傾斜しているのか（フェイスサイド）を判定する．右は，仙骨上部が右に傾斜している状態を意味する．
股関節アライメント	大腿骨頭前方偏位	L (+／±／−) R (+／±／−)		上のテスト（⑩～⑭）により，大腿骨頭の前方偏位の有無を判定する．
荷重伝達機能障害		L (+／±／−) R (+／±／−)		上のテスト（②～④，⑨）により，荷重伝達機能不全の有無を判定する．

*GH：大転子

B　ペルコン (PelCon) の実際

　ペルコンはストレッチポールから身体が受ける物理的な作用を利用したエクササイズプログラムである．その目的は，骨盤アライメントの対称化，大腿骨頭の前方偏位の解消，荷重伝達機能不全の解消である．基本的な流れとしては，前半は寛骨に対して仙骨後傾位 (loose-packed position) で骨盤対称化および大腿骨頭後方移動を促進し，後半は仙骨前傾位 (close-packed position) に戻しつつインナーユニットの機能改善を図る．

(1) 骨盤スライド

【目的】　仙骨後傾，骨盤アライメントの対称化．

【方法】　ストレッチポール上の基本姿勢から，骨盤周囲の筋をできる限りリラックスさせた状態で，ストレッチポールを転がしながら骨盤を水平に保ちつつ左右にスライドさせる（図5.11）．このとき，フェイスサイドにストレッチポールが当たる方向に，すなわち骨盤は基本姿勢からバックサイド方向にスライドさせる．骨盤スライドは10～20回程度反復する．

【解説】　ストレッチポール上の基本姿勢において仙骨は寛骨に対して後傾し，骨盤は loose-packed position に誘導され，アライメントの変化を起こしやすい状態が得られる．この状態で，骨盤をバックサイド方向にスライドさせると，ストレッチポールはフェイスサイドで後傾位にある寛骨の下に移動し，その寛骨を前傾させる方向に作用する（図5.12）．この骨盤スライドを反復することにより，モビライゼーション効果によって骨盤の対称化が促される．

図5.11　骨盤スライド

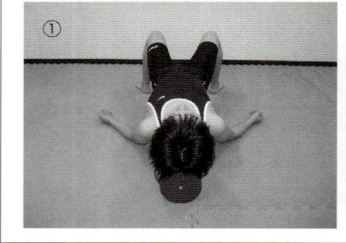

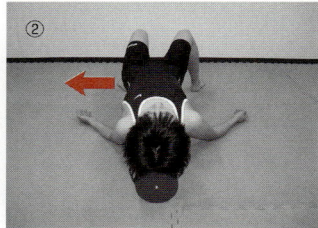

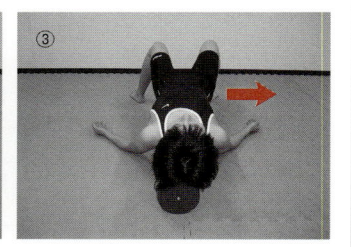

図5.12　骨盤スライド解説

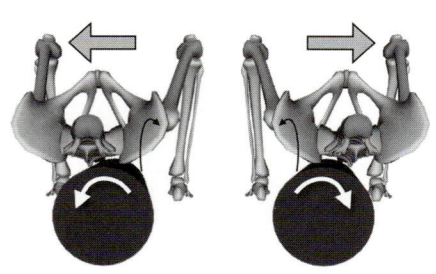

（2）ワイパー運動

【目的】 股関節外旋筋のリラクゼーション，大腿骨頭の後方移動．

【方法】 ストレッチポール上の基本姿勢から，片側下肢を伸展位とする．この状態から，膝伸展位を保ちつつ，股関節を内旋・外旋を10回程度反復する（図5.13）．最初の5回は可動域の80％以内の軽い内外旋とし，後半の5回は徐々に内旋方向の可動域を拡大する．必ず左右実施する．

【解説】 股関節外旋筋は股関節内旋に対する拮抗筋であるだけではなく，内旋時の大腿骨頭後方移動を物理的にブロックする位置にある．このため，正常な内旋を誘導するには，外旋筋の弛緩が必須である．（1）の骨盤スライドにより骨盤の対称化が得られ，仙骨が後傾すると股関節後方の軟部組織は弛緩する．その状況下で，股関節の内外旋を反復することにより，内旋時の大腿骨頭後方移動を拡大することができる．関節の器質的な損傷がなければ，この運動により屈曲可動域の拡大と前方の詰まり感の解消が得られる．

図5.13 ワイパー運動

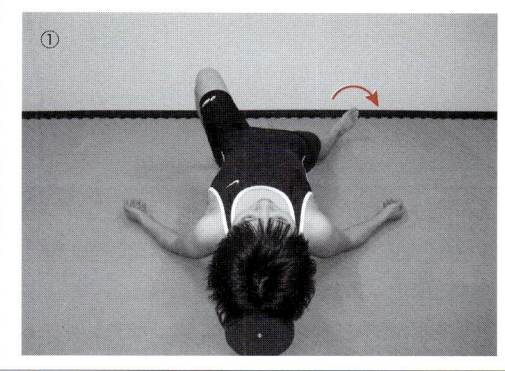

（3）フロッグキック

【目的】 大腿骨頭の関節包内運動の拡大，恥骨結合のアライメント正常化．

【方法】 ストレッチポール上の基本姿勢から，片側下肢を伸展位とする．この状態から次の4つの運動を1サイクルとする運動を5回程度反復する．まず，膝伸展位を保ちつつ股関節を内旋する（図5.14①）．第2に股関節内旋位を保ちつつ，踵を床から浮かさずに股関節を屈曲する（図5.14②）．第3に股関節を開排する（図5.14③）．第4に股関節外旋位を保ちつつ下肢を伸展する（図5.14④）．

【解説】 この運動では，1サイクルの運動中に大腿骨頭が臼蓋内のすべての方向に移動する．これにより，関節包内の運動範囲を拡大し，股関節の運動域の拡大を図る．また第3の股関節開排では同側の恥骨結合を開大しつつ恥骨を下制させることにより，恥骨結合のアライメントを対称化する効果が得られると考えられる．鼠径部痛など開排制限が著明な症例において特に有効である．

図5.14 フロッグキック

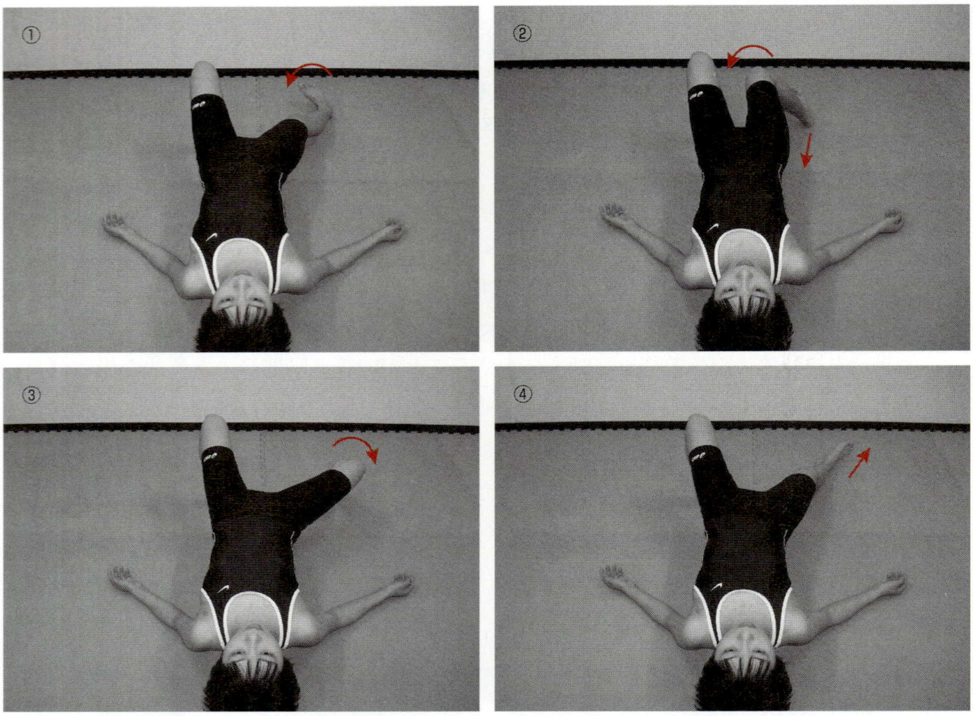

（4）バタ足

【目的】　仙骨前傾による骨盤安定化，大腿骨頭の後方移動，大腿直筋のリラクゼーション，インナーユニットの機能改善．

【方法】　ストレッチポール上の基本姿勢から，膝関節を屈曲しつつ両股関節を挙上する．このとき下肢を股関節上でバランスがとれる位置に置くことにより，股関節周囲筋をできる限りリラックスさせる．また，その状態で軽く深呼吸を行い，バランスをとりつつ全身を十分にリラックスさせる．その状態から，口すぼめ呼吸（p.184参照）を行いつつ，水泳のバタ足のように膝関節の屈曲・伸展（運動範囲は屈曲120°から最大屈曲位）を交互に行う（図5.15）．この運動を10秒程度継続する．

【解説】　ストレッチポール上で両下肢を挙上すると，両寛骨が後傾位となり，ストレッチポールは仙骨を前傾させる方向に作用する．その状態でバタ足を行うことにより，振動が仙腸関節に加わり，仙骨前傾が促され，骨盤はclose-packed positionに誘導される．下肢をリラックスさせてバタ足を行うことにより，大腿直筋の緊張の軽減とともに，大腿骨頭の後方移動の促進が期待される．また口すぼめ呼吸と同期させることにより，骨盤の振動に対して腹横筋の活動を高めつつ体幹を安定化する効果が期待される．

図 5.15　バタ足

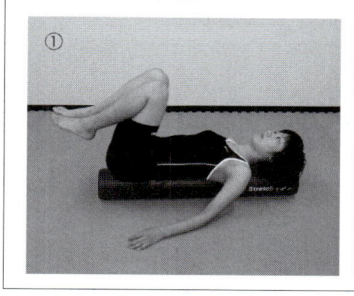

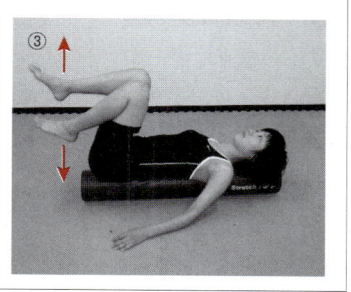

(5) バイク

【目的】　仙骨前傾による骨盤安定化，腸腰筋の機能改善，インナーユニットの機能改善，荷重伝達機能障害の改善．

【方法】　ストレッチポール上の基本姿勢から，膝関節を屈曲しつつ両股関節を挙上する．このとき下肢を股関節上でバランスがとれる位置に置くことにより，股関節周囲筋をできる限りリラックスさせる．また，その状態で軽く深呼吸を行い，バランスをとりつつ全身を十分にリラックスさせる．その状態から，口すぼめ呼吸を行いつつ，左右交互に股関節の伸展・屈曲を繰り返す（図 5.16）．股関節屈曲を 20 回程度繰り返すが，最初の 10 回は股関節 90 ～ 110°程度の軽い振動とし，後半の 10 回は下肢を腰椎前弯が起こらない範囲で下肢を伸展させる（図 5.16）．

【解説】　ストレッチポール上で両下肢を挙上すると，両寛骨が後傾位となり，ストレッチポールは仙骨を前傾させる方向に作用する．その状態でバイクを行うことにより，振動が仙腸関節に加わり，仙骨前傾が促され，骨盤は close-packed position に誘導される．下肢をリラックスさせて交互に股関節屈曲・伸展を繰り返すことにより，大腿骨頭の後方移動および腸腰筋の機能改善を図る．また口すぼめ呼吸と同期させることにより，骨盤の振動に対して腹横筋の活動を高めつつ体幹を安定化する効果が期待される．下肢の伸展可動域を増加させることにより，仙骨前傾位で骨盤輪の安定性を高めつつ，腹筋群と腸腰筋の協調した筋活動パターンを学習させる．これにより骨盤輪を安定化させるインナーユニットの機能改善と荷重伝達機能障害の改善を図る．

図 5.16　バイク

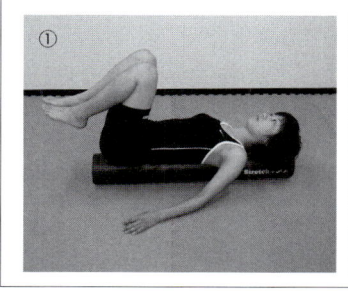

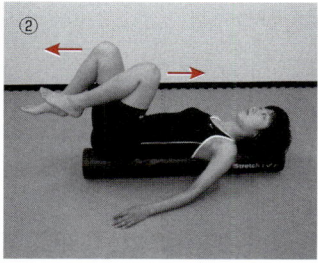

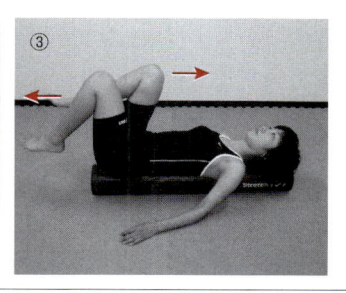

C 胸郭コンディショニング（ソラコン，ThoraCon）とは

　利き手・非利き手の存在により上肢の役割には明確な左右差が存在し，胸郭の運動学的な役割にも左右差が生じやすい．スポーツにおいては投球やスイング動作などのように，利き腕と非利き腕の役割が明確に異なる場合が多く，それに応じて胸郭には非対称的なアライメントおよび運動上の適応が要求される．その結果生じる胸郭の非対称アライメントは，運動特性に適応した状態と考えられるが，一方で他の運動に対して不利に作用する例も少なくない．右利きの投球動作を例にあげると，フォロースルー相における胸郭の屈曲・左回旋とコッキング相の伸展・右回旋とは対角する運動であり，この運動に適応して生じる胸郭アライメントは単純な胸郭回旋を含めた他の運動パターンに対して不利に作用する可能性がある．このようなスポーツ動作に適応して進行する胸郭のアライメント異常の進行は，胸郭周囲の運動にさまざまな悪影響を及ぼす可能性がある．

　胸郭のアライメント異常は胸郭そのものよりも腰椎や頸椎，あるいは肩関節における不調や痛みの原因となる場合が多い．胸郭と骨盤を連結する腰椎は，これら両者の歪みと運動学的異常を緩衝することを運命づけられている．また，上位胸椎や胸郭の上に乗る頸椎は，頭部を正中位に保とうとすることによって胸椎のアライメント異常の影響下に置かれている．肩甲骨は胸郭と肩甲胸郭機構によって連結しているため，胸郭のアライメント異常は肩甲骨の運動学的異常の原因となる．したがって，胸郭コンディショニングを進める際には，胸郭単独ではなく，胸郭と周囲の運動機構との関連性を踏まえて評価および治療を進めるべきである．

　胸郭コンディショニング（ソラコン）は胸郭の可動性拡大，非対称アライメントの改善，胸椎の伸展可動域拡大を直接的な目的としたエクササイズパッケージである．基本姿勢において胸椎伸展と胸郭挙上が促される特性を活かしつつ，矢状面，前額面，水平面での胸郭アライメントおよび可動性の改善を得るエクササイズから構成される．その効果の判定には胸郭アライメントの特性上，定性的な評価方法に頼らざるを得ない．以下，胸郭のアライメント上の問題点，評価（効果判定）方法，そして次項にてソラコンの実際について解説する．

(1) 胸郭のアライメントパターンと評価

　胸郭は12個の胸椎，12対の肋骨および胸骨によって形成されており，多様なアライメント異常が形成されうる．それらを理解または評価可能な典型的なアライメントパターンに分類することが望まれる．しかしながら，文献上姿勢に関連した胸郭アライメントについての記載はあるが，頸椎，肩甲帯，腰椎など周辺の運動機構と連動する胸郭運動についての記載はほとんどない．したがって，本稿ではソラコンの効果が得られる可能性の高い胸郭運動についての定性的な評価法を紹介する．一連の評価(表5.5)は定性的評価が多く含まれており客観性は立証されていないが，簡便な方法で変化も見いだしやすいため，さまざまな身体運動における胸郭の貢献を多面的に評価できると考えられる．

表 5.5 胸郭運動の評価

〈矢状面〉	a. 頸椎伸展テスト
	b. 肩甲骨内転・後傾テスト
	c. 胸・腰椎伸展テスト
〈前額面〉	d. 頸椎側屈テスト
	e. 胸椎側屈テスト
〈水平面〉	f. 回旋可動性
	g. 立位前屈テスト（Adam's position）
〈胸郭スティッフネス〉	h. 下位胸郭スティッフネステスト

〈矢状面〉

a）頸椎伸展テスト

【目的】 頸椎伸展に伴う上位胸郭の挙上可動性の評価.

【肢位】 椅子座位.

【背景】 本来, 頸椎伸展は上位胸椎の伸展運動と連動する. ところが, 円背（upper cross syndrome）に伴う胸郭挙上制限により, 胸椎伸展を伴わない頸椎伸展運動が習慣化される場合がある.

【方法】 椅子座位で自動運動により頸椎を伸展させ, 胸椎および胸郭の参画を触診と視診により判定する（図 5.17）. 自動運動に胸椎伸展および上位胸郭の挙上を意識しても, これらが頸椎の伸展運動に参画できない場合は「上位胸郭挙上制限」と判定する.

図 5.17 頸椎伸展テスト

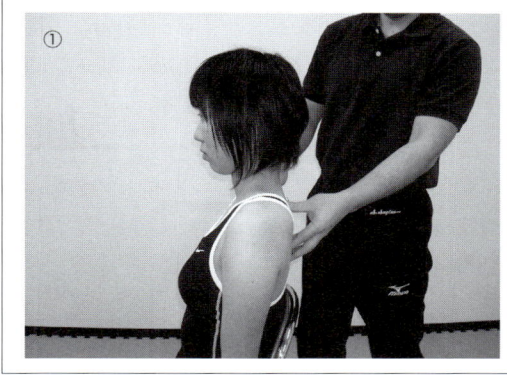

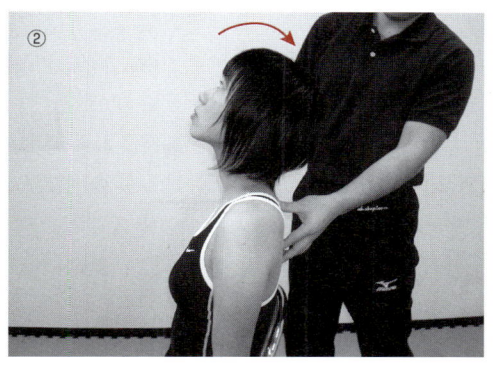

b）肩甲骨内転・後傾テスト

【目的】 肩甲骨内転・後傾に伴う上・中位胸郭の挙上可動性の評価.

【肢位】 椅子座位.

【背景】 胸を張った良姿勢を得るには, 肩甲骨は内転下制位をとる必要がある. 通常, 肩甲骨内転・後傾の制限因子は小胸筋の緊張と理解されているが, このとき肩甲骨の運動に連動する胸郭運動の関与を無視することはできない. 肩甲骨内転下制時の十分な胸椎伸展および胸郭挙上は, 小胸筋の起始部を挙上させることによりその緊張を軽減する. したがって, 肩甲骨内転下制の制限因子として胸郭の挙上制限を考慮すべきである.

【方法】 肩甲骨の完全な内転下制位の判定には, 胸を張り, 上肢下垂位にて菱形筋を収縮させた際の肩甲骨のアライメント（内転）と上・中位胸郭の参画を判定する（図 5.18）. この

際の理想的な肩甲骨アライメントの条件は，1）前額面で肩甲骨内側縁が胸椎棘突起から3 cm 以内，2）矢状面で肩甲骨内側縁が重心線に平行以上（後傾位），3）水平面で肩甲棘が180°以上，とする．意識的に胸郭を挙上してもこれらの条件が満たされない場合は，「上・中位胸郭挙上制限」と判定する．

図5.18 肩甲骨内転・後傾テスト

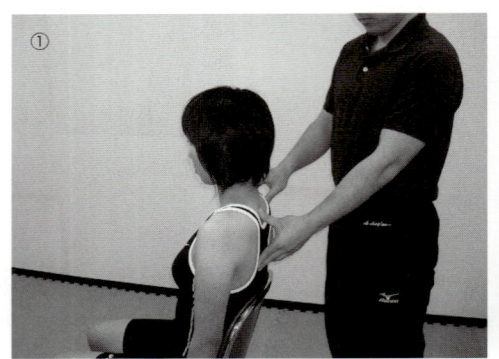

① 椅子座位で検者は上位胸椎の棘突起に指先を置く．
② この状態から，自動的に肩甲骨を内転させ，その際の上位胸椎の伸展の有無を確認する．

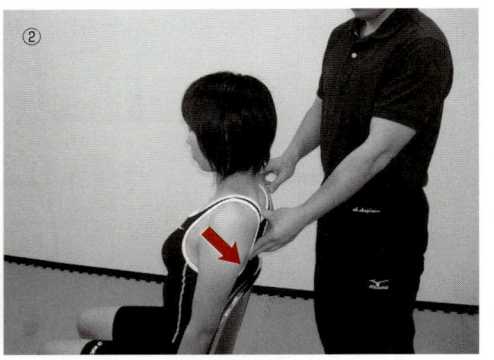

c）胸・腰椎伸展テスト

【目的】 胸・腰椎伸展に伴う下位胸郭横径拡張可動性の評価．

【肢位】 椅子座位．

【背景】 正常な呼吸において吸気時に下位胸郭は側方に拡張（横径拡張）する．同様に，胸・腰椎の伸展において，上・中位胸郭は挙上し，下位胸郭は横径拡張することによって下位胸椎の伸展が得られる．ところが，上・中位胸郭の挙上に連動して下位胸郭も挙上する場合は，下位胸椎の伸展が制限され，腰椎前弯の増強が著明となる．

【方法】 椅子座位で自動運動により胸・腰椎を伸展させ，両側の下位胸郭（第10肋骨の内側縁）間距離の変化（開大）をノギスなどで測定する（図5.19）．直立位から最大伸展位での開大が2 cm 以内の場合を「下位胸郭横径拡張制限」と判定する．

図5.19 胸・腰椎伸展テスト

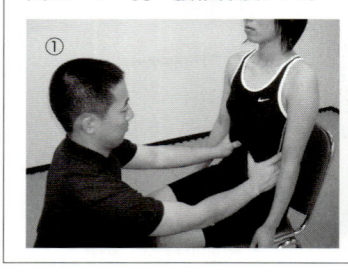

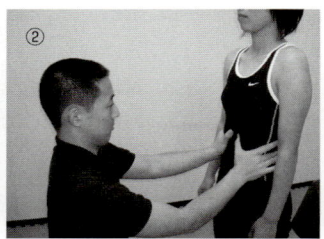

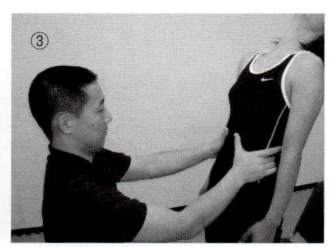

〈前額面〉

d）頸椎側屈テスト

【目的】 頸椎側屈に伴う上位胸椎・胸郭可動性の評価．

【肢位】 椅子座位．

【背景】 正常な頸椎側屈は上位胸椎の側屈，回旋および反対側上位胸郭の挙上（同側の下制）と連動する．一方，円背などに伴う胸郭の可動性低下は，頸椎側屈に対する胸郭の関与を制限する．

【方法】 椅子座位で自動運動により頸椎を側屈させ，上位胸椎棘突起の同側への移動，および対側の上位胸郭の挙上を触診にて判定する．上位胸椎の関与が得られない場合は「上位胸椎側屈制限」と判定する（図5.20）．

図5.20 頸椎側屈テスト

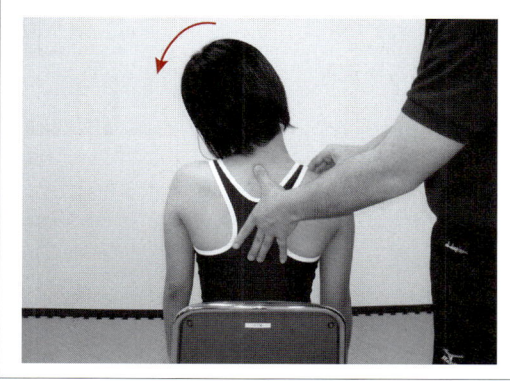

e）胸椎側屈テスト

【目的】 胸椎側弯および側屈可動性の評価．

【肢位】 椅子座位．

【背景】 本来胸椎側屈は，胸椎全域にわたってほぼ均等な可動域を有する．ところが，側弯とそれに伴う胸郭の変形は，側屈の可動域の局在をもたらす．たとえば，S字の側弯を有する場合，上位胸椎で左側屈，下位胸椎で右側屈が優位となる場合などが考えられる．

【方法】 椅子座位で自動運動により胸椎を側屈させ，胸椎における側屈中心（最も側屈が大きい部位）を視診・触診により判定する（図5.21）．側屈中心の位置の左右差に注目し，「右側屈時 Th4，左側屈時 Th8」のように記載する．

図5.21 胸椎側屈テスト

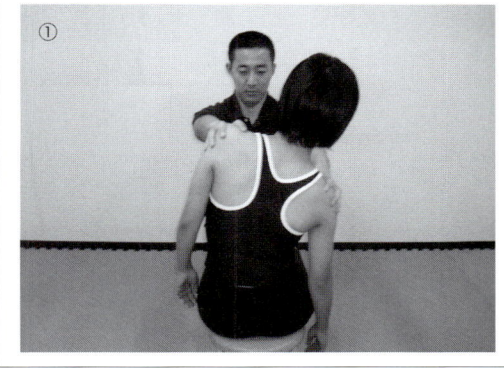

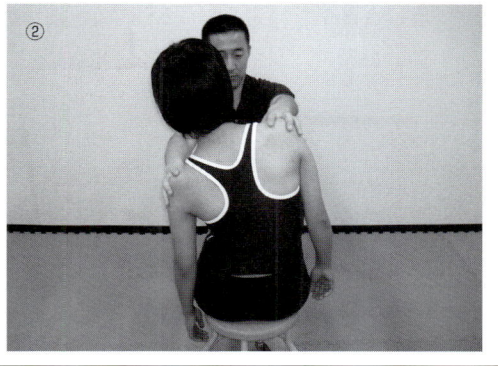

〈水平面〉

f）回旋可動性

【目的】　胸椎の回旋アライメント，胸郭回旋可動性の評価．

【肢位】　椅子座位．

【背景】　本来胸椎回旋は，胸椎全域にわたってほぼ均等な可動域を有する．ところが，胸椎回旋とそれに伴う胸郭の変形は，胸椎回旋運動の可動域の局在をもたらす．たとえば，S字の側弯を有する場合，上位胸椎で左回旋，下位胸椎で右回旋が優位となる場合などが考えられる．

【方法】　椅子座位で自動運動により胸椎を回旋させ，視診・触診により最も回旋可動域が大きい部位を判定する（図5.22）．左右差に注目し，「右回旋時 Th4，左回旋時 Th8」のように記載する．

図5.22　回旋可動性

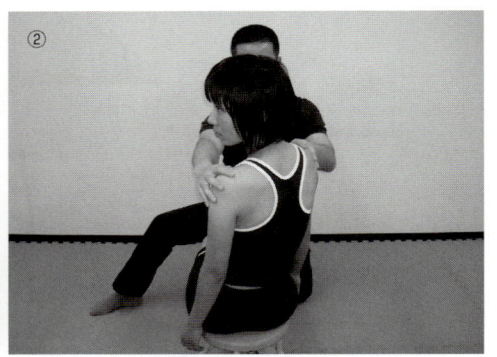

g）立位前屈テスト（Adam's position）

【目的】　胸椎の側弯・回旋アライメントの評価．

【肢位】　立位．

【背景】　通常，胸椎側弯には回旋が付随する．前屈時に胸郭の後方への盛り上がり（肋骨隆起）に左右差が認められる場合は，胸椎の回旋が示唆される．

【方法】　立位で，第7胸椎または第10胸椎が最高位となるまで前屈した状態で，一側の肋骨隆起の存在を判定する（図5.23）．浅い屈曲時と深い屈曲時で肋骨隆起が同側にある場合はC型側弯，左右で逆転する場合はS型側弯であることが示唆される．

図 5.23 立位前屈テスト

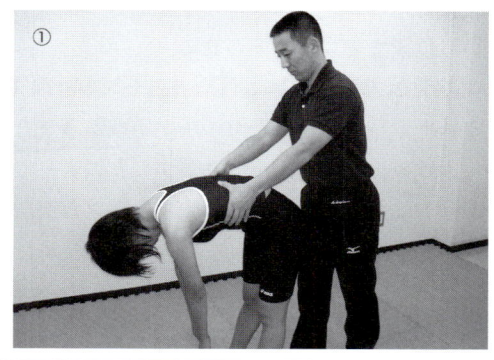

〈胸郭スティッフネス〉

h）下位胸郭スティッフネステスト

【目的】　下位胸郭の横径開大可動性の評価．

【肢位】　仰臥位．

【背景】　仰臥位では胸椎が相対的に伸展となる．仰臥位で下位胸郭を前面から後方に押し込んだ際に，正常であれば容易に下位胸郭は側方に開大するが，下位胸郭横径拡張制限があると下位胸郭は圧迫に対して変形しにくい状態（スティッフ）となる．

【方法】　仰臥位で下位胸郭を前面から後方に押し込む（図 5.24）．下位胸郭の横径開大が容易に起これば下位胸郭の可動性は正常であるが，胸郭が変形しにくい場合（スティッフ）は，下位胸郭横径拡張制限が示唆される．胸椎回旋・側弯が存在する場合は，このスティッフネスに左右差が認められる場合が多い．

図 5.24 下位胸郭スティッフネステスト

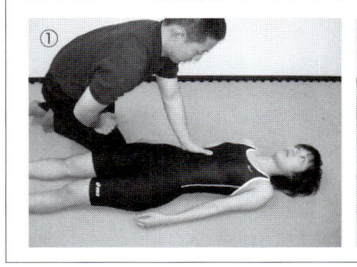

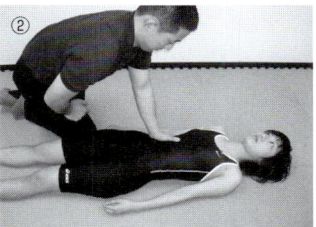

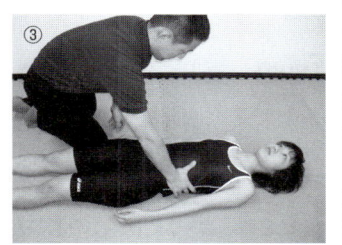

D　ソラコン（ThoraCon）の実際

　ソラコンはストレッチポールから身体が受ける物理的な作用を利用したエクササイズプログラムである．その目的は，胸郭アライメントおよび可動性の対称化，頸椎・肩甲帯・腰椎などに連動する胸郭運動の正常化，そして胸郭を正常な肢位に保持するための安定性獲得，の3点である．

(1) 胸郭スライド

【目的】　中位胸郭（肋椎関節，肋横突関節）のモビライゼーション．

【方法】　ストレッチポール上の基本姿勢から，胸郭周囲筋をできる限りリラックスさせる．ストレッチポールを転がしながら，胸郭を水平に保ちつつ左右にスライドさせる（図5.25）．肩甲骨が完全にストレッチポールに乗っている位置までスライドさせる．

【解説】　ストレッチポール上の基本姿勢において胸椎は伸展し，胸郭は全体として挙上する．この状態で，胸郭を左右にスライドさせるとストレッチポールからの圧が胸椎から左右の肋骨へと移動し，主に中位肋骨を前方に押し上げる．この運動を繰り返すことにより中位胸郭の可動性が改善し，呼吸運動を組み合わせることにより胸郭全体の可動性改善が期待される．

図5.25　胸郭スライド

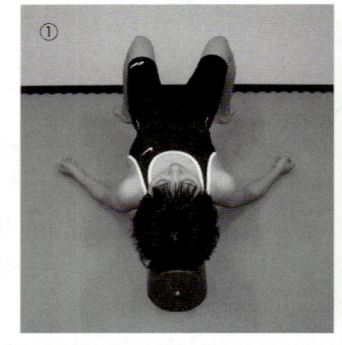

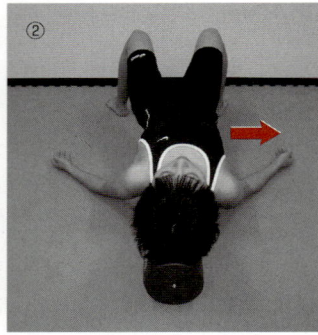

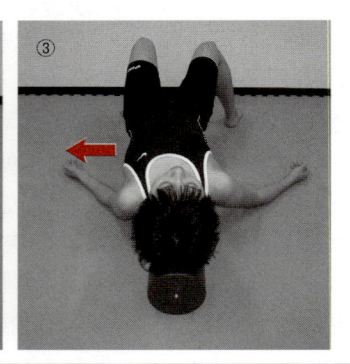

(2) コーン（上肢円錐運動）

【目的】　上位胸郭のモビライゼーション．

【方法】　ストレッチポール上の基本姿勢から，片手で反対側の手首をつかみ，胸の前（天井に向けて）両肘を伸ばす（図5.26）．この状態から，天井に円を描くように（腕全体では円錐を描くように）肩を回転させる．

【解説】　片手で反対側の手首をつかみ，両肘を伸展位とすることによって肩甲骨は最大限に外転する．この状態で腕を回すことにより，上位胸郭へのモビライゼーション作用が得られ，上位胸郭の可動性改善が期待される．

図5.26　コーン（上肢円錐運動）

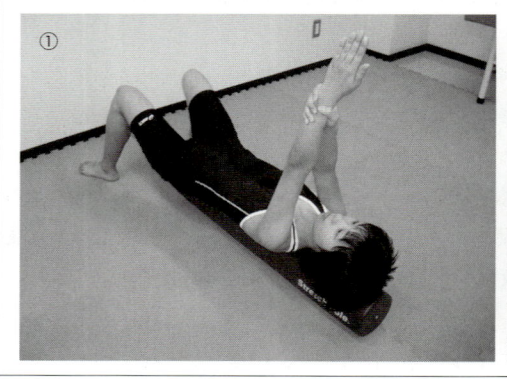

(3) クレッセント（三日月ストレッチ）

【目的】 胸郭の側屈可動域拡大.

【方法】 ストレッチポール上の基本姿勢で両肩を外転90°とする．この状態から吸気を行いながら一側を外転，反対側を内転しつつ，内転側に体幹を側屈する．頭部と骨盤はストレッチポール上に保持し，胸郭を外転側に傾斜させる（図5.27）.

【解説】 一側肩関節の外転と反対側の内転と連動させつつ，胸椎を三日月（クレッセント）のように側屈させ，胸郭の前額面上の可動域を拡大する．また呼吸と連動させることにより，肋間筋などの胸郭周囲筋のリラクゼーションを図る.

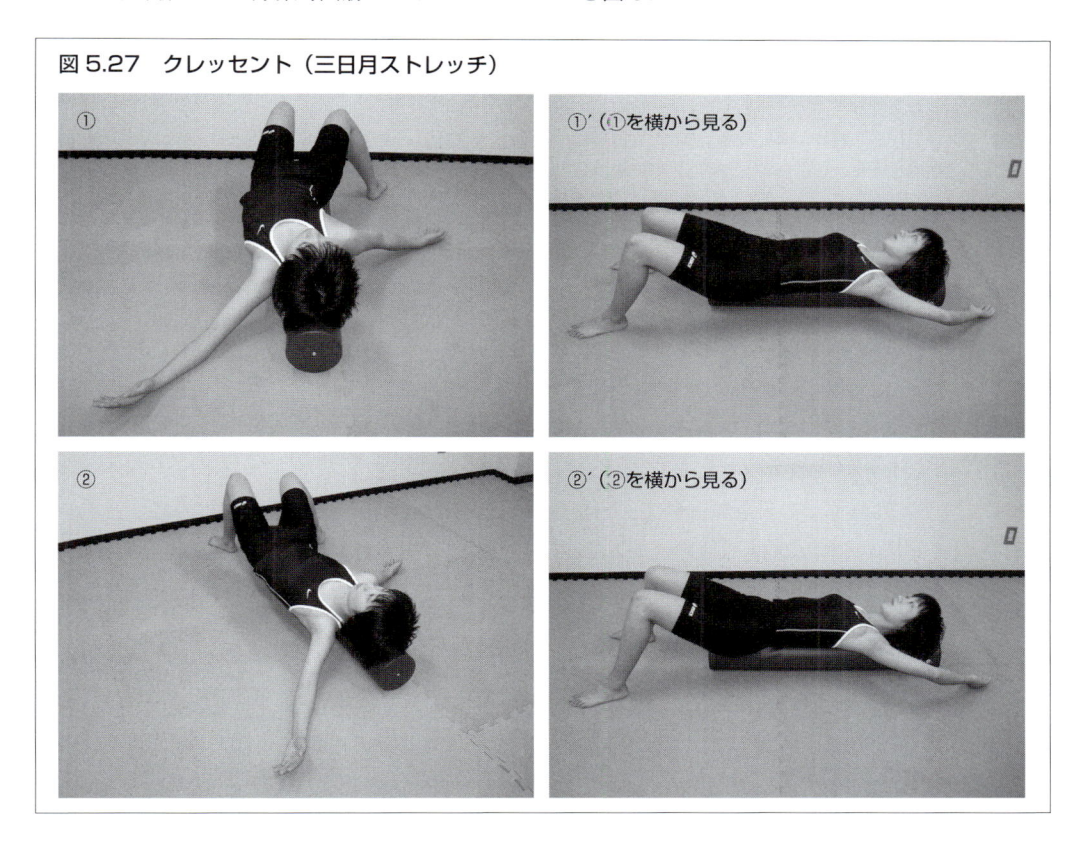

図5.27 クレッセント（三日月ストレッチ）

(4) ツイスター（胸郭回旋ストレッチ）

【目的】 下位胸郭の横径拡大.

【方法】 ストレッチポール上の基本姿勢で胸の前で両手を組んだ状態から，体幹を傾斜させつつ，一方の肘が床につくまで両腕を側方に倒す．たとえば，右に倒す場合は，右肘を屈曲，左肘は伸展位とする．次に骨盤を左方向にローリングさせ，両膝を左に移動させる動きを反復する（図5.28）．このとき，左の下位胸郭への緊張を感じつつ，胸椎を回旋させる.

【解説】 上記のポジションで骨盤のローリングの反復により，上にある側の中位胸郭に対して下位胸郭は外側に開大する（一側の横径拡張）．これを両側について実施することにより，下位胸郭の横径拡張を改善する.

図 5.28　ツイスター（胸郭回旋ストレッチ）

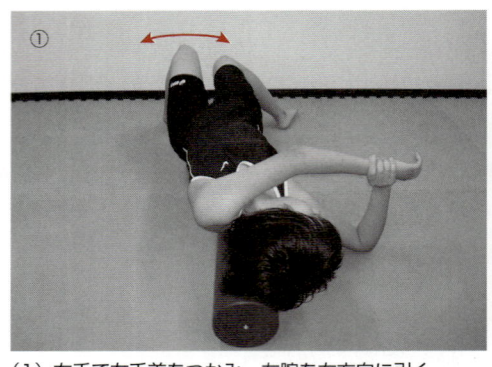

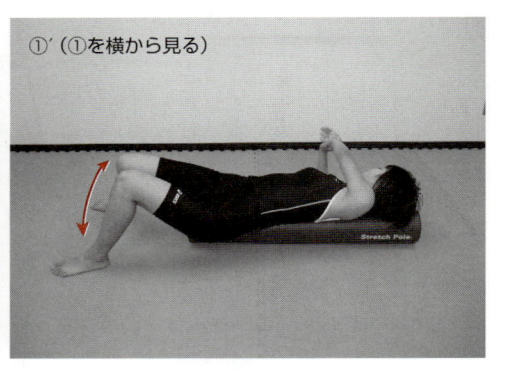

① 　　　　　　　　　　　　　①'（①を横から見る）

(1) 右手で左手首をつかみ，左腕を右方向に引く．
(2) その状態から，膝を左側に倒すようにして骨盤を左に傾斜させる．
(3) この動きを繰り返しながら，左下位胸郭の横径拡張を促す．

（5）肩交互回旋

【目的】　肩甲骨の後傾・内転の促進．

【方法】　ストレッチポール上の基本姿勢から，両肘を床につけたまま両肩外転60°とする．両肩を同時に内・外旋させる（図5.29①②）．次に一側の肩を外旋，反対側を内旋させて，両腕でZ（ゼット）を形作る（図5.29③④）．このとき，胸郭を挙上しつつ，外旋側の肩甲骨を十分に後傾することを意識する．

【解説】　60°外転位での外旋において，肩甲骨は内転・後傾する．上・中位胸郭の挙上と連動した肩甲骨の内転・後傾可動域の拡大を図るとともに，胸郭および肩甲帯の安定化を図る．

図 5.29　ゼット回旋

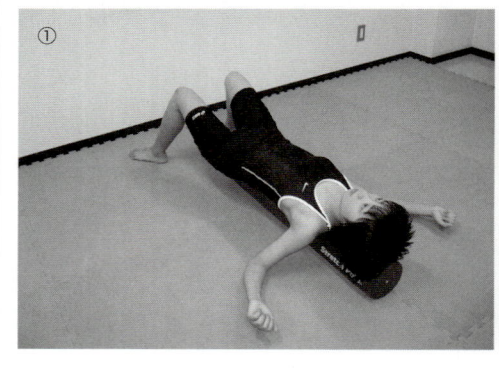

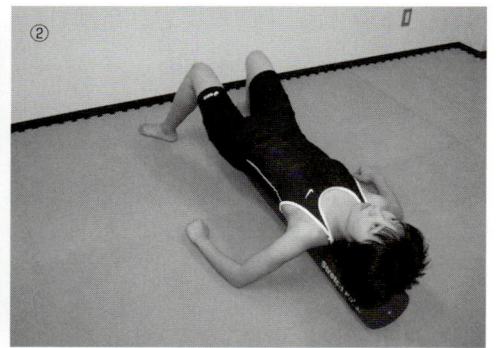

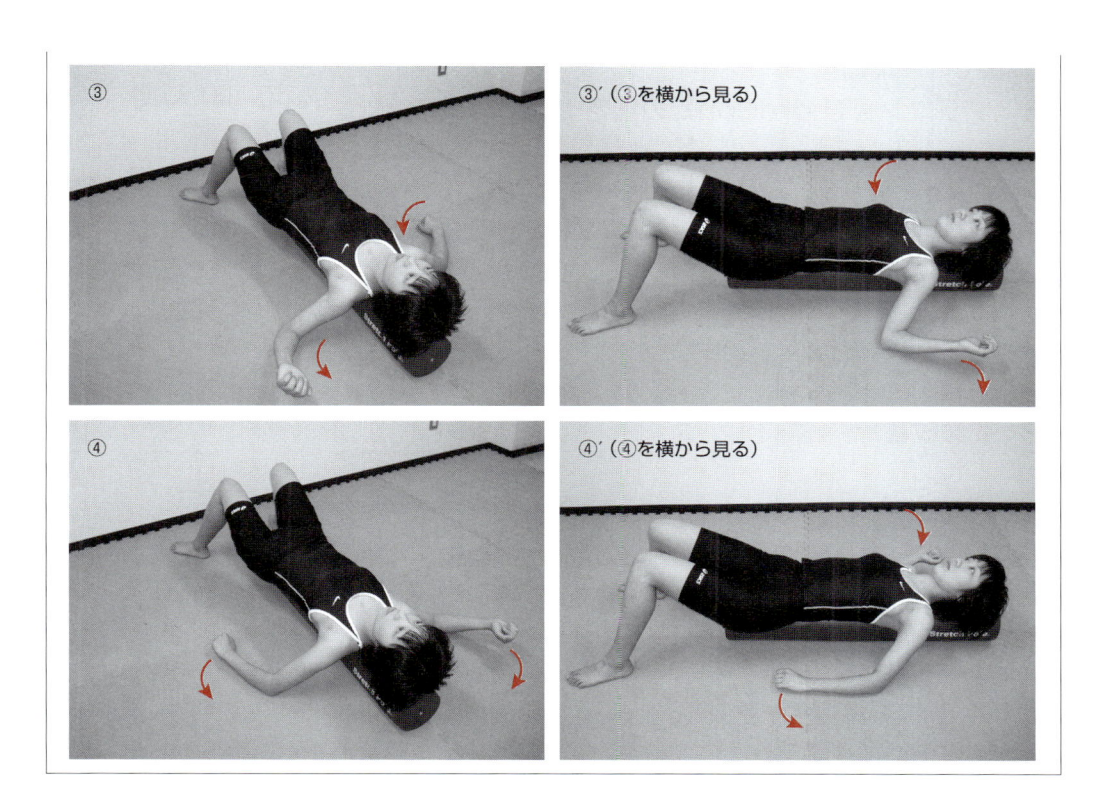

(6) チンインエクササイズ

【目的】 頸椎後方位での安定化．

【方法】 ストレッチポール上の基本姿勢から，胸を張りつつ，後頭部でストレッチポールを潰すように力を入れる（図5.30）．頸椎の伸展や屈曲は起こらないようにする．

【解説】 チンインは胸郭に対して頭部を後方に位置するために必要な頸部周囲の筋の活動を促し，姿勢改善に重要な役割を果たす．また，上位胸椎の伸展，上位頸椎の屈曲とともに，椎間関節の開大を促す効果も期待される．結果として，頸椎の回旋可動域拡大および頸部の安定化が期待される．

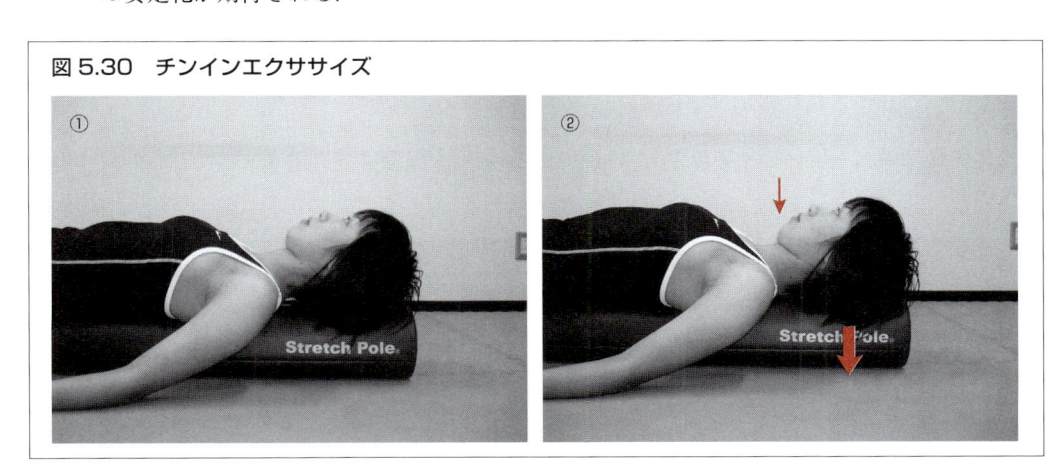

図5.30 チンインエクササイズ

E　ソラコン（ThoraCon）の補足

　ソラコンを数回実施することにより，前述した評価法にて判定される胸郭周囲の軽度の問題は効率的に改善される．しかしながら，胸郭のアライメントや可動性の異常は小児期を含めて長期間に渡って潜在的に存在している場合が多く，ソラコンのみで根深い問題の改善を得ることが難しい場合もある．その場合は，胸郭の変形パターンや可動性，スティッフネスを触知しつつ，徒手的に補足のモビライゼーションを行う．

F　姿勢改善

（1）姿勢評価

　第2章において，姿勢の異常について脊柱や骨盤のアライメントを中心に分類した（p. 13～15）．これに沿って姿勢を観察する．またJCCA（日本コアコンディショニング協会）では，これらの異常姿勢をできる限り客観的に評価する試みとして，コアコンディショニング評価表（通称，Yシート）（図5.31）を考案した．この評価表の中から，姿勢異常の指標となるアライメント評価について紹介する．

①**頭部前方突出**：矢状面上の頭部の位置を確認する．測定は，壁に背中から殿部にかけて身体の一部が最初に壁に接した時点の壁から外耳孔中心（耳の穴の中央）の距離（cm）を測定する．

②**胸椎円背の矯正能力**：胸椎可動性の変化を確認する．測定は，自然立位において後頭部で両手を組ませ，両肘を後方に引かせた際の円背の矯正状態を観察する．

③**肩甲骨外転**：肩甲骨外転位置を確認する．測定は，自然な立位にて第3胸椎棘突起（左右の肩甲棘内側縁を結んだ線上）から左右の肩甲骨内側縁までの距離を測る．

④**肩甲骨前傾**：肩甲骨前傾位を確認する．測定は，自然立位にて，検者の母指を被験者の腰部に当てて上方に滑らせ，肩甲骨下角の突出の有無を判断する．

⑤**体幹前屈時の肋骨高傾斜**：脊柱側弯に伴う胸郭変形を確認する．測定は，自然立位にて第7肋骨（肩甲骨下角を結んだ線にある肋骨）が最高部となるまで前屈し，左右の第7肋骨背側部の傾斜角を測る．

⑥**体幹前屈時の腸骨高傾斜**：骨盤の傾きを確認する．測定は，自然立位にて左右の腸骨稜の最高点の傾斜角を測る．

⑦**立体腸骨稜傾斜**：肩峰を指標に両肩の傾きを確認する．測定は，自然立位にて左右の肩峰の高さの傾斜角を測る．

図5.31 Yシート

Y-Sheet
Medical check sheet for Core conditioning

お名前　　　　　（　歳）男・女
身長　　cm　体重　　kg

アラインメント評価

項目	写真	左	右
頭部前方突出			mm
胸椎円背の矯正能力		－／±／＋　測定不可	
肩甲骨外転		cm	cm
肩甲骨前傾		－／±／＋	－／±／＋
体幹前屈時の肋骨高傾斜		（右下がり，左下がり）　度	
体幹前屈時の腸骨高傾斜		（右下がり，左下がり）　度	
立位腸骨稜傾斜		（右下がり，左下がり）　度	

柔軟性評価

項目	写真	左右	開始肢位	最終肢位	結果
体幹前屈			度	度	度
体幹後屈			度	度	度
体幹側屈	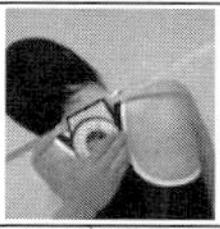	左	安静立位	度	度
		右	度	度	度
股関節屈曲	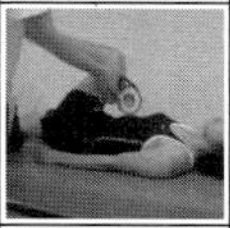	左	度	度	度
		右	度	度	度
SLR	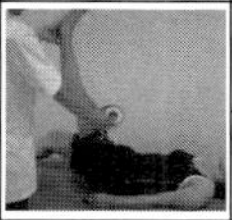	左	度	度	度
		右	度	度	度
股関節開排	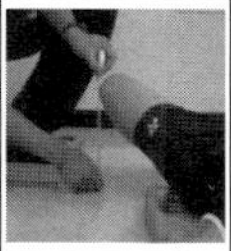	左			cm
		右			cm

コアスタビリティ　□

0：全て不可
1：ボール上で腹筋群を収縮させた状態で30秒呼吸が可能
2：ボール上で両上肢挙上が安定して可能
3：ボール上基本姿勢で膝交差上げ運動が安定して可能
4：ボール上両上肢挙上で膝交差上げ運動が安定して可能
5：ハーフカット上で両手・両下肢挙上が安定して10秒以上可能

NA　コアスタビリティーを実施していない（適応ではない）

コアコーディネーション　□

0：全て不可
1：ハーフカット（平面が下）腹臥位で頭部と両手・両足挙上が可能
2：ボール上で側臥位まで寝返りが可能
3：ハーフカット（曲面が下）四つ這いで上下肢を対角線上に運動可能
4：ハーフカット（曲面が下）両上肢を広げながら膝立ちになり，つま先を上げることが可能
5：ハーフカット（曲面が下）でスクワットが可能

NA　コアコーディネーションを実施していない（適応ではない）

Visual analogue scale

立位
　　　なし　　　　　　　　　　　　　　　強い痛み　□
最大前屈位
　　　なし　　　　　　　　　　　　　　　強い痛み　□
最大後屈位
　　　なし　　　　　　　　　　　　　　　強い痛み　□

評価日時　　年　月　日
評価記入者
この評価を行ったタイミング
　コアコンディショニング（前／後）
　実施種目：Basic7・コアスタビライゼーション
　　　　　　コアコーディネーション
　　　　　　その他（　　　　　　　）

コメント

5.2　コアセラピーの基本：PTRプログラム（骨盤・胸郭リアライメントプログラム）

(2) アプローチ方法

a) 頭部前方位姿勢の改善：顎を引いた状態で頸椎前弯を減少させることを目的に，チンインエクササイズを行う（p. 143，図 5.30 も参照）．具体的には，ストレッチポール上で，正中線を意識して後頭部でポールを押す（図 5.32）．この運動によって胸鎖乳突筋，僧帽筋上部線維や斜角筋の緊張緩和と僧帽筋中部・下部線維および下位頸椎・胸椎の脊柱起立筋の筋収縮を促通する．

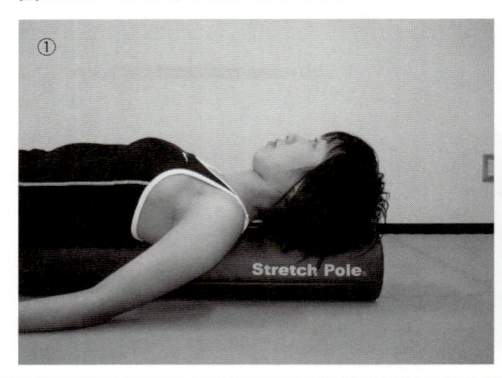

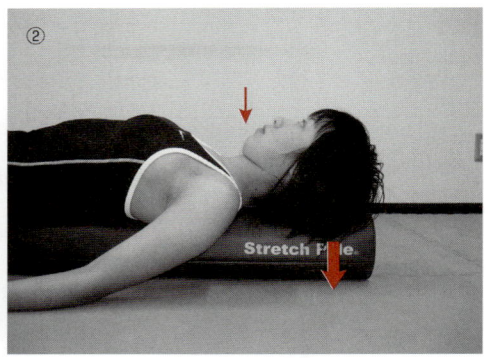

図 5.32 チンインエクササイズ

b) 上腕骨頭前方突出の改善：肩甲骨外転・前傾位に伴う上腕骨前方偏位が存在する場合，ベーシックセブンの「ベーシック 3　腕の外転運動」や「ベーシック 1　床みがき運動」に加えて，「ベーシック 2　肩甲骨運動」による肩甲骨内転運動や肩後方関節包に対する上腕骨頭のモビライゼーションを実施する（図 5.33）．

図 5.33 上腕骨頭のモビライゼーション

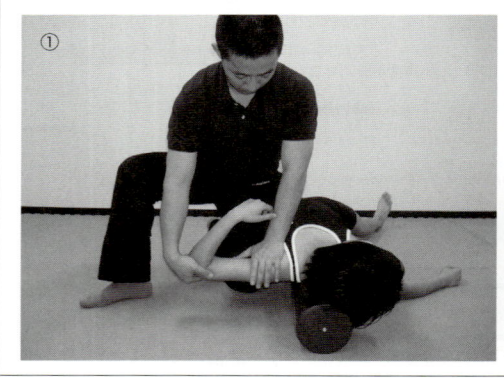

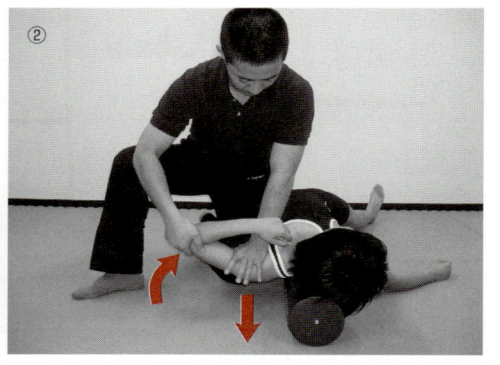

c) 胸椎後弯曲の改善：胸椎後弯に伴う影響として，頭部前方位姿勢，肩甲骨外転・前傾位，上腕骨頭前方突出が伴うことが多い．これらの異常アライメントへの対策とともに，胸椎後弯を修正することを目的に伸展運動を行う．具体的には，ベーシックセブンの「ベーシック 6　小さなゆらぎ運動」や肩挙上運動（図 5.34）などを取り入れる．

図 5.34　肩挙上運動

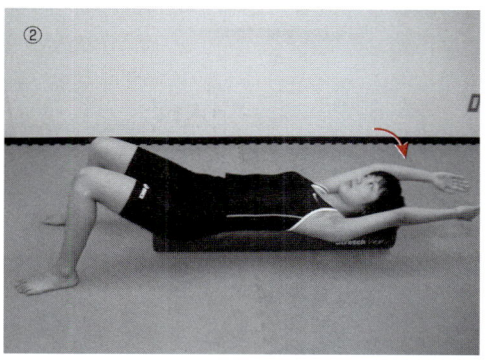

d) **腰椎前弯増強の改善**：腹横筋の筋収縮を高めた状態において，腰椎前弯を減少させるようにストレッチポールを腰椎部で押すように仙骨を後傾させる（図 5.35）．またベーシックセブンの「ベーシック 5　膝ゆるめ運動」や「ベーシック 4　ワイパー運動」によって腸腰筋や股関節内転筋群のリラクゼーションを行う．さらに腸腰筋の筋収縮促通と骨盤後傾を目的に，臥位もしくは立位にて一側ずつの股関節屈曲運動を行う．

図 5.35　腰椎前弯に対するアプローチ

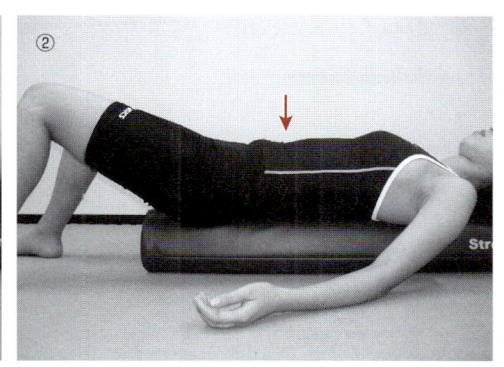

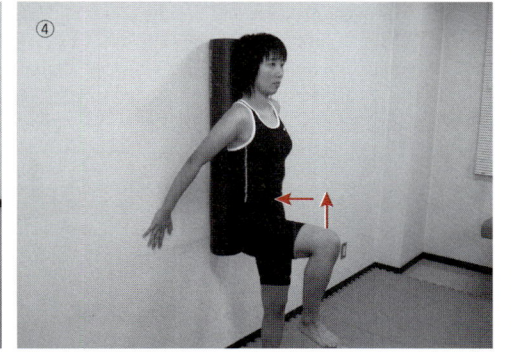

5.2　コアセラピーの基本：PTR プログラム（骨盤・胸郭リアライメントプログラム）

e）側弯の改善：胸椎レベル凹側肩関節を外転-他側下肢を伸展させた「ベーシック予備運動3　対角運動」や胸椎レベル凸側へ基本肢位からずらした状態における「ベーシック6　小さなゆらぎ運動」や「ベーシック3　腕の外転運動」を行う（図5.36）．

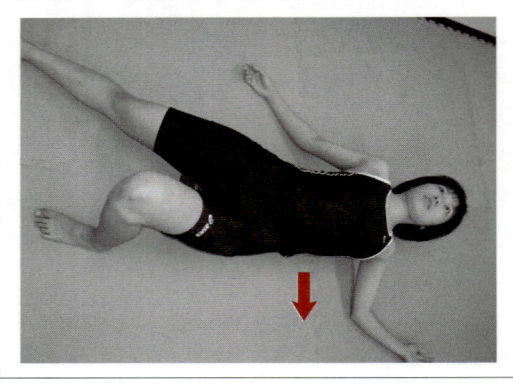

図5.36　側弯に対するアプローチ

（3）まとめ

本稿では，ユニットにおける異常アライメントへの対策を中心に，強度が高い方法や徒手療法について述べたが，いずれも適応を見極めて実施していただきたい．さらに効果的・効率的に実践するためには，コアスタビリティやコアコンディショニングも適宜取り入れることや，獲得された良肢位を維持するためにも抗重力位における姿勢保持の獲得を目指したアプローチも組み合わせることを推奨する．

[参考文献]

5.2AB

1) Bo K, Stien R : Needle EMG registration of striated urethral wall and pelvic floor muscle activity patterns during cough, Valsalva, abdominal, hip adductor, and gluteal muscle contractions in nulliparous healthy females. *Neurourol Urodyn* **13**(1) : 35-41, 1994.
2) Damen L, *et al* : Pelvic pain during pregnancy is associated with asymmetric laxity of the sacroiliac joints. *Acta Obstet Gynecol Scand* **80**(11) : 1019-1024, 2001.
3) de Groot M, *et al* The active straight leg raising test(ASLR)in pregnant women : Differences in muscle activity and force between patients and healthy subjects. *Man Ther*, 2006.
4) Greenman PE : Clinical aspects of sacroiliac joint in walking. In *Movements, stability and low back pain*, pp. 235-242. Vleeming, A, *et al*(ed.), 235-242, Churchill Livingstone, Edinburgh, 1997.
5) Harding L, *et al* : Posterior-anterior glide of the femoral head in the acetabulum : a cadaver study. *J Orthop Sports Phys Ther* **33**(3) : 118-125, 2003.
6) Hewett, TE, Myer GD, Ford KR : Prevention of anterior cruciate ligament injuries. *Curr Womens Health Rep* **1**(3) : 218-224, 2001.
7) Hodges PW. : Changes in motor planning of feedforward postural responses of the trunk muscles in low back pain. *Exp Brain Res* **141**(2) : 261-266, 2001.
8) Hodges P, *et al* : Three dimensional preparatory trunk motion precedes asymmetrical upper limb movement. *Gait Posture* **11**(2) : 92-101, 2000.
9) Hodges PW, Moseley GL : Pain and motor control of the lumbopelvic region : effect and possible mechanisms. *J Electromyogr Kinesiol* **13**(4) : 361-370, 2003.
10) Hodges PW, *et al* : Experimental muscle pain changes feedforward postural responses of the trunk muscles. *Exp Brain Res* **151**(2) : 262-271, 2003.
11) Hodges PW, Richardson CA : Contraction of the abdominal muscles associated with movement of the lower limb. *Phys Ther* **77**(2) : 132-142 ; discussion 142-144, 1997.

12) Holstege JC : The ventro-medial medullary projections to spinal motoneurons : ultrastructure, transmitters and functional aspects. *Prog Brain Res* **107** : 159-181, 1996.
13) Hungerford B, Gilleard W, Hodges P : Evidence of altered lumbopelvic muscle recruitment in the presence of sacroiliac joint pain. *Spine* **28**(14) : 1593-600, 2003.
14) Hungerford B, Gilleard W, Lee D : Altered patterns of pelvic bone motion determined in subjects with posterior pelvic pain using skin markers. *Clin Biomech* (Bristol, Avon) **19**(5) : 456-464, 2004.
15) Hungerford BA, *et al* : Evaluation of the ability of physical therapists to palpate intrapelvic motion with the Stork test on the support side. *Phys Ther* **87**(7) : 879-887, 2007.
16) Jacob HA, Kissling RO : The mobility of the sacroiliac joints in healthy volunteers between 20 and 50 years of age. *Clin Biomech* (Bristol, Avon) **10**(7) : 352-361, 1995.
17) Kubiak-Langer M, *et al* : Range of motion in anterior femoroacetabular impingement. *Clin Orthop Relat Res* **458** : 117-124, 2007.
18) Laude F, Boyer T, Nogier A : Anterior femoroacetabular impingement. *Joint Bone Spine* **74**(2) : 127-132, 2007.
19) Lee D : The pelvic girdle, 3rd edition. Edited, Elseveier Science, 2004.
20) Lee D, Lee LJ : Integrated Approach to the Assessment and Treatment of the Lumbopelvic-hip Region (DVD). Edited, www. dianelee.ca, 2004.
21) Mens JM, *et al* : The mechanical effect of a pelvic belt in patients with pregnancy-related pelvic pain. *Clin Biomech* (Bristol, Avon) **21**(2) : 122-127, 2006.
22) Mens JM, *et al* : Reliability and validity of the active straight leg raise test in posterior pelvic pain since pregnancy. *Spine* **26**(10) : 1167-1171, 2001.
23) Mens JM, *et al* : Validity of the active straight leg raise test for measuring disease severity in patients with posterior pelvic pain after pregnancy. *Spine* **27**(2) : 196-200, 2002.
24) Mens JM, *et al* : Understanding peripartum pelvic pain. Implications of a patient survey. *Spine* **21**(11) : 1363-1369 ; discussion 1369-1370, 1996.
25) O'Sullivan PB : Lumbar segmental 'instability' : clinical presentation and specific stabilizing exercise management. *Man Ther* **5**(1) : 2-12, 2000.
26) O'Sullivan PB, Beales DJ : Changes in pelvic floor and diaphragm kinematics and respiratory patterns in subjects with sacroiliac joint pain following a motor learning intervention : a case series. *Man Ther* **12**(3) : 209-218, 2007.
27) O'Sullivan PB, *et al* : Altered motor control strategies in subjects with sacroiliac joint pain during the active straight-leg-raise test. *Spine* **27**(1) : E1-8, 2002.
28) Pool-Goudzwaard AL, *et al* : Insufficient lumbopelvic stability : a clinical, anatomical and biomechanical approach to 'a-specific' low back pain. *Man Ther* **3**(1) : 12-20, 1998.
29) Richardson CA, *et al* : Therapeutic exercise for spinal segmental stabilization in low back pain—scientific basis and clinical approach. Churchill Livingstone, Edinburgh, 1999.
30) Richardson CA, *et al* : The relation between the transversus abdominis muscles, sacroiliac joint mechanics, and low back pain. *Spine* **27**(4) : 399-405, 2002.
31) Rost CC, *et al* : Pelvic pain during pregnancy : a descriptive study of signs and symptoms of 870 patients in primary care. *Spine* **29**(22) : 2567-2572, 2004.
32) Schamberger W : The malalignment syndrome : Implications for medicine and sport. Edited, Churchill Livingstone, 2002.
33) Sturesson B, Selvik G, Uden A : Movements of the sacroiliac joints. A roentgen stereophotogrammetric analysis. *Spine* **14**(2) : 162-165, 1989.
34) Sturesson B, Uden A, Vleeming A : A radiostereometric analysis of movements of the sacroiliac joints during the standing hip flexion test. *Spine* **25**(3) : 364-368, 2000.
35) Vleeming A : The function of the long dorsal sacroiliac ligament : its implication for understanding low back pain. *Spine* **21**(5) : 556-562, 1996.
36) Vleeming A, *et al* : The posterior layer of the thoracolumbar fascia. Its function in load transfer from spine to legs. *Spine* **20**(7) : 753-758, 1995.
37) Vleeming A, *et al* : Relation between form and function in the sacroiliac joint. Part I : Clinical anatomical aspects. *Spine* **15**(2) : 130-132, 1990.
38) Vleeming, A, *et al* : Relation between form and function in the sacroiliac joint. Part II : Biomechanical aspects. *Spine* **15**(2) : 133-136, 1990.

5.2C

1) David JM：姿勢の評価．運動器リハビリテーションの機能評価Ⅱ（陶山哲夫 他 監訳），pp. 381-409，エルゼビアジャパン，2006.
2) Janda V, Frank C, Liebenson C : Evaluation of musclar imbalance. In : Rehabilitation of the spine : a Practitioner's manual, Liebenson C(ed.), pp. 203-225, Lippincott Williams & Wilkins, Philadelphia, 2006.

3) Janda V : On the councept of postural muscles and posture. *Austr J Physiother* **29** : 83-84, 1983.
4) Shirley AS：運動の概念と原理．運動機能障害症候群のマネジメント（竹井仁・鈴木勝　監訳），pp. 230-232，医歯薬出版，2005.
5) 嶋田智明，武政誠一，天満和人：脊柱の評価．関節可動障害（嶋田智明・金子翼　編），pp. 190-198，メディカルプレス，1998.

第6章
疾患別コアセラピー

本章では具体的な疾患や症例に対するコアセラピーの実例を紹介します．

6.1 頸椎疾患

杉野伸治

A はじめに

我々の日常生活における身体活動は常に重力に抗する力を必要とする．特に頭部を支える頸椎において，その力は日常生活の些細な動作中にも必要となる．最適な頸椎アライメントからの逸脱は筋効率に影響を及ぼし，時間の経過とともに短縮し続ける筋肉や伸張され続けられる筋肉が適応していく．異常なアライメントにおける日常生活動作や運動の繰り返しは，筋骨格系または神経系の異常を招く可能性がある．この項では頸椎の異常アライメントの発生メカニズムや症状に及ぼす影響について文献的に整理し，頸椎のコアセラピーの効果・注意点について述べる．

B 頸椎可動性の変化

加齢が頸椎可動性に及ぼす影響を見た研究は少なく，今後まだ調査する必要性のある分野である．Schoening（1964）[6]らは，頸椎の可動性低下は25歳といった早期から始まると報告した．Youdas（1992）[7]らは337名（男性166名，女性171名）の前後屈，左右の回旋および側屈の6方向の可動性を見た結果，すべての方向において加齢に伴い可動域の減少が生じることを確認した．Dalton（1994）[1]は頸椎の前後の移動運動を矢状面から頭部自然位（NHP：natural head posture），頭部前方位（FHP：maximal forward head posture），頭部後退位（RHP：maximal retracted head posture）の3つの肢位での頭蓋脊椎角（CV角：craniovertebral angle）（図6.1）において加齢変化を調査した．その結果，NHPについては年齢の増加に伴い頭部は前方位になり，60歳代でCV角の低下が急激に進むこと，また前後方向の可動性については40歳代から60歳代にかけて大幅に減少することを報告した．Hanten（2000）[3]らは，前後の可動域について健常者と頸部痛をもつ患者との比較を実施し，頸部痛患者の可動性が優位に低下することを報告した．

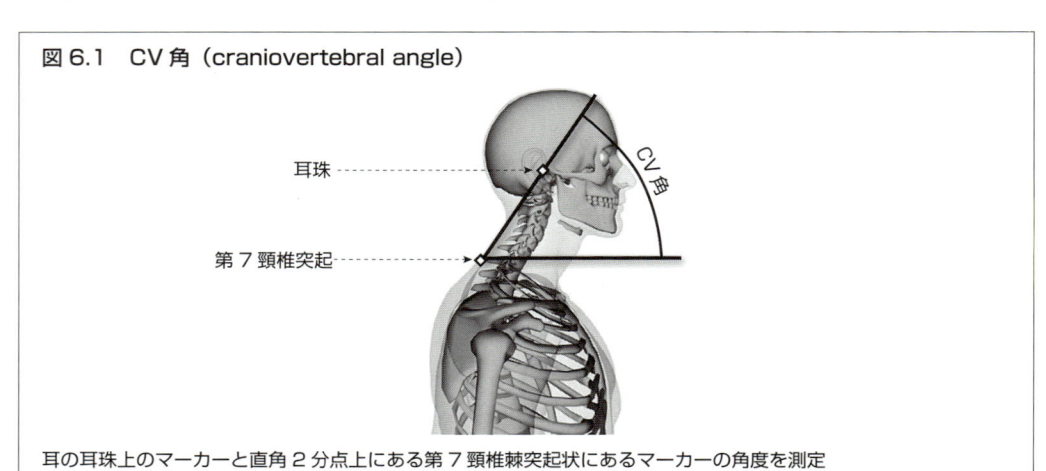

図6.1 CV角（craniovertebral angle）

耳珠
第7頸椎突起
CV角

耳の耳珠上のマーカーと直角2分点上にある第7頸椎棘突起状にあるマーカーの角度を測定

これらの結果から，頸椎は加齢や痛みに伴う可動域の制限を来しやすく，それは同時に頭部の前方偏位と関係することが示唆される．

C　頭部前方偏位が及ぼす影響

　Levangie（2001）[5]らは頭部の前方偏位が及ぼす影響について表6.1のように整理した．前述したように，頭部の前方偏位は加齢や長時間の異常姿勢（図6.2），あるいは鞭打ち症による筋スパズムなどの影響で起こり，頸椎屈曲モーメントの増加を来す．頭部前方偏位の状態で目線を水平に保つためには頸椎の伸展を必要とする．その結果，姿勢保持に必要な筋に疲労が生じ，時間の経過とともに靱帯・関節包の短縮，あるいは骨の変形を伴い異常姿勢と変化していくことが推測される．Kendall[4]は，円背と頭部前方移動に伴う不良姿勢（図6.3）における頸椎過伸展位が，頸部伸筋群の短縮と屈筋群の伸張と筋力低下を来すことがあると述べた．これらは有痛性の筋スパズムや可動域の低下といった筋骨格系の症状の原因となりやすい．さらに頸椎の過剰な前弯は椎体の後方と椎間関節の圧を増加させるとともに，椎間孔を狭くし神経学的な症状を呈する原因ともなりやすい．

表6.1　頭部前方偏位姿勢

姿勢の逸脱	構造・構成要素	構造機能に対する長期的影響
頭部前方偏位	重心線の前方偏位は，頭部の屈曲モーメントを増加させ頭部を保持するため，等尺性の筋収縮を必要とする	筋肉の虚血，痛み，疲労を起こし，椎間板の髄核が突出する可能性がある
頸椎前弯の増強	神経ルートの圧迫と椎間孔の狭小化 椎間関節の圧迫と過重量の増加 後部線維輪の圧迫 頸部後面の靱帯の短縮 頸部前面の靱帯の伸張 頸部弯曲の頂点で椎体後方の圧が増加する	脊髄，または神経根の障害 軟骨損傷と変形性関節炎の悪化の可能性：関節包癒着による可動域制限 コラーゲンと初期の椎間板の退行性変化：椎間関節の可動域減少 頸椎屈曲可動域の減少 頸椎伸展可動域の減少および前方安定性の低下 骨棘の形成
肩甲骨内旋	後上部の背筋群の伸張 肩関節前面の筋群の短縮	脊柱後弯増強と身長の低下 上肢の可動域および肺活量の減少

（Levangie PK, Norkin CC, 2001）

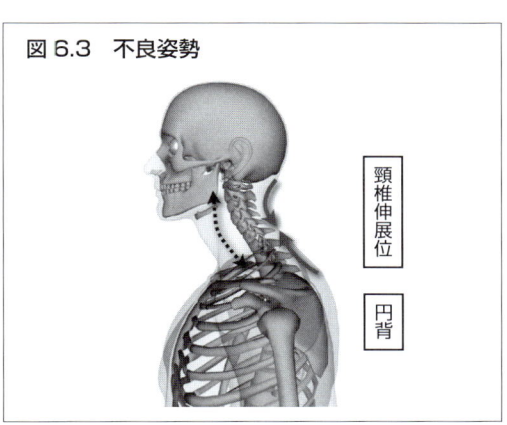

図6.2　パソコン作業による異常姿勢

図6.3　不良姿勢

図 6.4　円背姿勢の肩屈曲運動

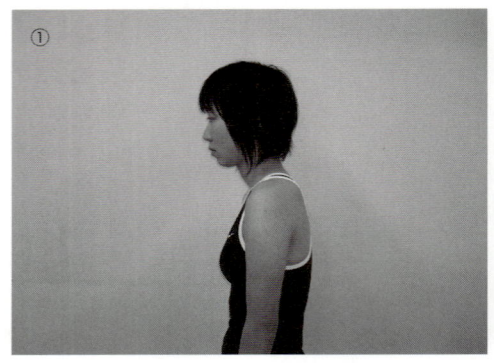

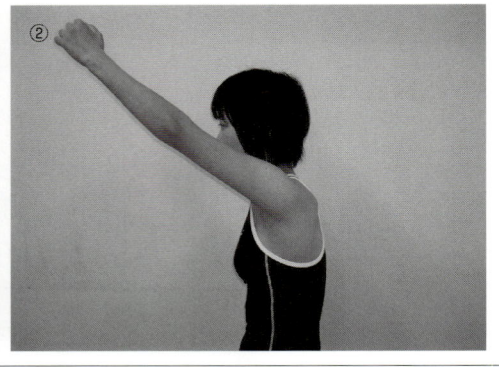

　その他の影響としては頸椎の前弯増強によって胸椎の後弯も増加することから胸郭の可動性低下による呼吸機能の低下も見られる．また，胸郭の可動性低下は肩関節の可動域にも間接的な影響を及ぼす．Morris（1997）[2]らは，頭部の前方偏位は肩関節の痛みと関連し，臨床においても肩甲骨可動性低下に伴う肩関節の運動制限を持つ患者の多くは，頭部が前方偏位し円背の者が多いとした（図 6.4）．以上のことから頭部の前方偏位は，頸椎疾患そのものの要因になるとともに，胸郭を含む肩関節周囲への悪影響も及ぼす可能性が伺える．

D　頸椎コアセラピーの流れ

　頸椎コアセラピーの目的を表 6.2 に示す．まず，ストレッチポールに乗ることによる頸椎への作用として胸椎伸展および胸郭挙上，そしてその間接作用により体幹周囲の筋のリラクゼーション，可動域の改善，アライメントの修正，筋肉の支持性の向上などが期待される（図 6.5）．治療の流れとしてはコア（体幹）から末梢（頸椎）へと移行していく．つまり，頸椎の土台になる胸

表 6.2　頸椎のコアセラピーの目的

- 胸椎，胸郭のリアライメント
- 頸部，肩周囲筋のリラクゼーション
- 頸椎の可動性の均等化
- 頸椎のリアライメント
- 頸椎支持性の向上

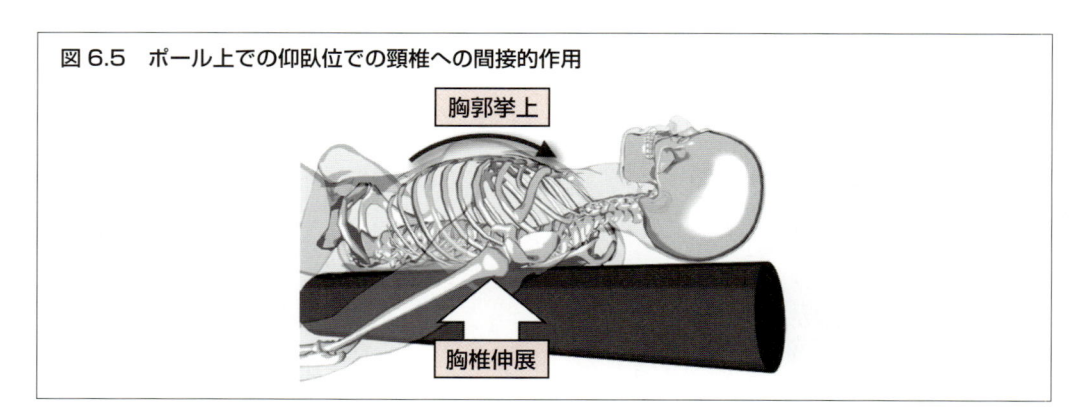

図 6.5　ポール上での仰臥位での頸椎への間接的作用

郭のアライメントを修正し，副次的な効果として頸椎の症状を変化させる．コアの修正のみでは改善できない点に対しては，末梢へのアプローチを加えていく．このように，頸椎疾患へのコアセラピーでは患部外である胸郭から患部である頸椎へ，安全性の高い治療過程をとる．

E　頸椎コアセラピーの実施前後の評価

(1) 病歴と経過の聴取

　頸椎のコアセラピーの禁忌事項（表6.3）として，めまいや神経症状があげられる．このため，問診には時間をかけ，発症機転，症状の経過，交感神経症状などを細かく聴取する．痛みについては，一般的に使用されているVAS（Visual Analogue Scale）を用いる．評価項目としては安静立位のほか，運動（前屈・後屈・回旋・側屈）に伴う痛みの程度，日常生活動作における痛みの出現場面や姿勢を聴取しておく．

(2) 神経学的検査

　頸椎コアセラピー中の神経症状の変化の把握のため，その評価は必須である．重篤な神経症状は，頸椎コアセラピーの対象とはならないので注意が必要である．なお神経学的検査の詳細は専門書に委ねる．

(3) 可動域検査

　他動可動域は理論的に自動可動域よりも大きく，痛みや症状の悪化を起こす可能性がある．このため，頸椎の可動域評価では自動運動を主体とする．通常，その計測には角度計や傾斜計を用いる．また，最終可動域の評価室の天井や周りの風景を記憶したり，自動運動最終域の筋肉の張りの程度を対象者本人が記憶するなど，コアセラピー前後の変化を自覚しやすくすることも必要である．また，前後屈・左右の回旋，側屈の6方向に加えて，Daltonが提唱する頭部の前後方向の可動域も計測する．簡易的な評価方法としては，安静肢位，最大前方移動，最大後方移動において頭部と壁との距離を測定する（図6.6）．

(4) 頸椎アライメント

　頭部の位置および頸椎の前弯の程度を簡易的に表す方法として，耳垂からおろした重心線と肩峰の位置関係（図6.7A）や，後頭隆起と第7頸椎の距離（図6.7B），あるいは矢状面の頭部の安静肢位の測定（図6.7C）などがあげられる．また，頸椎のみではなく円背の有無，肩甲骨の位置などを見ることも周囲筋群の影響を推測するうえで重要である．

表6.3　頸椎のコアセラピーの禁忌と注意事項

- 術後および外傷後に頸椎を固定し安静を図る必要性がある期間
- 筋力低下・知覚の低下など神経系の重篤な症状
- メニエール病などの慢性的なめまい症状
- コアセラピー中に症状が悪化する場合
- その他運動療法の適応とならない場合

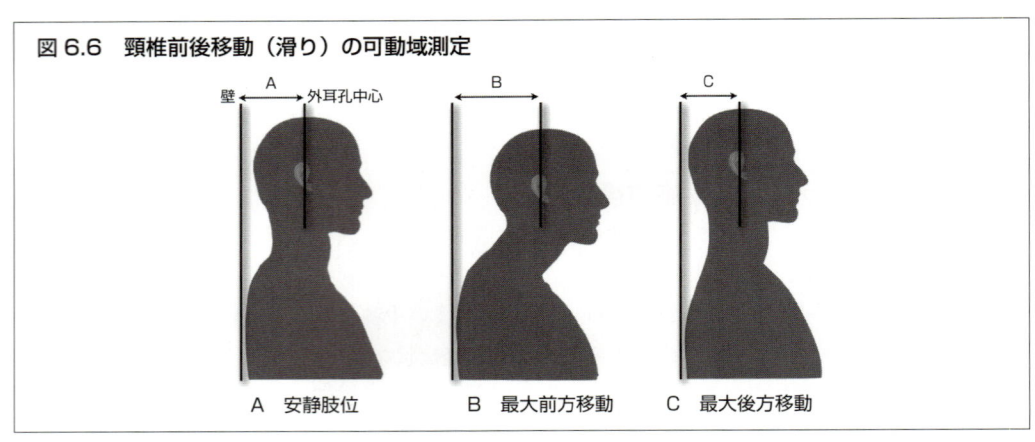

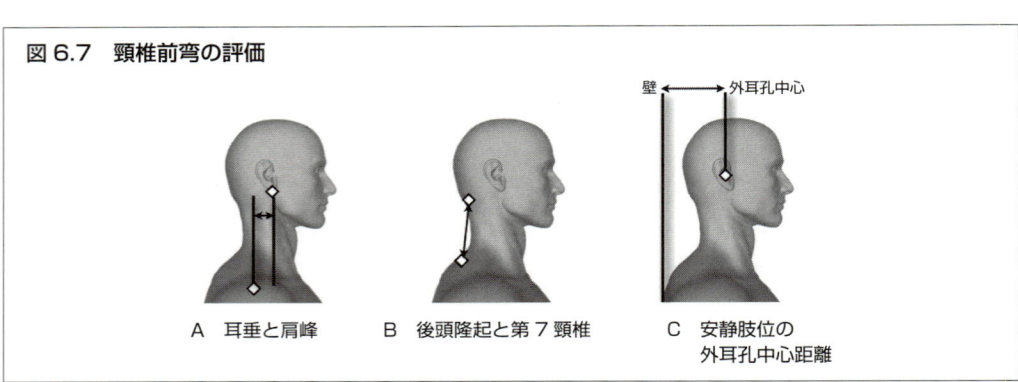

図 6.6　頸椎前後移動（滑り）の可動域測定

A　安静肢位　　B　最大前方移動　　C　最大後方移動

図 6.7　頸椎前弯の評価

A　耳垂と肩峰　　B　後頭隆起と第 7 頸椎　　C　安静肢位の外耳孔中心距離

F　頸椎コアセラピーの実際

(1) 胸椎・胸郭へのアプローチ

　ストレッチポール上に膝屈曲にて仰臥位をとり，大きく深呼吸を繰り返すことにより，胸椎の後弯の減少，胸郭の挙上，および胸郭の全体のリラクゼーション効果が得られる（図 6.8A）．また，胸椎・胸郭を左右にスライドさせることで，肋椎関節のモビライゼーション効果が得られ，胸郭の可動性が改善される（図 6.8B）．

(2) 頸部周囲筋群のリラクゼーション

　頸椎側屈位にて痛みのない範囲で体幹のローリングを繰り返すことにより，上位胸椎および下位頸椎のモビライゼーション効果による頸部周囲筋群の緊張緩和が得られる（図 6.9A）．頸椎回旋位においても同様の効果が得られる（図 6.9B）．この 2 種類のアプローチにより頸部周囲の筋群の緊張緩和による可動域の拡大が得られる．

(3) 頭部後方化

　頸椎のコアセラピーの場合，リラクゼーションのみでは頭部を支える働きが低下する．チンインエクササイズ（図 6.10）は，上位胸椎の後方移動および頸椎の前弯減少を目的として，ストレッチポール上で頭部全体を後方へ押しこむスタビライゼーションエクササイズである．

図 6.8　胸椎・胸郭へのアプローチ
A　深呼吸
B　胸郭スライド

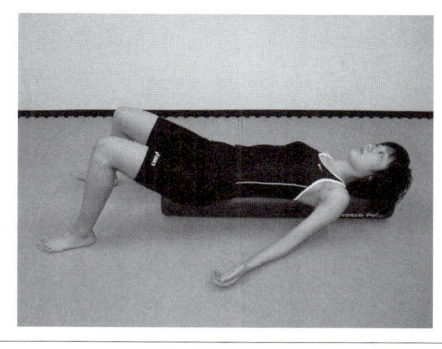

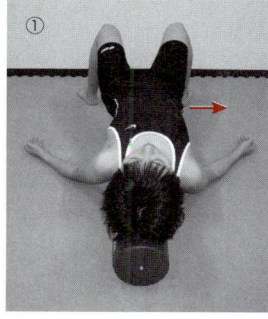

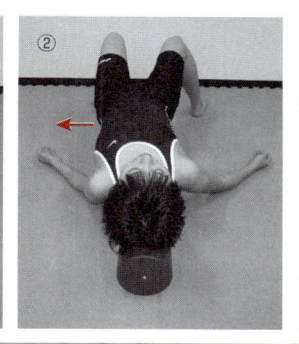

図 6.9　頸部周囲筋群のリラクゼーション
A　頸椎側屈でのゆらぎ

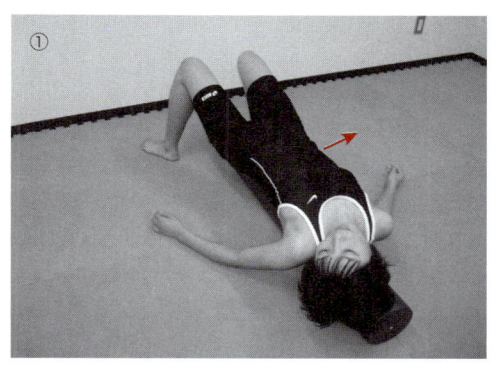

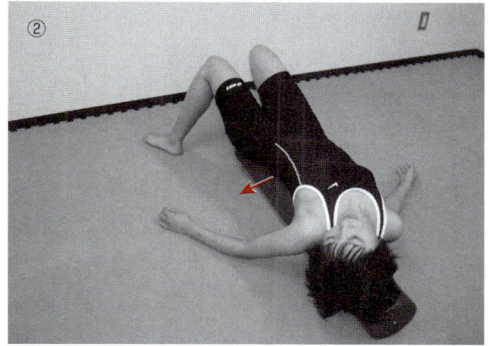

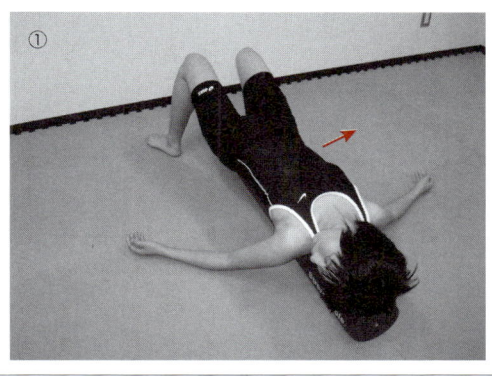

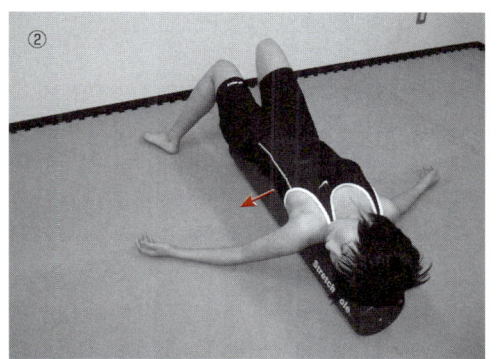

B　頸椎回旋でのゆらぎ

6.1　頸椎疾患

図6.10 チンインエクササイズ

G 注意事項とその対策

(1) 酔い症状への対策

めまい症状を慢性的に持つ症例において，頸椎のコアセラピーのように仰臥位にて頸椎を積極的に動かす治療を施すことで酔い症状を訴える場合がある．こういった症例の場合は，椅子座位（図6.11）によるエクササイズを検討する．

(2) 症状悪化への対策

ストレッチポール上に仰臥位をとることで症状が悪化する場合は，タオルなどを利用してポジショニングに配慮する（図6.12）．また，頸椎の運動範囲を当初は狭くし，症状の緩和に伴い徐々に可動範囲を大きくしていく．こういった対策をとった後も痛みなどの症状が出る場合は，無理に実施してはならない．

図6.11 座位でのコアセラピー

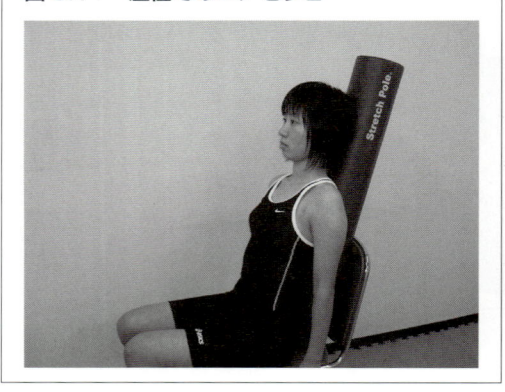

図6.12 症状悪化対策のポジショニング

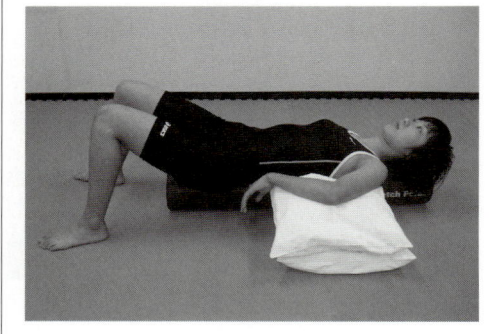

タオルなどを利用してポジショニングに配慮する．

（3）重度な前弯変形への対策

重度な前弯には，頸椎後方組織の短縮による適応が推測される．そのような症例に対し，急激な後方筋群の伸張は過剰なストレスとなり痛みを誘発しやすい．こういった症例の場合は前述したポジショニングの工夫や徒手的な介入により，徐々に可動範囲を大きくし，自動運動へと移行する．

（4）頸椎コアセラピー後の身体変化への対策

頸椎のコアセラピー後は，頸部周囲筋群のリラクゼーション効果が得られやすい．したがって施行後に立位をとると，頸椎の支持機能が低下しているため痛みを誘発する場合がある．これらを防止する目的で，チンインなどのスタビライゼーションエクササイズを含める．筋収縮による痛みなどによってチンインが困難な場合は，エクササイズ後にストレッチポールから起き上がる際に頸部をサポートすることが望ましい（図6.13）．また，頸椎のコアセラピー後は痛みや可動域が即時的に改善し，患者自身も症状の変化が感じられる．その結果，患者は日常生活において早期から過剰に患部を動かし，症状を悪化させる場合がある．したがって患者自身に症状の経過とリスクについて説明を十分に行うことも忘れてはならない．

図6.13 頸部の保護

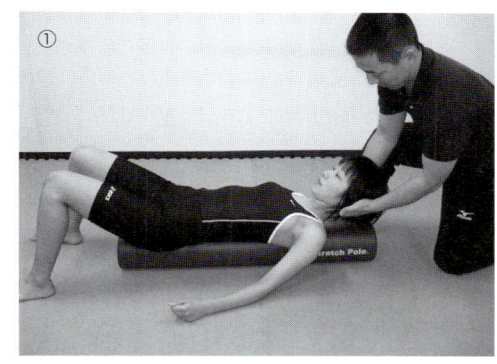

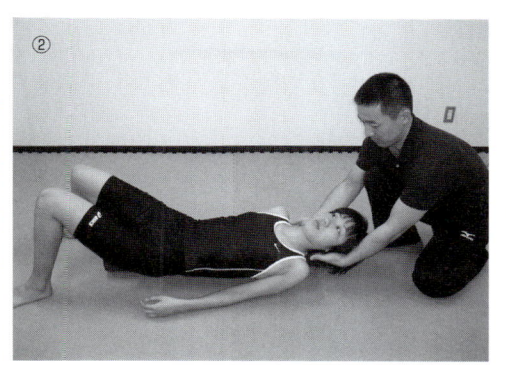

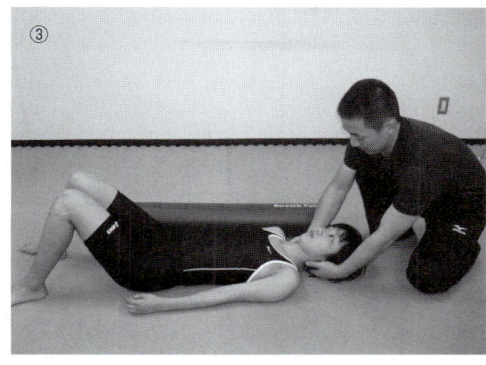

ストレッチポールから起き上がる際に頸部を保護する．

H　まとめ

頸椎疾患において患者の主訴は痛みが主であるため，即時的な痛みの改善効果は患者との信頼関係を得やすい反面，痛みの増強は信頼関係を傷つけやすい．頸椎のコアセラピーにおいてはそ

ういった問題も含めてコアから末梢へ，または患部外から患部への治療コンセプトとなっている．この考えを理解していただき，安全に効果的な治療に役立てていただきたい．

[参考文献]

6.1

1) Daiton M, Coutts A : The effect of age on cervical posture in normal population. Boyling JD ed : *Grieve's Modern Manual Therapy* 2nd ed. Churchill Livingstone, pp. 261-270, 1994.
2) Griegel-Morris P, *et al* : Incidence of common postural abnormalities in the cervical, shoulder and thoracic regions and their association with pain in two groups of healthy subjects. *Phys Ther* **72**(6) : 425-420, 1992.
3) Hanten WP, *et al* ： Total head excursion and resting head posture : Normal and patient comparisons. *Arch phys med rehabil* **81**(1) : 62-66, 2000.
4) Kendall FP, *et al* : *Muscle testing and function* 5th ed. Williams & Wilkins. 2005.
5) Levangie PK, Norkin CC : Joint structure and function : *A comprehensive analysis*. 2rd ed. Philadelphia : F.A. Davis, p. 422, 2001.
6) Schoening HA, Hannan V : Factors related to cervical spine mobility. Part 1. *Arch phys med rehabil* **45** : 602-609, 1964.
7) Youdas JW, *et al* : Normal range of motion of the cervical spine : An initial goniometric study. *Phys Ther* **72**(11) : 770-780, 1992.

6.2 肩関節疾患

鈴川仁人

A はじめに

本項では肩関節疾患に対するストレッチポールの応用について解説する．まず中高年に多い肩関節疾患の代表として腱板損傷，また代表的なスポーツ傷害である投球障害肩を取り上げ，各疾患の病態と機能異常について述べる．次に，肩関節疾患の評価を一般的方法，ストレッチポールを用いた場合のメリット，ストレッチポールによる評価の実際の順で記述する．最後にストレッチポールを用いた肩関節疾患の治療について，各疾患の症例に基づいて説明する．

B 肩関節疾患の病態と機能異常

(1) 腱板損傷（亜急性期以降）

腱板損傷は中高年に頻発する疾患であり，加齢に伴い発生率が増加[12,21]する．無症候性肩関節のMRI所見から，40歳未満が4%，40〜60歳で28%，60歳以上では54%に腱板の部分または完全損傷が認められている[21]．腱板損傷の受傷機転は，転倒や打撲，牽引力などの外傷歴とともに腱板にストレスが加わり発症する場合と，明らかなエピソードがなく原因不明で損傷が生じる場合がある．後者のメカニズムでは加齢に伴う肩峰の形態変化[2,22,23]が肩峰下インピンジメントを助長し腱板損傷の発生に関与するとした報告[18]や，腱板の退行性変性を一要因として示した報告[10,20]がある．つまり，加齢により脆弱化した腱板が，変形した肩峰の下方でストレスを受けることで腱板損傷が生じるとの見解が一般的である．

腱板の損傷部位では，棘上筋腱に最も多い[12]．腱板損傷患者の肩甲上腕リズムに関する報告は多くみられ，健常者と比べ肩甲骨の上方回旋（挙上）が増大し，肩甲上腕関節レベルでの運動が減少する[14]．そのような異常運動の反復により肩甲骨は静的にも挙上位を呈し，肩甲上腕関節の運動域減少の代償として脊柱は側屈しやすい．また棘上筋の機能不全は，上腕骨頭を早期かつ過剰に挙上させる[15,19,27]．このように，腱板損傷肩では腱板の機能不全による繰り返しの異常運動が，肩甲骨周囲筋やアライメントに影響を及ぼし，結果として正常な関節運動の阻害因子となりうる．

腱板損傷の治療には手術的治療と保存的治療がある．このうち保存療法の成績は諸家の報告[1,7,9,11]により50%程度の効果が示されているが，その要因や治療期間についてのエビデンスは十分に得られていない．よって，手術適応について現在も議論されている[5,16,24]．

(2) 投球障害肩

投球障害肩は各種病態を総称したものであり，その損傷部位としては関節包，関節唇，上腕二頭筋長頭腱，腱板，肩峰下滑液包，滑膜などがあげられる．その病態は肩峰下インピンジメントやインターナルインピンジメント[13]，ピールバックメカニズム[3]などで説明されており，いず

れも投球動作時の上腕骨頭の異常運動がその本態とされている．そもそも投球動作中の肩関節の安定性は，靱帯・関節包の制動と肩関節周囲筋の協調的な筋活動の繊細なバランスにより成り立っている．繰り返しの投球動作は肩関節周囲筋の疲労を起こすだけでなく，靱帯や関節包の構造・基質を変化させ，肩甲上腕関節の正常な運動を阻害する．

コッキング期から加速期においては，前方関節包の微細損傷が起こり同部の動揺性（laxity）が生じ，フォロースルー期における肩関節後下方軟部組織の伸張ストレスが同部のtightnessを引き起こす[4]．前方関節包の動揺性は肩関節の外転や水平伸展時の骨頭の前方偏位[6]を招き，肩関節第2肢位（外転90°）での外旋時の骨頭の前下方偏位を生じさせる[8,17]．一方，後下方軟部組織のtightnessは上腕骨挙上時の骨頭前上方偏位により，肩関節第2肢位での外旋時の骨頭の下方偏位を減少させる[8]．また肩甲骨のアライメント変化が関節包の張力を変化させることも報告されており[25]，肩甲骨のretract-protractを繰り返す投球動作の反復による肩甲骨のアライメント異常も正常な上腕骨頭の運動を阻害させる因子となりうる．肩関節周辺組織の基質変化や肩甲骨のアライメント変化，さらには肩関節周囲筋の疲労やアンバランスなどが重なると投球動作時の肩甲上腕関節の異常運動が起こり，肩関節の軟部組織に局所的なストレスが加わることで同部の損傷が生じる．このような投球障害肩の治療は保存療法が適応となり，正確な評価と適切な理学療法が必要不可欠である[26]．

C 肩関節の臨床評価

(1) 一般的な臨床評価

肩関節疾患の保存療法における一般的な臨床評価は次の通りである．痛みや関節可動域に加え，姿勢（アライメント）の評価では脊椎のアライメント，胸郭に対する肩甲骨の位置，胸郭や肩甲骨に対する鎖骨の肢位，臼蓋に対する上腕骨頭の位置などが対象となる．筋機能では腱板機能を詳細に評価することはもちろんのこと，肩甲骨周囲筋や頸部筋，前胸部筋群，また腰背部筋も肩関節運動に影響を及ぼすため，収縮不全や過緊張を詳細に評価し，わずかな左右差も正確に捉えることが必要となる．そしてこれらの情報から異常運動と局所へのストレスの原因を分析する．

(2) ストレッチポール上での評価

肩関節疾患においては脊柱から肩甲上腕関節までを含めた全身的評価が要求され，その異常は前述のように左右差として捉えられることが多い．肩甲骨の位置や腱板の機能評価など，繊細な評価を実施する際に脊柱のマルアライメント（アライメント異常）や代償の影響から，その左右差を正確に捉えることが困難な場合がある．ストレッチポールの使用は脊柱のアライメントを矢状・前額・水平面において正中位に補正することが可能なため，これらの問題を解決しやすい．脊柱の評価を以下のように進める．

①ストレッチポールに乗せる前に仰臥位で骨盤を正中位に誘導した際の胸郭の位置により，脊柱の前額面上のアライメントの異常を視診する（図6.14A）．
②ストレッチポールに患者を乗せ，同様に骨盤を正中位に誘導した際の胸郭の位置から，脊柱の水平面上のアライメント異常の有無を確認する（図6.14B）．
③次に胸郭を正中位に把持し，胸郭の位置を基準とした肩甲骨の位置や鎖骨の位置について評価する．（図6.14C）

④肩甲上腕関節の評価として,肩甲帯に対する骨頭の位置を評価する(図6.14D)
⑤肩関節自動外転運動を行った際の肩甲上腕リズム(図6.14E)を確認し,その際の棘上筋や棘下筋の収縮のタイミングや強さ(硬さ)を左右で比較する(図6.14F).
⑥他動的に頸部・肩甲骨・上腕骨・骨盤・下肢の運動を行った際に各部の抵抗感などから,肩甲骨周囲筋や頸部筋,前胸部筋群,また腰背部筋の過緊張について評価する(図6.14G).

図6.14 脊柱の評価(その1)

A アライメントの視診

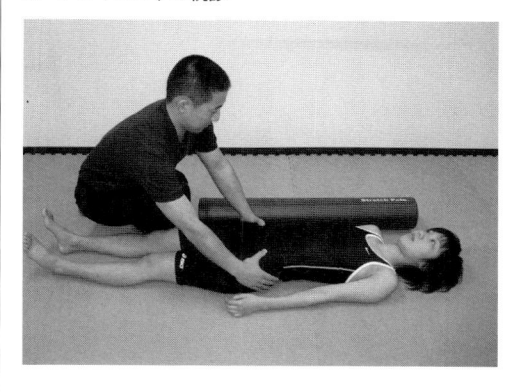

ストレッチポールに乗る前に,脊柱の前額面のアライメントの異常を視診する.

B アライメントの確認

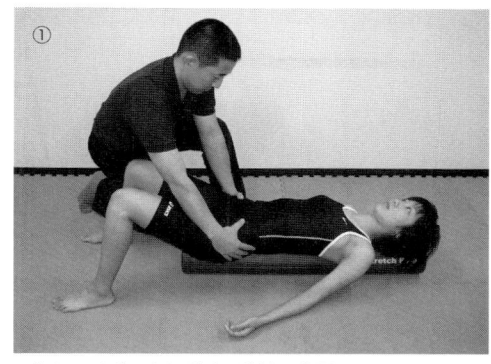

ストレッチポールに乗せ,脊柱の水平面のアライメントの異常を確認.

C アライメントの評価

胸郭の位置を基準に,肩甲骨や鎖骨の位置について評価する.

図6.14 脊柱の評価（その2）

D 肩甲上腕関節の評価

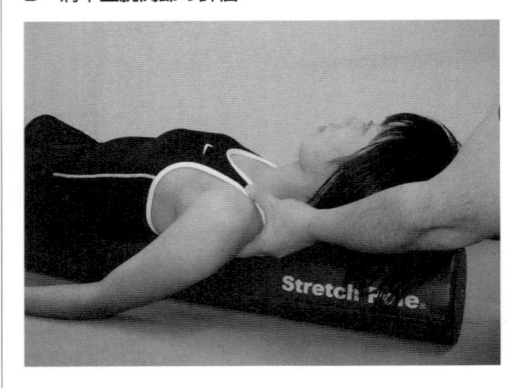

肩甲帯に対する骨頭の位置を評価

E 肩甲上腕リズムの確認

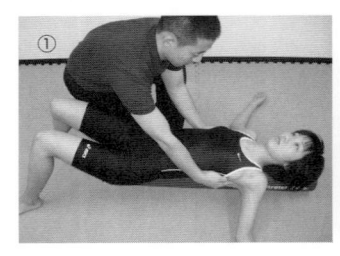

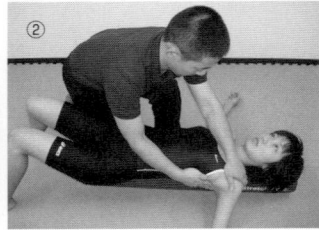

① ②

F 左右確認

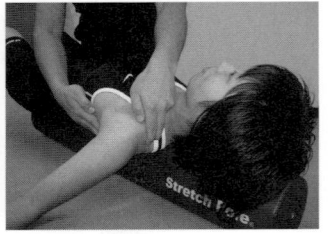

G 評価

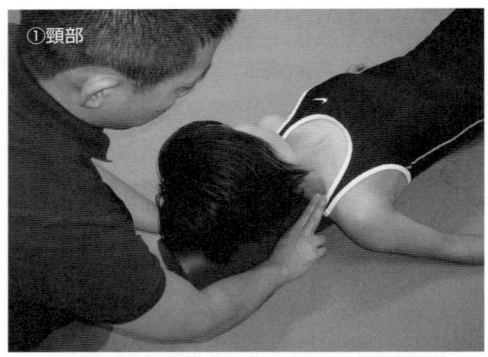

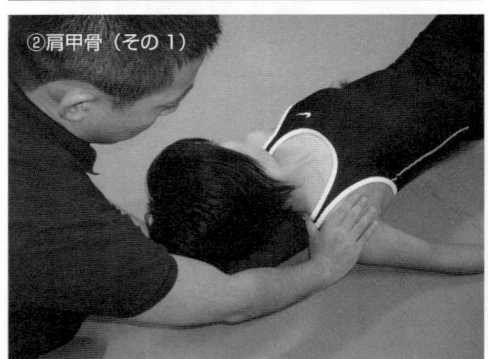

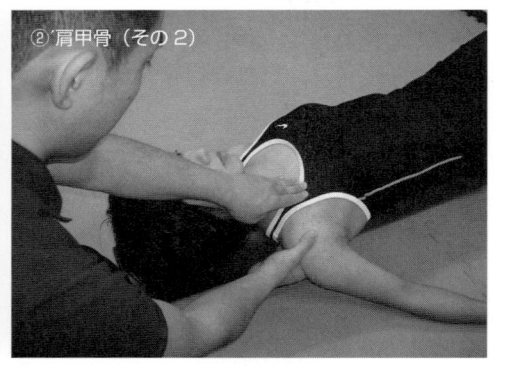

① 頸部

② 肩甲骨（その1）

②´肩甲骨（その2）

③上腕骨（その1） ③'上腕骨（その2）

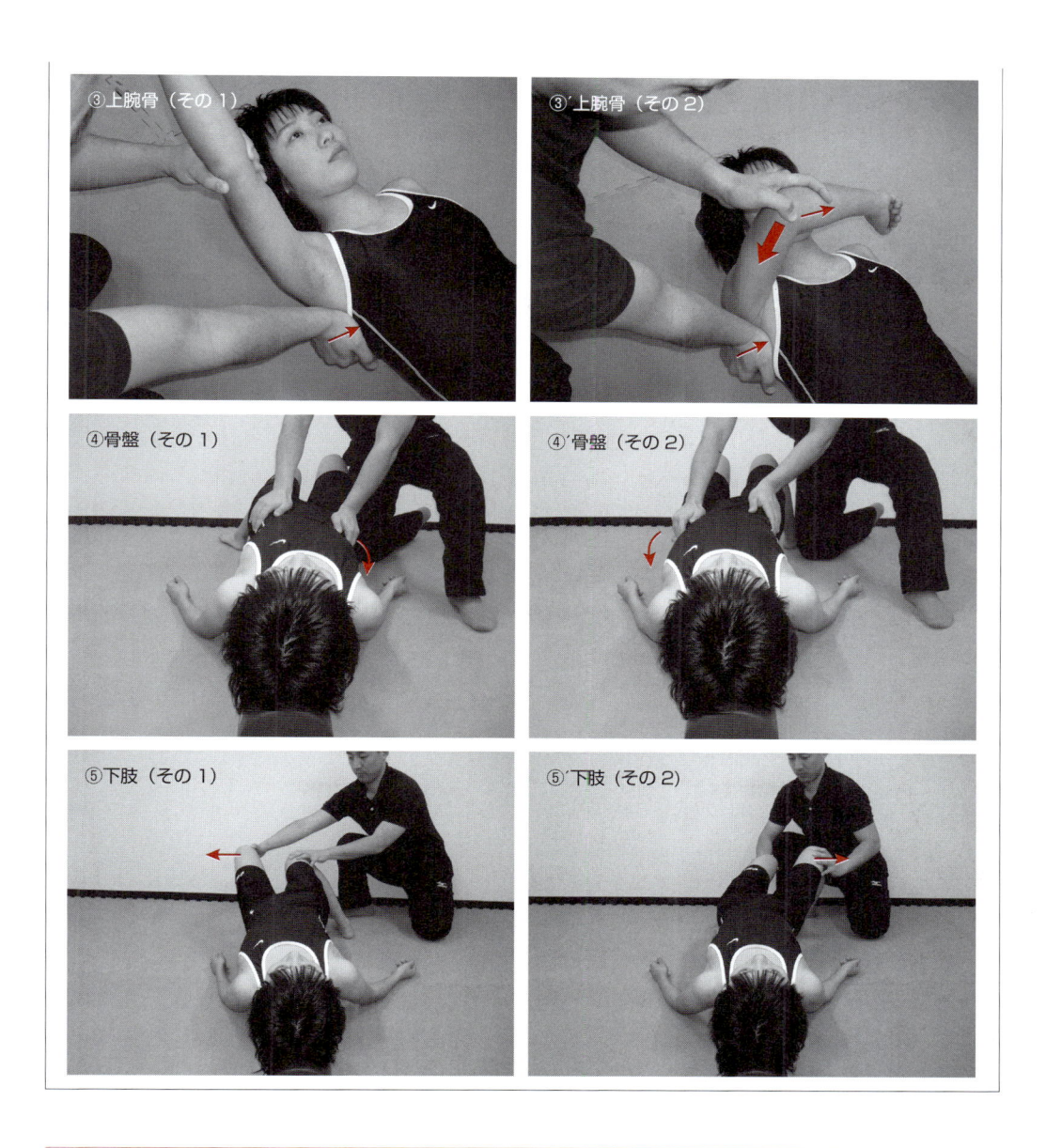

④骨盤（その1） ④'骨盤（その2）

⑤下肢（その1） ⑤'下肢（その2）

D ストレッチポールを用いた治療の実際

(1) 症例1：腱板損傷への対応

症　例：55歳　男性

診断名：右肩腱板損傷（MRIで棘上筋に異常所見あり）．

現病歴：2年前，スキーによる転倒で右肩関節強打．
　　　　⇒1ヵ月間は肩運動時痛持続も安静により症状軽減，再発数回．
　　　　　症状徐々に増悪，ADL上重いものを持った際，水泳のバックストローク動作で肩関節痛あり．

6.2　肩関節疾患　　165

理学所見：

a) **アライメント**
　1. 脊　柱　　　　　左回旋・左側屈
　2. 肩甲骨　　　　　上方回旋（挙上）
　3. 胸鎖関節　　　　鎖骨遠位部挙上
　4. 肩甲上腕関節　　上腕骨頭挙上

b) **可動域と上腕骨頭可動性**
　1. 肩関節　　　　　挙上制限
　2. 上腕骨頭　　　　臼蓋に対して下方可動性制限

c) **筋機能と異常運動**
　1. 収縮不全　　　　棘上筋，棘下筋，肩甲骨内転筋群
　2. タイトネス　　　三角筋，前鋸筋，肩甲挙筋，僧帽筋上部線維
　3. 異常挙上運動　　早期から肩甲骨の挙上が生じ，肩甲上腕関節での運動が終了する．次いで脊柱（胸郭）の側屈が生じる．

運動療法：

a) **ポール上での転がり運動**（図6.15）
　目　的：肩甲骨のマルアライメント（アライメント異常）の改善．
　方　法：患側上腕部にタオルを敷き，繰り返し体幹を反対側へ偏位させる．
　注意点：患側肩関節の過外転・水平伸展は禁忌．

図6.15　ポール上での転がり運動

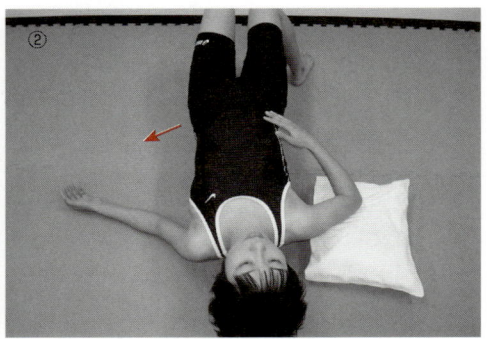

b) **頸部筋のストレッチ**（図6.16）
　目　的：肩甲骨のマルアライメントの改善．
　方　法：患側上腕部にタオルを敷き，頸部を反対側へ回旋させた位置で保持．
　注意点：患側肩関節の過外転・水平伸展は禁忌．

c) **肩甲骨内転筋群エクササイズ**（図6.17）
　目　的：肩甲骨内転筋群機能の改善．
　方　法：両上腕部にタオルを敷き，肩甲骨を内転させつつ枕を圧迫．
　注意点：三角筋の代償に注意．

図 6.16　頸部筋のストレッチ

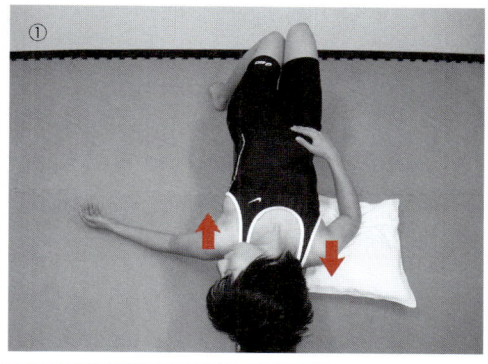

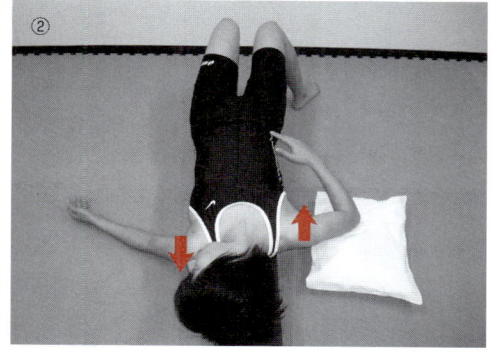

図 6.17　肩甲骨内転筋群エクササイズ

d) **肩関節外旋筋チューブエクササイズ**（図 6.18）

　目　的：腱板機能の改善（主に棘下筋，小円筋）．
　方　法：両上腕部にタオルを敷き，肩甲骨内転位より，チューブの張力に抗して肩関節を外旋．
　注意点：三角筋・上腕二頭筋の代償に注意，疼痛のある場合は禁忌．

図 6.18　肩関節外旋筋チューブエクササイズ

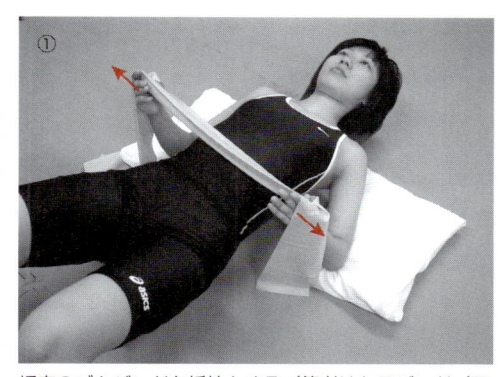

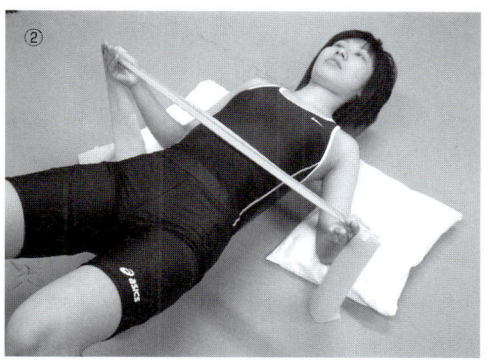

幅広のゴムバンドを抵抗とする（筆者はセラバンド（The Therε-Band®）の赤または黄色を利用）

e) 肩関節外転筋エクササイズ（図 6.19）
　目　的：腱板機能の改善（主に棘上筋）.
　方　法：右上腕部にハーフボールに乗せ，上腕骨近位部に巻いたチューブに抗して肩関節を外転.
　注意点：三角筋の代償に注意．疼痛のある場合は禁忌.

図 6.19　肩関節外転筋チューブエクササイズ

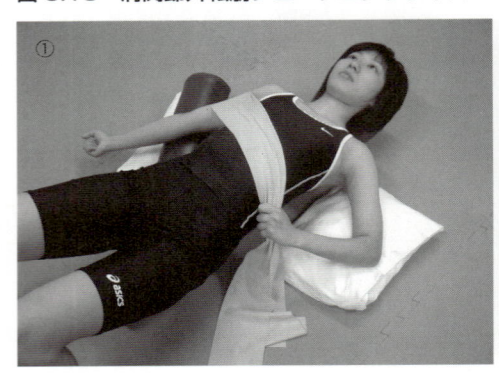

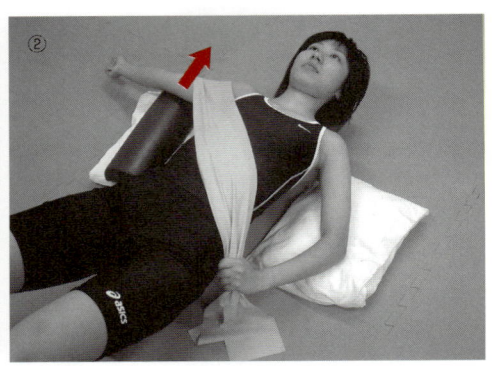

(2) 症例 2：投球障害肩への対応
症　例：17歳　男性　高校野球投手
診断名：右投球障害肩
現病歴：4ヵ月前頃より，投球数増加に伴い肩前面痛が出現．
　　　　　⇒アイシング・マッサージにて対処．
　　　　　　症状徐々に増悪，シャドウ，軽めのキャッチボールでは疼痛認められないが，強く投げると塁間でも肩前面に疼痛有り．
理学所見：
a) アライメント
　1. 脊　柱　　　　　　右回旋・右側屈
　2. 肩甲骨　　　　　　外転・下制・前傾
　3. 胸鎖関節　　　　　下制・内旋位
　4. 肩甲上腕関節　　　上腕骨頭前方偏位・挙上
b) 可動域と上腕骨頭可動性
　1. 肩関節　　　　　　内旋制限
　2. 上腕骨頭　　　　　臼蓋に対して後下方可動性制限
c) 筋機能と異常運動
　1. 収縮不全　　　　　棘上筋・棘下筋・肩甲下筋，肩甲骨内転筋群，前鋸筋
　2. タイトネス　　　　肩甲下筋，大胸筋，小胸筋，広背筋
　3. 異常挙上運動　　　早期から肩甲骨の外転が生じる．最終域での肩甲骨の後傾が制限され肩甲骨が挙上する．
d) 下肢の機能
　1. 可動域制限　　　　左股関節内旋制限・右股関節伸展制限
　2. 収縮不全　　　　　右股関節支持性低下（中殿筋機能不全）

運動療法：

a) ポール上での横揺れ運動＆頸部ストレッチ（図 6.20）

　目　的：肩甲骨のマルアライメントの改善，股関節伸展制限の改善．
　方　法：ポール上膝屈曲位，繰り返し体幹を左右へ偏位，頸部回旋位保持．
　注意点：腰椎の過前弯に注意，疼痛のある場合は禁忌．

図 6.20　横揺れ＆頸部ストレッチ

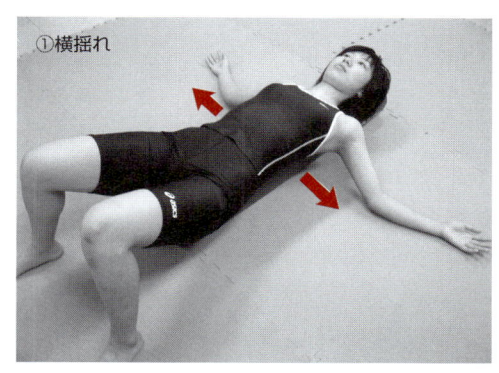

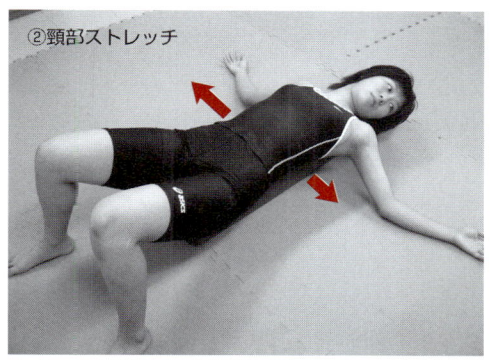

b) 広背筋・肩関節後方筋群のストレッチ（図 6.21）

　目　的：骨頭のマルアライメントの改善，肩甲上腕関節の可動域の改善．
　方　法：①手関節部を把持し，脊柱対側側屈位保持（頭部保持のためハーフポール使用）．
　　　　　②肘を把持し，下方に押し込みながら肩水平伸展位保持．
　注意点：疼痛のある場合は禁忌．

図 6.21　広背筋・肩関節の後方ストレッチ

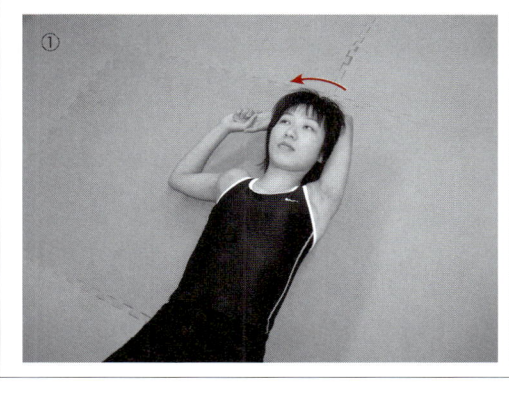

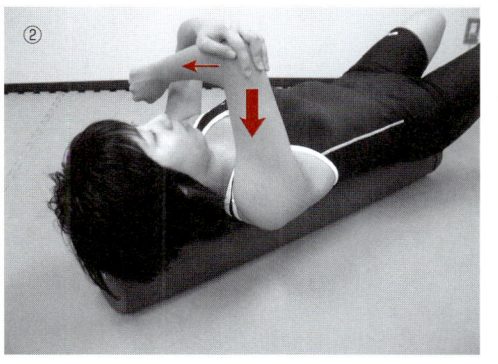

c) 肩甲骨内転筋群エクササイズ（図 6.22）

　目　的：肩関節 90°外転位での肩甲骨内転筋群機能の改善．
　方　法：両上腕部にタオルを敷き，肩甲骨を内転させ枕を圧迫．
　注意点：三角筋の代償に注意．

図 6.22　肩甲骨内転筋エクササイズ

d) **肩関節外旋筋エクササイズ**（図 6.23）

　　目　的：腱板機能の改善（棘下筋）．
　　方　法：右上腕部にハーフポールを敷き，チューブを把持し肩関節外転 90°にて外旋．
　　注意点：肘下がりにならないように注意，三角筋の代償に注意．

図 6.23　肩関節外旋筋エクササイズ

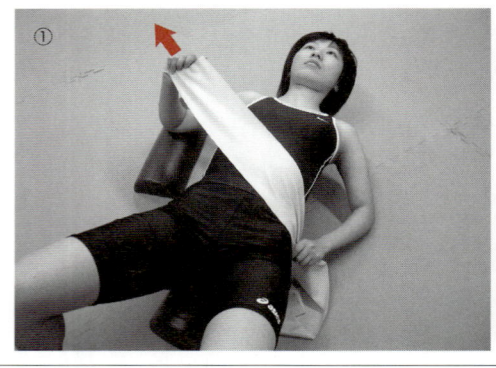

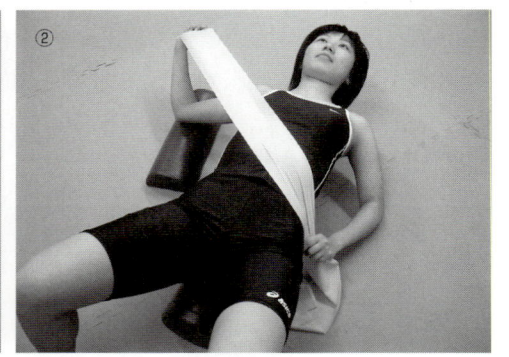

e) **肩関節内旋筋エクササイズ**（図 6.24）

　　目　的：腱板機能の改善（肩甲下筋）．
　　方　法：チューブを把持し肩関節外転 90°にて内旋（肩甲下筋触診）．
　　注意点：肘下がりにならないように注意，大胸筋の代償に注意．

f) **股関節外転筋のストレッチ**（図 6.25）

　　目　的：股関節内転可動域の改善．
　　方　法：股関節後方をポールで圧迫し，骨盤を上下に運動．
　　注意点：腹圧を高め，脊柱の過度の側屈に注意．

g) **股関節外転エクササイズ**（図 6.26）

　　目　的：中殿筋機能の改善．
　　方　法：大腿部にチューブをかけ腹圧を意識しながら股関節外転（中殿筋触診）．
　　注意点：股関節の外旋・骨盤挙上による代償に注意．

図 6.24　肩関節内旋筋エクササイズ

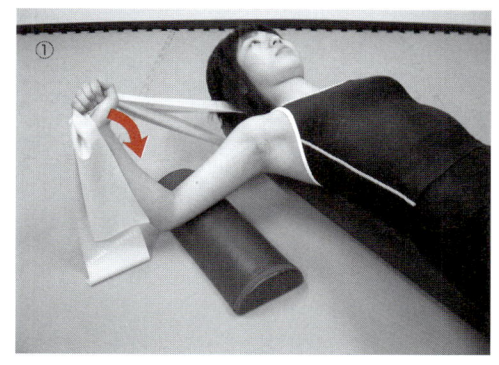

図 6.25　股関節外転筋のストレッチ

図 6.26　股関節外転エクササイズ

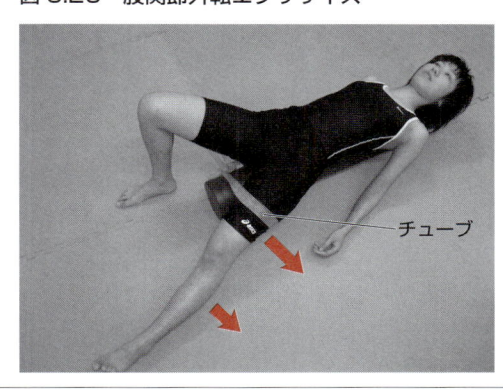

チューブ

h) 片脚立位保持（図 6.27）

　目　的：股関節支持性の改善（中殿筋機能改善）．
　方　法：ボールを壁と背部で挟みながら，片脚立位保持（片側股関節屈曲）．
　注意点：体幹の側屈・回旋に注意．

図 6.27　片脚立位保持

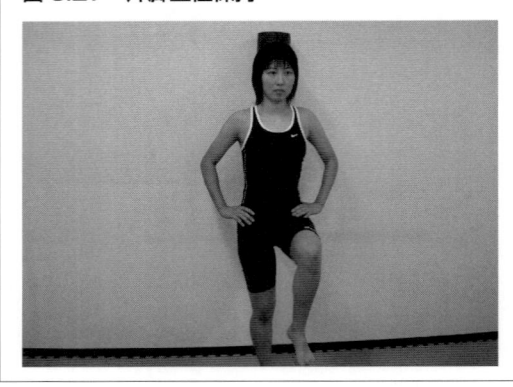

(3) まとめ

　代表的な肩関節疾患の病態からストレッチポールを用いた評価と治療の実際について解説した．肩関節の保存療法では他関節の代償を抑制しながら正常運動の中で適切な筋機能を獲得していくことがポイントとなる．ストレッチポールの使用は脊柱の代償を抑制するだけでなく，正確な運動方向のアシストにも応用でき，関節の自由度が大きい肩関節のリハビリテーションを行ううえで有用であると考えられる．しかしながら，ストレッチポール上でのエクササイズは過剰な肩関節水平伸展による上腕骨頭の前方偏位など，肩の異常運動や痛みを引き起こす危険性があることを理解し，安全性に十分配慮した使用が望まれる．

[参考文献]

6.2

1) Bartolozzi A, Andreychik D, and Ahmad S : Determinants of outcome in the treatment of rotator cuff disease. *Clin Orthop Relat Res*（**308**）: 90-97, 1994.
2) Bigliani RU, Morison DS, and April EW : The morphology of acromion and its relationship to rotator cuff tear. *Orthop Trans* **10** : 216, 1986.
3) Burkhart SS, Morgan CD : The peel-back mechanism : its role in producing and extending posterior type Ⅱ SLAP lesions and its effect on SLAP repair rehabilitation. *Arthroscopy* **14**(6) : 637-640, 1998.
4) Burkhart SS, Morgan CD and Kibler WB : The disabled throwing shoulder : spectrum of pathology Part Ⅰ : pathoanatomy and biomechanics. *Arthroscopy* **19**(4) : 404-420, 2003.
5) Cordasco FA, et al : The partial-thickness rotator cuff tear : is acromioplasty without repair sufficient? *Am J Sports Med* **30**(2) : 257-260, 2002.
6) Curl LA, Warren RF : Glenohumeral joint stability. Selective cutting studies on the static capsular restraints. *Clin Orthop Relat Res*(**330**) : 54-65, 1996.
7) Goldberg BA, Nowinski RJ, and Matsen FA., 3rd : Outcome of nonoperative management of full-thickness rotator cuff tears. *Clin Orthop Relat Res*（**382**）: 99-107, 2001.
8) Grossman MG, et al : A cadaveric model of the throwing shoulder : a possible etiology of superior labrum anterior-to-posterior lesions. *J Bone Joint Surg Am* **87**(4) : 824-831, 2005.
9) Hawkins RH, Dunlop R : Nonoperative treatment of rotator cuff tears. *Clin Orthop Relat Res*(**321**) : 178-188, 1995.
10) Hijioka A, et al : Degenerative change and rotator cuff tears. An anatomical study in 160 shoulders of 80 cadavers. *Arch Orthop Trauma Surg* **112**(2) : 61-64, 1993.
11) Itoi E, Tabata S : Conservative treatment of rotator cuff tears. *Clin Orthop Relat Res*(**275**) : 165-173, 1992.
12) Jerosch J, Muller T, and Castro WH : The incidence of rotator cuff rupture. An anatomic study. *Acta Orthop Belg* **57**(2) : 124-129, 1991.
13) Jobe CM : Posterior superior glenoid impingement : expanded spectrum. *Arthroscopy* **11**(5) : 530-536, 1995.

14) Mell AG, *et al* : Effect of rotator cuff pathology on shoulder rhythm. *J Shoulder Elbow Surg* **14**(1 Suppl S) : 58S–64S, 2005.
15) Mura N, *et al* : The effect of infraspinatus disruption on glenohumeral torque and superior migration of the humeral head : a biomechanical study. *J Shoulder Elbow Surg* **12**(2) : 179–184, 2003.
16) Nicholson GP : Arthroscopic acromioplasty : a comparison between workers' compensation and non-workers' compensation populations. *J Bone Joint Surg Am* **85-A**(4) : 682–689, 2003.
17) O'Brien SJ, *et al* : Capsular restraints to anterior-posterior motion of the abducted shoulder : a biomechanical study. *J Shoulder Elbow Surg* **4**(4) : 298–308, 1995.
18) Ozaki J, *et al* : Tears of the rotator cuff of the shoulder associated with pathological changes in the acromion. A study in cadavera. *J Bone Joint Surg Am* **70**(8) : 1224–1230, 1988.
19) Paletta GA Jr., *et al* : Shoulder kinematics with two-plane x-ray evaluation in patients with anterior instability or rotator cuff tearing. *J Shoulder Elbow Surg* **6**(6) : 516–527, 1997.
20) Sano H, *et al* : Degeneration at the insertion weakens the tensile strength of the supraspinatus tendon : a comparative mechanical and histologic study of the bone-tendon complex. *J Orthop Res* **15**(5) : 719–726, 1997.
21) Sher JS, *et al* : Abnormal findings on magnetic resonance images of asymptomatic shoulders. *J Bone Joint Surg Am* **77**(1) : 10–15, 1995.
22) Speer KP, *et al* : Acromial morphotype in the young asymptomatic athletic shoulder. *J Shoulder Elbow Surg* **10**(5) : 434–437, 2001.
23) Wang JC, and Shapiro, MS : Changes in acromial morphology with age. *J Shoulder Elbow Surg* **6**(1) : 55–59, 1997.
24) Weber, SC : Arthroscopic debridement and acromioplasty versus mini-open repair in the treatment of significant partial-thickness rotator cuff tears. *Arthroscopy* **15**(2) : 126–131, 1999.
25) Weiser WM, *et al* : Effects of simulated scapular protraction on anterior glenohumeral stability. *Am J Sports Med* **27**(6) : 801–805, 1999.
26) Wilk KE, Meister K and Andrews JR : Current concepts in the rehabilitation of the overhead throwing athlete. *Am J Sports Med* **30**(1) : 136–151, 2002.
27) Yamaguchi K, *et al* : Glenohumeral motion in patients with rotator cuff tears : a comparison of asymptomatic and symptomatic shoulders. *J Shoulder Elbow Surg* **9**(1) : 6–11, 2000.

6.3 腰部疾患

山本大造

A　はじめに

　腰痛は，腰部の痛みや腰部～下肢のしびれを主訴とする疾患群である．その原因は，腰椎・骨盤輪に集中した力学的ストレスによって起こる筋スパズムや組織損傷とされている．全人口の60～85％の人が，生涯に一度以上の腰痛を経験するとされる[1]．急性腰痛の自然経過としては，30％が受傷後1ヵ月以内，60％が3ヵ月以内に症状は軽快するが，60％は数年内に再受傷し，20～25％が慢性の腰痛症に陥る[2]というように再受傷率が高い病態と言える．

　腰部疾患の保存療法では，腰部への力学的ストレスの種類や病期を考慮し，その原因となった，あるいは結果として生じた機能障害・機能不全の解消を図る．それには腰椎に影響を及ぼす体幹アライメントや可動域に加え，四肢との運動連鎖にも考慮が必要となる．また，体幹の安定性に関与するインナーユニットの活動，腹腔内圧のコントロール能力の改善を図る必要がある．これらの多数の因子に対して，効率的なアプローチが求められる．

　腰部疾患に対するコアセラピーでは，ストレッチポールの身体に及ぼす作用を活かし，効率的にリアライメントとスタビライゼーションを進めることを目的とする．本稿では，腰痛症のメカニズムと病期の説明，腰痛症に対するコアセラピーの概要を述べ，力学的ストレスを減少させるための一連のプログラムと，それらを補足するエクササイズを紹介する．

B　腰部疾患の進行

　腰痛症の病期と治療戦略について考えるうえで，Kirkaldy-Willis の分類が有用である．Kirkaldy-Willis[7]は，腰痛症の自然経過（natural history）は機能障害期（dysfunction phase），不安定期（unstable phase），再安定期（stabilization phase）の順に進むとした．腰部疾患の画像検査では，成長期の腰椎分離症を除けば，初発時からレントゲンやMRI等の画像上の問題が見られることは少ない（機能障害期）．長期間にわたって腰椎・骨盤輪にストレスが加わり，腰痛症の再発・緩解を繰り返すことにより，椎体間に組織損傷や不安定性が生じる（不安定期）．さらに経過が長期化すると，不安定な関節を安定化させるために骨硬化像や骨棘などの骨性の変化が生じて患部の安定化が起こる（再安定期）．骨による神経絞扼症状が起こりやすいのも，この時期である．

C　腰部への応力集中メカニズム

　前項のような病期進行パターンが存在する背景として，多くの腰部疾患において慢性的な応力集中のメカニズムが持続することが推測される．腰部に応力が集中する原因として，腰椎は隣接する胸郭や骨盤と比較して可動性が大きく，応力集中を来しやすいアライメントまたは運動を強

いられやすいことがあげられる．胸郭−腰椎−骨盤−股関節複合体における応力集中パターンは以下の3つに大別できる．第1は，主に腰椎前弯の増強による腰椎後部要素（すなわち椎間関節）への圧迫ストレス増大である．第2は，円背姿勢など脊柱屈曲ストレスによる椎間板内圧の上昇である．そして第3に，股関節や胸郭の前額面および水平面のマルアライメントに対する腰椎の代償である．

（1）腰椎後方要素への応力集中

腰椎後方要素である椎間関節に応力集中が起こる背景として，腰椎前弯の増強があげられる[9]．その背景としては，股関節の屈曲拘縮と骨盤の前傾（下位交差症候群）[5,8,10]，胸郭の後方位（sway back，スウェイバック）[4] などがあげられる．加えて，腰椎前弯位において相対的に腹筋群の緊張が背筋群よりも不足すると，筋膜の緊張による腰椎伸展モーメントが増強され，後方要素へのストレスが増幅される．この状態が慢性化すると，腰椎の後方要素への応力集中が加速される．

椎間関節へのストレスは，前弯する腰椎に対する回旋ストレスによって増幅される．これは腰椎椎間関節面の方向（関節面が矢状面にほぼ平行）により腰椎回旋可動域がわずかであるため，腰椎への回旋ストレスは前弯増強や側屈に変換されやすいことが原因である．これにより，野球やゴルフなどの回旋運動の反復が後方要素の病変を来すことが理解されよう．

腰椎後方要素への応力集中が引き起こす代表的な疾患は，成長期における腰椎分離症である[12]．椎間関節への応力を減弱させるには，股関節伸展・骨盤後傾・胸郭前方位の獲得（リアライメント），立位姿勢などにおいて相対的に腹筋群の緊張が強い状態を保つこと（スタビライゼーション），矢状面以外の運動を腰椎ではなく股関節や胸郭に分散すること（コーディネーション）などの対策が有効と考えられる．

（2）腰椎前方要素（椎間板）への応力集中

一般に腰椎前方要素へのストレスは椎間板または椎体の病変をもたらす．その原因は，円背や骨盤後傾による腰椎前弯の減少，または腰椎の前屈時に椎体の後方要素の開大が不十分な場合などがあげられる．前者は立位姿勢などにおける矢状面アライメントの問題であり，胸郭・骨盤を中心とする全身のリアライメントによって解決が得られる問題と捉えられる．一方，後者については前項にあげた後方要素への応力集中などによる背筋群の過緊張や，腰椎前弯の増強による椎間関節の退行性変性などが原因として考えられる．

生理的な可動範囲を超える腰椎回旋は，椎間関節付近に回旋運動軸を移動させ，椎間板に対して側方への剪断ストレスを生じさせる．その結果，線維輪など椎間板の構成体の強度の低下を招き，椎間板ヘルニアや椎間板変性の進行を促進する可能性がある[3]．

腰椎前方要素へのストレスは，若年者では椎間板ヘルニア，高齢者では椎体圧迫骨折の原因となる．いずれも急性発症する例の多い疾患であるが，上記のようなアライメントおよび運動学的な問題による慢性的なストレスによる潜在的な病変進行を疑うべき症例も多い．椎間板への応力を減弱させるには，骨盤前傾・胸椎伸展位の獲得（リアライメント），椎間関節の可動性回復および背筋群の緊張軽減（リラクゼーション），矢状面以外の運動を腰椎ではなく股関節や胸郭に分散すること（コーディネーション）などの対策が有効と考えられる．

(3) 腰椎による代償運動と応力集中

　体幹のコーディネーションの異常により，腰椎は上下の胸郭と骨盤・股関節のマルアライメントの影響を受け，またそれらの運動を代償する．この代償運動は矢状面，前額面，水平面において起こりうる．機能的側弯に代表されるような脊椎・胸郭・骨盤の静的マルアライメントや可動性低下または過剰な動揺性，股関節の可動性低下，機能的脚長差など多数の要因があげられる．

　非対称的な日常生活動作やスポーツ動作の反復は，しばしば胸郭や股関節に非対称的な可動域制限やマルアライメントを起こす．胸郭を構成する各関節の可動範囲は小さく，四肢の関節に比べて意識しにくいため，加齢や動作習慣によって可動域制限や拘縮が起りやすい．一方，股関節のアライメントの変化はその周囲の筋緊張に影響し，結果として骨盤や腰椎，そして胸郭のアライメントに影響を及ぼす．さらに，骨盤輪は左右の仙腸関節と恥骨結合の可動性の範囲内で非対称的なアライメントを呈する．

　腰椎では，その椎間関節面の方向により，屈曲・伸展および側屈可動域と比較して回旋可動域はわずかである．これに対し，胸椎と股関節は比較的大きな回旋可動域を有する．胸郭および股関節の回旋可動域が減少すると，回旋可動域の少ない腰椎は伸展・側屈を組み合わせることにより代償する．ゴルフや野球のスイング動作では，機能解剖学的に胸郭と股関節がスイング動作における回旋運動の大部分を担うのが望ましいと言える．

　体幹・股関節の非対称な回旋可動域を必要とするゴルフ動作を例に，回旋マルアライメントについて考える．ゴルファーは一方向への回旋動作を反復する．右利きの場合，体全体の右回旋によるバックスイングから，左回旋によってインパクトを迎え，最終的には体幹左回旋位でフォロースルーおよびフィニッシュを行う[6]．左の股関節の内旋可動域制限がある場合は，スイングの最終相において胸郭・腰椎における左回旋を増加させる必要性が生じる[11]．また，胸郭の回旋可動域が減少すれば，腰椎（特に胸腰椎移行部）の側屈・伸展が起こる．すなわち股関節，骨盤，脊椎，胸郭，肩関節は非対称的な運動を反復することとなり，疲労による柔軟性の低下などと相まって体幹のマルアライメントを来すものと考えられる．その結果，可動性低下，代償運動，応力集中という悪循環が生じやすくなるものと推測される．

　多くの腰痛症において，このような胸郭・骨盤輪・股関節の可動域制限やマルアライメントが腰椎・骨盤へのストレス集中の原因となっている．すなわち，腰部疾患の一因として，肩関節・胸郭・骨盤・股関節などの運動学的異常の腰椎による代償があげられる．その解決策としては，応力分散機構を再獲得させるためのリアライメント，可動性改善，下部体幹の安定化（スタビライゼーション），そして腰部にストレスを及ぼす動作パターンの改善（コーディネーション）などが必要となる．

D　腰部疾患に対するコアセラピーの考え方

　コアセラピーの対象となる腰痛疾患・病態としては，いわゆる筋筋膜性腰痛，腰椎分離症，椎間板変性症，脊柱管狭窄症などがあげられる．それぞれ急性期または機能障害期には，損傷組織の自然回復を妨げないように注意しつつ，組織損傷をもたらした力学的ストレスの排除を目的として脊柱をリアライメントし，体幹の動的安定性を高める．不安定期では，不安定な患部の運動をできる限り抑制しつつ近隣の関節の可動性改善に努める必要がある．再安定期では，構造的な変化により可動性の低下した関節へのストレスに配慮しながら，残存している可動性を最大限に

動員できるような運動機能獲得を目指す．

　腰部疾患に対するコアセラピーは，原則としてリラクゼーション，スタビライゼーション，コーディネーションの基本的な流れに沿って進められる．具体的な方法は症状や病態に応じて決定されるべきであり，特に骨盤輪不安定症，多椎体圧迫骨折，腰椎椎間板ヘルニアの急性期などはリスクの高い病態に注意する．

(1) リラクゼーション

　リラクゼーションは，体幹を構成する多数の可動関節のモビライゼーションとともに体幹筋の緊張緩和を目的とする．体幹や近位関節の可動性および可動域の改善は，胸郭・骨盤・股関節・肩関節複合体などのリアライメントを容易にする．一方，リアライメントは，胸郭・骨盤・股関節のマルアライメント改善，股関節および胸郭の可動域改善を得ることを目的とする．特に骨盤の対称性および安定性の再獲得は脊椎全体のリアライメントの基盤となるとともに，荷重伝達機能不全の改善に必須である．頸椎，肩関節および腰椎に隣接している胸郭は，それらの運動に参画・貢献できる可動性を維持する必要がある．そのためには胸郭の可動性を最大化できるようなアライメントの獲得が求められる．

(2) スタビライゼーション

　コアスタビライゼーションはインナーユニットの適切な活動パターンの獲得によって得られる．インナーユニットの多くの筋は骨格筋であり随意筋であるが，呼吸・排尿・排便など不随意的な調節メカニズムの影響も強く受ける．このため，異常な筋活動パターンの改善には，随意的な活動調節とともに，不随意的な調節機構への働きかけも必要となる．コンタクトスポーツなど体幹全体を剛体化する場合は，インナーユニットを同時収縮させ腹腔内圧を上昇させたうえで，広背筋・大胸筋などのアウターユニットも同時収縮させる必要がある．一方，歩行やランニング，その他日常的な身体活動（多くの場合有酸素的な活動）では，インナーユニットは適度に調節された張力およびタイミングで活動する必要がある．そのため，重量物を持ち上げるなど体幹に加速度が加わる場面以外は，腹腔内圧の上昇は生じない．以上を踏まえ，インナーユニットのスタビライゼーションには，各筋の随意的な活動調節，呼吸や排尿・排便と連動させた活動調節，体幹および四肢の運動に連動した活動調節などの段階を経て，望まれる活動パターンを無意識に再現できるような運動学習が必要である．

(3) コーディネーション

　コーディネーションでは，腰椎への応力集中を防ぐため，インナーユニットによる下部体幹の安定性を保持しつつ，股関節や胸郭などの可動性を最大限に活用できる運動パターンの学習が行われる．腰部への応力集中メカニズムは，患者個人の動作習慣や活動内容によって異なることから，最も個別的な評価と対応が必要とされる．

E　腰部疾患に対するストレッチポールの注意点

　ストレッチポールは上記の腰部疾患に対するコアセラピーを実践するうえで欠くことのできない重要な役割を果たす．ストレッチポールが身体に及ぼす作用（p. 115）および骨盤コンディショ

ニング（ペルコン）（p. 122）や胸郭コンディショニング（ソラコン）（p. 134）の効果を活用することにより，腰椎へのストレスを最小限としつつ，胸郭および骨盤輪・股関節のリラクゼーションとリアライメントを効果的かつ効率的に達成することができる．また，不安定なストレッチポール上でのエクササイズを通じて得られるコアスタビライゼーションの効果により，不随意的なインナーユニットの適切な活動パターンの学習が得られやすい．ストレッチポール上のエクササイズのほとんどは腰椎の運動がわずかであることから，腰椎の代償運動を最小限に抑えながら周囲の関節を効果的にエクササイズすることが可能であることが最大の利点といえよう．一方で，ストレッチポールが仙骨や胸椎に及ぼす力や，その結果生じるアライメント変化がもたらす問題点についても十分な理解が必要である．以下，代表的な疾患について注意すべき問題点を列挙する．

(1) 急性腰痛（強い筋スパズム）

構造的破綻の有無にかかわらず，多くの急性腰痛において脊柱起立筋や腸腰筋などに筋スパズムが生じる．ストレッチポールに乗ること自体に相当な苦痛を伴う可能性が高い．仮に基本姿勢になれたとしても，股関節の伸展に対して腰椎前弯が増強し，痛みが増強する可能性が高い．一方で，急性期であっても胸郭周囲のリラクゼーションは脊柱起立筋の緊張緩和に有効である．そこで，急性腰痛でも比較的安全に実施できるエクササイズとして，ハーフカットを用いた椅子座位での深呼吸や上肢のエクササイズが推奨される．症状が寛解し，ストレッチポールに苦痛なく乗ることができるようになれば，以下，F項に後述する腰痛パッケージが適用される．

(2) 椎間板ヘルニアの急性期

腰椎椎間板ヘルニアの急性期は，筋スパズムによる急性腰痛以上の強い疼痛があり，ストレッチポール上の基本姿勢をとることはきわめて困難である．前項の場合と同様に椅子座位での肩関節および胸郭のリラクゼーションを進める程度に留めておくのが無難である．症状が寛解し，ストレッチポールに苦痛なく乗ることができるようになれば，以下，F項に後述する腰痛パッケージが適用される．

(3) 骨盤輪不安定症

骨盤輪不安定症は外傷による骨盤への外力，出産などにより形成される場合が多い．まれに，急性腰痛（ぎっくり腰）を繰り返しながら，骨盤輪の不安定性が増強する例もある．明らかな構造的破綻が確認されにくい疾患であることから，症候を注意深く分析する必要がある．骨盤輪不安定症の症状としては，強い骨盤周囲の疼痛，仙腸関節から脊柱起立筋または坐骨方向への放散痛，片足立ち困難などがあげられる．明らかな腰椎椎間板ヘルニア以外の急性腰痛では，骨盤輪不安定症の存在を想定しつつ慎重に治療を進める必要がある．ストレッチポールに乗ることにより仙骨に直接外力を与えることになるため，基本姿勢（ストレッチポール上の仰臥位）は禁忌と考えるべきである．具体的な対応については6.4節（p. 187）に紹介されている．

(4) 圧迫骨折・骨粗鬆症

ストレッチポール上に仰臥位となる基本姿勢は，胸椎伸展を促す肢位であり，原理的に椎体圧迫骨折に対して危険な肢位とは考えにくい．一方で，ストレッチポールに乗る際に問題が生じる可能性がある．すなわち，一度ストレッチポールに座ってから基本姿勢になろうとすると，必然

的に脊椎屈曲位となることから，圧迫骨折のリスクの高い肢位をとることになる．そこで，脊椎屈曲を回避するため，31ページに記載されているように側臥位から乗ることが強く推奨される（図3.12）．圧迫骨折が複数存在する場合は，基本姿勢がもたらす胸椎伸展が骨折部位の不安定性を助長する危険性があるため，原則として椅子座位での適用が望ましい．

(5) 脊柱固定術後

手術によって固定した部位の可動域制限はもちろんだが，近接の脊柱・胸郭・股関節の可動域も減少している場合が多い．他の部位の可動域を広げるために，コアコンディショニングを行うことは，ADLを向上させるために必要なことではある．患部へのストレスを回避するため，椅子座位でのエクササイズから開始し，患部の安定性が確保された後にハーフカットやストレッチポールMXを用いたエクササイズを行うことが望ましい．なお，基本姿勢には側臥位からの乗降が推奨される．

F 腰痛症に対するコアセラピーの流れ

(1) 運動によって生じた急性腰痛

急性腰痛には椎間板ヘルニア，骨盤輪不安定症，筋筋膜性腰痛などさまざまな疾患が含まれる．基礎疾患が特定され，急性期の疼痛がある程度寛解した段階から，慎重に運動療法を開始する．

●ステージ1　安静・坐位エクササイズ

急性期には患部へのストレスおよび刺激を最小限とし，急性症状の寛解を図る．原則として安静とするが，胸郭周囲のリラクゼーションを目的として，ハーフカットを背もたれとした椅子座位での深呼吸が推奨される．

●ステージ2　リアライメント・柔軟性の改善

自力でストレッチポール上での基本姿勢がとれるようになると，徐々に仰臥位を基本としたエクササイズを実施する．この時期には，胸郭・骨盤のリアライメント（対称性の獲得），胸郭・肩関節・股関節の可動性の改善，そして姿勢の改善を主な目的とする．疼痛増強姿勢・動作を避け，筋スパズムを減少させるような呼吸を伴った小さい運動から始めることで，筋スパズムによるマルアライメントの発生と疼痛の増強を防ぐ．ペルコン（p.122），ソラコン（p.134），ベーシックセブン（p.33）により上記の目的はほぼ達成される．

●ステージ3　コアスタビリティの獲得

急性腰痛に伴う骨盤や胸郭のマルアライメントや筋スパズムがある程度解消したら，コアスタビリティの獲得を目的としてインナーユニットの再教育を開始する．まずは腹横筋，横隔膜，骨盤底筋群などの随意的な活動の調節を学習し，その後腹腔内圧のコントロール，そして不安定なストレッチポールの特性を利用したコアスタビライゼーションエクササイズ（p.48）などへと移行する．

●ステージ4　コアコーディネーションの獲得

この段階では，急性腰痛の原因と考えられる動作パターンを特定し，腰部へ応力集中を来さないような新たな動作の学習を図る．頸椎，胸椎，肩関節，股関節などの運動における下部体幹の安定性保持を目的としたエクササイズを工夫する．一例として，立位でストレッチポールを背中と壁に挟んだ状態となり，腹横筋の活動を意識しつつ肩関節や股関節の自働運動や抵抗運動を実

施する．また一連のコアコーディネーションエクササイズ（p. 59～64）を進めることにより，基本的なボディコントロールを習得させる．スポーツ選手の場合は，さまざまな競技動作における腰椎への応力集中の回避法を個別に学習させるのが望ましい．

（2）不良姿勢による慢性腰痛

不良姿勢やマルアライメントに起因する慢性腰痛の多くは，長時間の立位や坐位により腰部の鈍痛を来す．しばしば"疲労性"腰痛と表現される場合もあるが，腰部の筋緊張を増強する何らかの原因が存在すると解釈すべきである．特に，骨盤の非対称アライメントに起因する仙腸関節へのストレスに関連した多裂筋の過緊張が背景にある場合は，骨盤のリアライメントが著効を示す．そこで，長時間の姿勢保持によって起こる慢性腰痛に対しては，骨盤と胸郭のリアライメントを積極的に進める必要がある．

ペルコンとソラコンを組み合わせたPTRプログラム（Pelvis-Thorax Realignment）は，骨盤と胸郭アライメントの対称化および胸郭と股関節の可動性改善を効率的に得ることを目的とした運動プログラムである．また，これに関連する一連の機能評価は，観察では判定できない骨盤や胸郭のマルアライメントや可動性の異常に関して重要な情報を得るうえで有用である．したがって，慢性腰痛に対するコアセラピーとしては，まずPTRプログラムを進めることによりリアライメントを進め，その後それでは解決できない問題に対して個別に対応する流れが効率的である．

●ステージ1　リアライメント

PTRプログラムにより，胸郭・骨盤のリアライメント（対称性の獲得），胸郭・肩関節・股関節の可動性の改善，そして姿勢の改善を主な目的とする．また長時間の立位や坐位において脊柱起立筋への疲労蓄積を回避するためのペルビックティルト（過度の骨盤前傾の抑制），足踏み，肩関節や股関節のストレッチなどを指導する．

●ステージ2　コアスタビライゼーション

アウターユニットの過緊張を回避することを目的として，インナーユニット優位の筋活動パターンを習慣化する．それには，腹横筋，横隔膜，骨盤底筋群などの随意的な活動の調節を学習し，その後腹腔内圧のコントロール，そして不安定なストレッチポールの特性を利用したコアスタビライゼーションエクササイズ（p. 48）等へと移行する．

●ステージ3　良姿勢の習慣化

日常生活における不良姿勢の改善を得るには，正しい姿勢感覚とともに，良姿勢を保持するための筋活動パターンの学習が望まれる．具体的には腹直筋活動のコントロールによるペルビックティルト，肩甲骨内転位の保持，頭部後方位の保持などがあげられる．また，腰部筋の疲労を助長するような動作パターンがある場合には，その修正を図ることも必要である．

G　エクササイズ紹介

（1）椅子座位でのリラクゼーション

腰痛の急性期，高齢者，重度の円背などで仰臥位の基本姿勢がとれない場合は，主に胸郭のリアライメントを目的とした椅子座位でのエクササイズが有用である．椅子座位において，背もたれと脊椎の間にストレッチポール（EX，MX，ハーフカットから適宜選択）を置いた状態から各種のエクササイズを実施する．この際，ストレッチポールをやや後傾させ，足の下に台を置く

などして，腰椎前弯を抑制する．

　以下のエクササイズはいずれも疼痛が増強しない範囲とし，運動範囲を設定する必要はない．

【エクササイズ】

1）椅子座位での基本姿勢と深呼吸

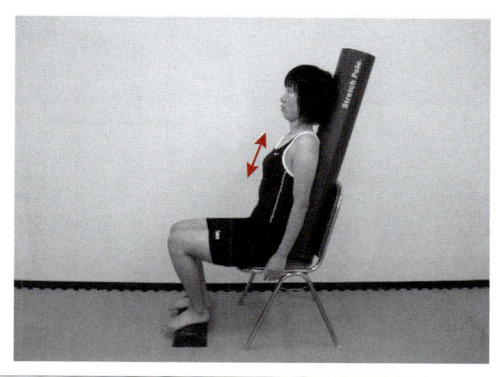

胸郭を可能な範囲で拡張させ，胸郭周囲筋のリラクゼーションを図る．

2）肩甲骨内転1

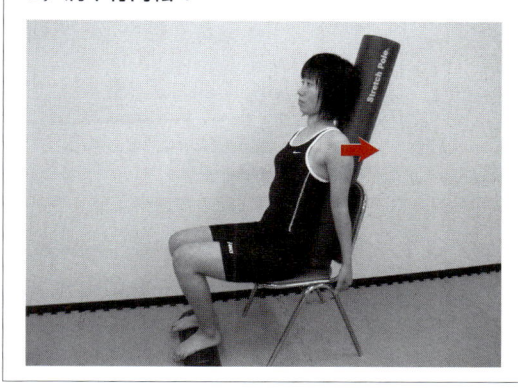

上肢下垂位にて息を吸いながら肩甲骨を内転させる．

3）肩甲骨回転

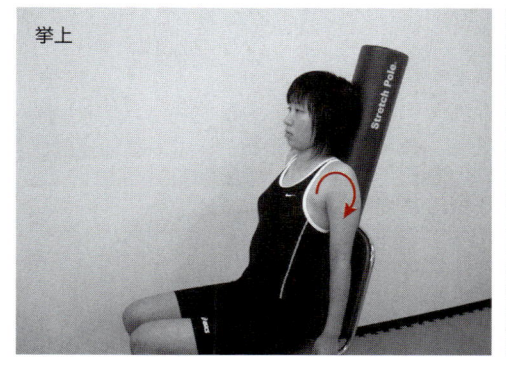

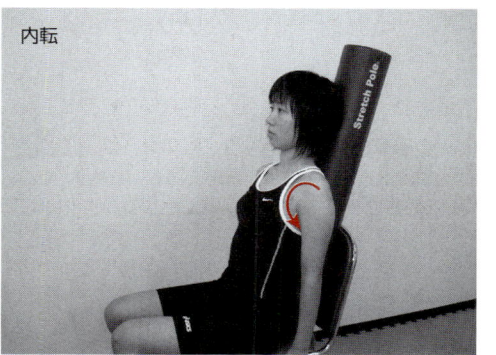

挙上　　　　　　　　　　　　　内転

下制　　　　　　　　　　　　　　外転

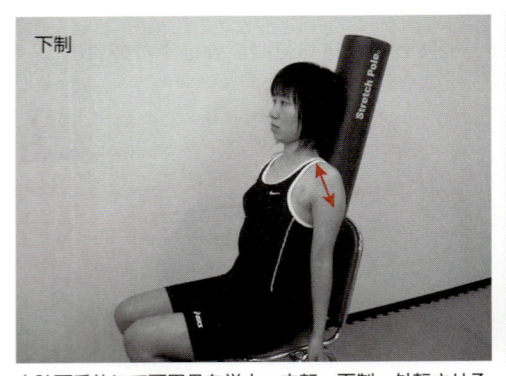

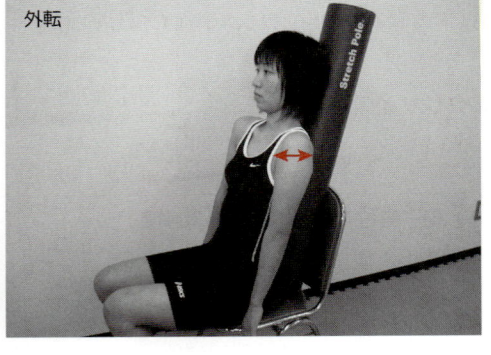

上肢下垂位にて肩甲骨を挙上・内転・下制・外転させる．

4) 肩甲骨内転2

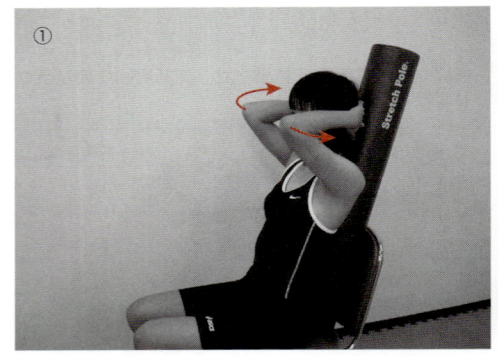

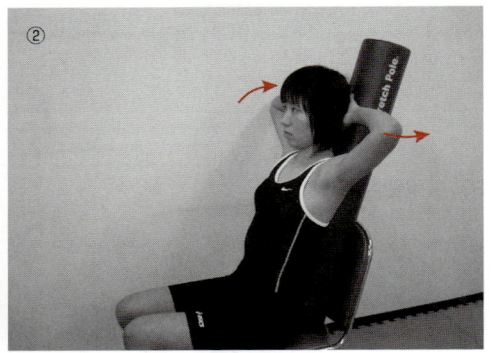

① ②

後頭部で手を組んだ状態から，息を吸いながら肩甲骨を内転させる．

5) 腕振り

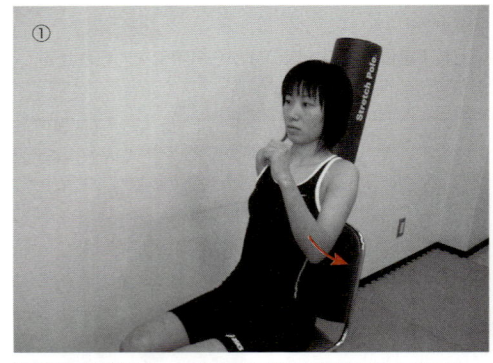

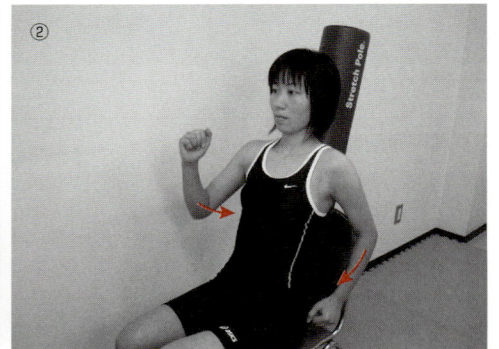

① ②

両肘を屈曲位とし，ランニング時の腕振りのようにゆっくりと両上肢を交互に振る．

6）上肢交互挙上

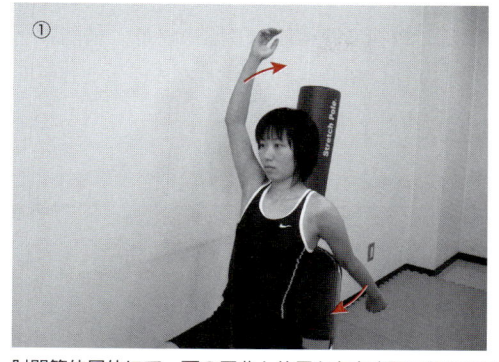

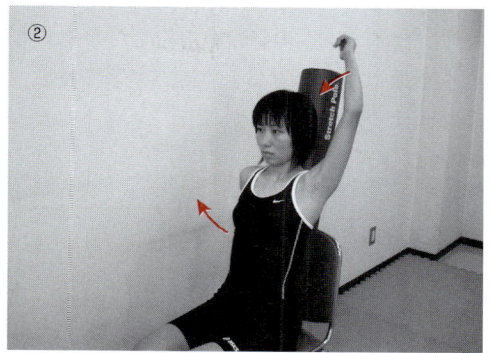

肘関節伸展位にて，肩の屈曲と伸展を左右交互に繰り返す．

7）股関節内外転

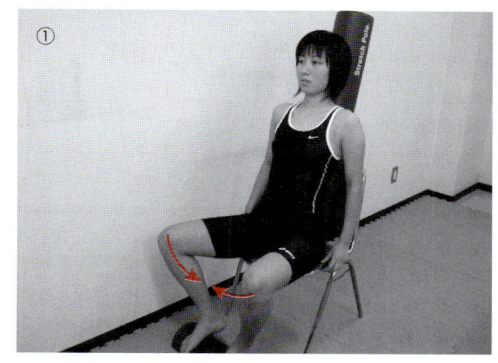

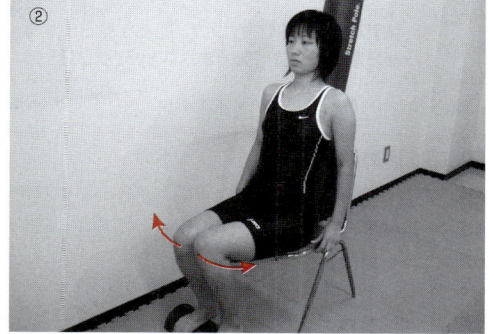

左右の股関節の内外転を反復する．

（2）コアスタビライゼーション

　腰部疾患患者におけるコアスタビライゼーションは，まずPTRプログラムにより骨盤や胸郭のマルアライメントの影響を排除したうえで実施する．最初に腹横筋，骨盤底筋群，横隔膜それぞれを意識した随意的な活動調節を学習させ，その後3.4節に紹介されたコアスタビライゼーションエクササイズへと移行する．

【エクササイズ】

1）腹式呼吸と逆腹式呼吸

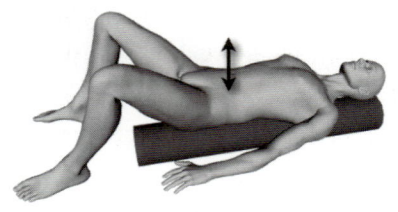

A　腹式呼吸
胸郭の挙上を抑制しつつ，腹部を膨らませながら吸気を，腹部を凹ませながら呼気を行う．

B　逆腹式呼吸
胸郭を挙上しつつ，腹部を凹ませながら吸気を，胸郭を下制しつつ呼気を行う．

2）口すぼめ呼吸

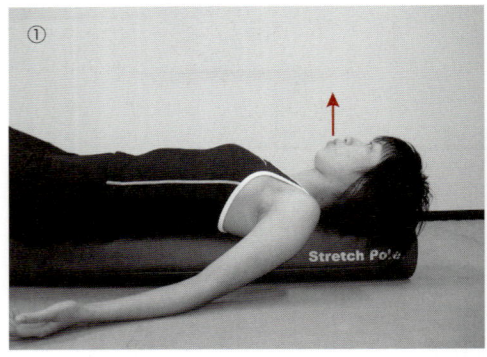

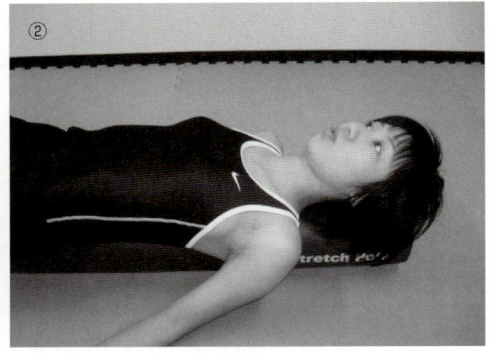

風船を膨らませるように細く強い息を吐く．10秒程度呼気を持続し，吸気の際は腹式呼吸を使う．

3）腹横筋活動
口すぼめ呼吸の最終局面では，腹横筋が短縮した状態となる．この腹横筋の短縮を，呼吸と連動させずに随意的に実施する．

4）骨盤底筋群活動
基本姿勢にて排尿と排便を同時にこらえるように骨盤底筋群を活動させる．随意的な活動が得られるようになったら，骨盤底筋群の緊張を保ちつつ腹式呼吸を実施する．

5) 骨盤ローリング

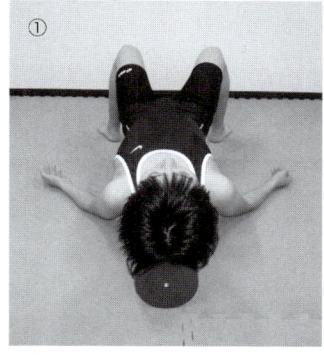

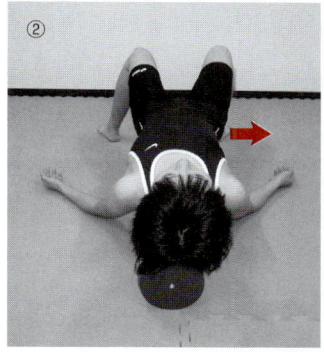

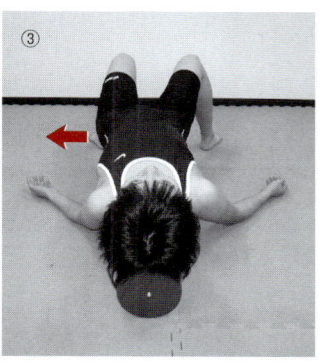

基本姿勢から両膝を左右に移動させることによりストレッチポール上で骨盤を左右交互にロールさせる．このときの膝の移動は 10 cm 程度とする．
この運動になれたら，エクササイズ「3) 腹横筋活動」の腹横筋が短縮した状態にて，徐々にスピードを上げて骨盤ローリングを反復する．

6) バタ足：132 ～ 133 ページ（ペルコン）参照．

（3）コアコーディネーション

　腰部疾患患者におけるコアコーディネーションは，下部体幹のスタビライゼーションを保ちつつ，胸郭・肩関節・頸椎・股関節などの運動を円滑に行えるようにすることを初期の目的とする．その後第 3 章に紹介されたコアスコーディネーションエクササイズを進め，また同時にスポーツ動作や腰痛の原因となった動作の矯正を図る．なお，以下に紹介するエクササイズは原則として仰臥位の基本姿勢で実施するが，目的に応じて適宜椅子座位，立位で実施することができる．

【エクササイズ】

1) 上肢交互運動

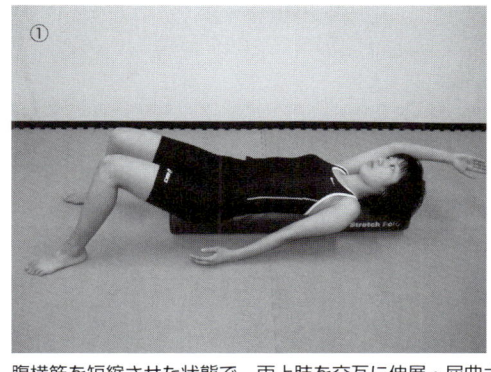

腹横筋を短縮させた状態で，両上肢を交互に伸展・屈曲させる．

2）一側上肢運動

腹横筋を短縮させた状態で，一側上肢を伸展・屈曲させる．

3）バイク：133 ページ（ペルコン）参照．

4）一側下肢運動

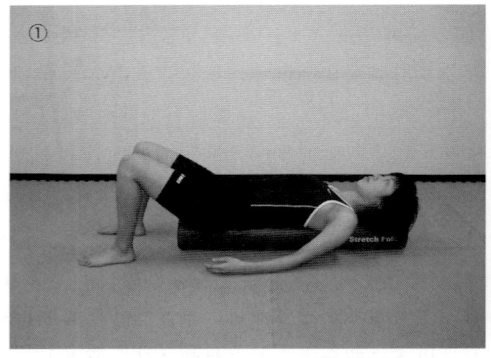

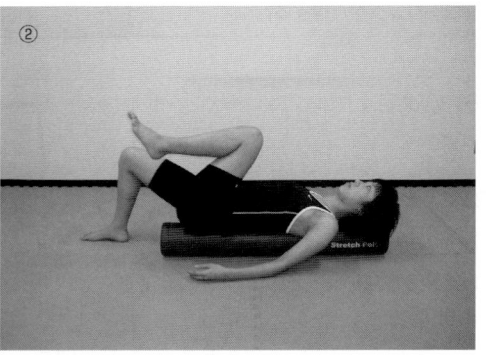

腹横筋を短縮させた状態で，一側下肢を伸展・屈曲させる．

[参考文献]

6.3

1) Biering-Sorensen F : A prospective study of low back pain in a general population. I. Occurrence, recurrence, and aetiology. *Scand J Rehabil Med* **15** : 71-79, 1983.
2) Croft PR, et al : Outcome of low back pain in general practice : A prospective study. *BMJ* **316** : 1356-1359, 1998.
3) Farfan HF, et al : The effects of torsion on the lumbar intervertebral joints : the role of torsion in the production of disc degeneration. *J Bone Joint Surg Am* **52**(3) : 468-497, 1970.
4) Harrison DE, et al : How do anterior/posterior translations of the thoracic cage affect the sagittal lumbar spine, pelvic tilt, and thoracic kyphosis? *Eur Spine J* **11**(3) : 287-293. 2002.
5) Jull GJ, Janda V : Muscles and motor control in low back pain. In : Towmey LT, Taylor JR, editors. Physical therapy for the low back. Churchill-Livingstone, New York, 1987.
6) Kim DH, et al : Shoulder injuries in golf. *Am J Sports Med* **32**(5) : 1324-1330. 2004.
7) Kirkaldy-Willis : Managing Low Back Pain, 2nd ed. Churchill-Livingstone, New York, 1988.
8) Offierski CM, MacNab I : Hip-Spine syndrome. *Spine* **8**(3) : 316-321, 1983.
9) Porterfield JA, DeRosa C : Mechanical low back pain : perspectives in functional anatomy. Edited, Philadelphia, W.B. Saunders, Philadelphia, 1998.
10) Schlink MB : Muscle imbalance patterns associated with low back pain. The Spine in Sports (Watkins RG ed.). Mosby, 1996.
11) Vad VB, et al : Low back pain in professional golfers : the role of associated hip and low back range-of-motion deficits. *Am J Sports Med* **32**(2) : 494-497, 2004.
12) Wajaswelner H：脊柱．スポーツリハビリテーション：最新の理論と実践（Kolt GS, Snyder-Mackler L ed.）．西村書店，2003.

6.4 骨盤輪不安定症

蒲田和芳

A　はじめに

　骨盤輪不安定症は，骨盤輪を構成する2つの仙腸関節と恥骨結合のいずれかに過度の動揺性が生じることによって起こる．その原因としては，出産と転倒や交通事故などの外傷が代表的である．ストレッチポールは仙骨に直接力を及ぼすことから，不安定な骨盤輪には有害となる可能性もあるから特別な配慮が必要である．以下，骨盤輪不安定症に対するコアセラピーについて述べる．

B　症状および評価

　骨盤輪不安定症は明確な診断法が確立されておらず，整形外科的な診断としては未定着である．このため，骨盤周囲の異常が認められる場合は，病歴や症候から注意深くその本質を追究する必要がある．

　診断上注目すべき病歴としては，出産[3]または骨盤に強い外力が加わる外傷後の骨盤周囲の疼痛があげられる．症状としては，起立位（座位または立位）が困難となるような急性腰痛（仙腸関節痛），一側下肢への荷重困難，股関節から大腿部へのしびれや鈍痛，などがあげられる．また慢性期では，直立することができず，骨盤から体幹が左右のいずれかに傾斜した立位姿勢を呈する場合がある．

　疼痛は仙腸関節や恥骨結合，あるいはそこから近位または遠位への放散痛など多彩である．圧痛は仙腸関節または恥骨結合に存在する場合が多い．さらに，恥骨結合の不安定性[6]においては腹直筋や内転筋群に，仙腸関節の不安定性[2,4,5]においては多裂筋や梨状筋などの筋スパスムが存在して，症状はより複雑となる．運動時痛は，一側下肢への荷重時，椅子からの立ち上がり（または座る）動作，振り返りなど体幹回旋動作などに生じる．

　骨盤輪不安定症に伴う骨盤のマルアライメントの本態については詳しい情報は得られていない．123ページに記載されているような非対称アライメントを呈する例が多いと考えられ，左右の仙腸関節あるいは恥骨結合の何れに動揺性があるのかによってアライメントが決定されるのであろう．一側の仙腸関節不安定性は仙骨の前額面の異常な傾斜の原因となると考えられるのに対し，両側の仙腸関節不安定性は仙骨の前方あるいは下方への偏位をもたらす可能性がある．一方，恥骨結合の不安定性により一側の恥骨が近位または遠位にずれている場合は，左右いずれかの股関節の開排制限が著明となる．その場合は，徒手的に骨盤アライメントを矯正することにより開排制限が解消することから，その判断は容易である．なお，上記については臨床で使われる画像診断による定量化は困難であり，十分なデータは得られていない．

C　骨盤マルアライメントの評価

　骨盤輪不安定症の治療において骨盤の正確なリアライメントは必須である．骨盤のリアライメントを正しく進めるには，骨盤のマルアライメントを正確に把握する必要があり，その評価の信頼性を高めることが必須である．骨盤の非対称アライメントの評価としては，129ページ表5.4に記載した骨盤ローリングテストなどにより左右の寛骨の前・後傾を判定する（図6.28）．それに加えて，左右の仙腸関節と恥骨結合の不安定性についての評価について以下に解説する．

（1）恥骨の偏位

　仰臥位で両股関節開排位をとらせ，開排可動域を比較する（図6.29①）．恥骨周囲に不快感を伴い，一側股関節の開排制限が認められる場合は恥骨の偏位を疑う．次に，骨盤前面に対して，徒手的に非対称骨盤アライメントを矯正させ，再度両股関節の開排可動域を比較する（図6.29②）．その結果，恥骨結合周囲の不快感や開排制限が解消された場合は，恥骨の偏位の存在が裏付けられる．

図6.28　骨盤ローリングテスト

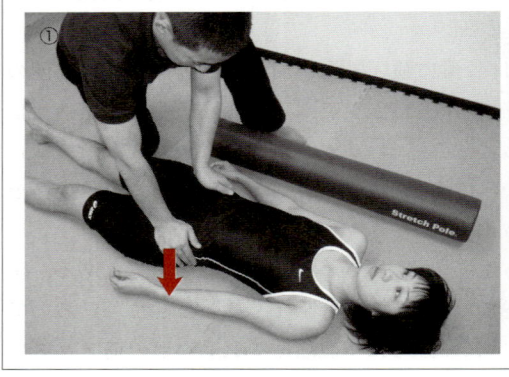

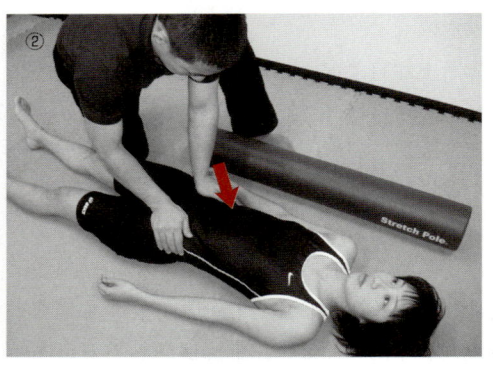

図6.29　開排可動域の比較

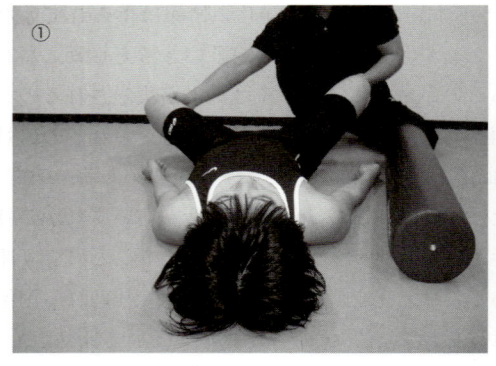

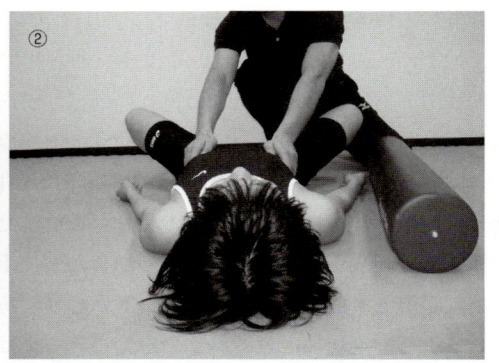

(2) 仙骨の前額面傾斜

　伏臥位にて両側の後上腸骨棘（PSIS）を触診し，その垂直二等分線に対して尾骨が左右いずれかに変異しているか否かを確認する（図6.30）．尾骨がPSISの垂直二等分線上にあれば，左右の仙腸関節の動揺性に著明な差がないことが示唆される（図6.31B）．尾骨が寛骨後傾側（フェイスサイド：図では左方向）に偏位している場合（図6.31A）や，寛骨前傾側（バックサイド：図の右方向）に偏位している場合（図6.31C）は，左右いずれかの仙腸関節の動揺性が疑われる．どちらの仙腸関節に不安定性があるかを評定するには，(1) 徒手的な仙骨アライメントの矯正の際に仙腸関節の動きが大きい側を判定，(2) 圧痛や運動時痛が左右いずれの仙腸関節に強いか，などを参考にする．

図6.30　後上腸骨棘と尾骨の触診

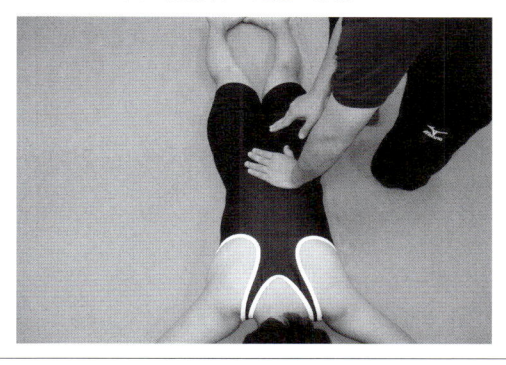

図6.31　仙骨アライメントの3パターン

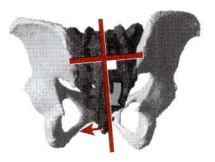

A　尾骨が寛骨後傾側（フェイスサイド：図の左方向）に偏位

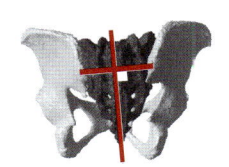

B　尾骨がPSISの垂直二等分線上にある状態

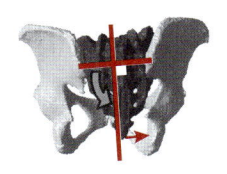

C　尾骨が寛骨前傾側（バックサイド：図の右方向）に偏位

(3) 仙骨の動揺性

　両側の仙腸関節に動揺性が存在する場合は，仙骨が両側の寛骨に対して前下方に滑り込む可能性がある．その場合は，伏臥位にて仙骨を遠位・前方に向けて愛護的に圧迫（仙骨圧迫テスト）し，仙骨の偏位の有無を確認する（図6.32）．

図6.32　仙骨圧迫テスト

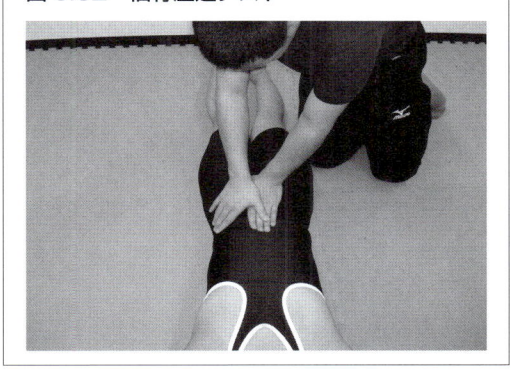

D コアセラピーの考え方

骨盤輪不安定症に対するコアセラピーは原則として骨盤のリアライメントとスタビライゼーションを主体とするが，その実施においてはきわめて慎重に進める必要がある．ストレッチポールは仙骨を直接圧迫することから，骨盤輪不安定症が疑われる場合は原則としてストレッチポールは使用すべきではない．また徒手療法についても，十分なトレーニングを積んだ者以外は実施を回避すべきである．

(1) リアライメント

筆者は仰臥位での骨盤ローリングエクササイズ（自動運動）（図6.33）により，寛骨のリアライメントを進める．寛骨が対称に戻ろうとしているにもかかわらず恥骨の偏位が残存する場合は，恥骨矯正を意図した仰臥位でのエクササイズ（ヒールプッシュ）（図6.34）を実施する．さらに仙骨の異常な傾斜に対しては，尾骨を引いていると考えられる股関節外旋筋を緩める徒手的操作（図6.35）を行う．以上を繰り返しつつ，骨盤の正確なリアライメントを達成する．これらと同時に骨盤ベルト[7]やコアショーツ（スパッツ型骨盤安定化パンツ）[1]などにより，骨盤への圧迫による安定化を図る．

図6.33 骨盤ローリングエクササイズ

図6.34 ヒールプッシュ

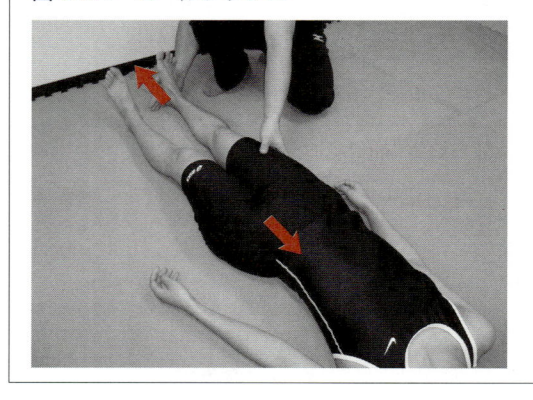

図6.35 股関節外旋筋を緩める徒手的操作

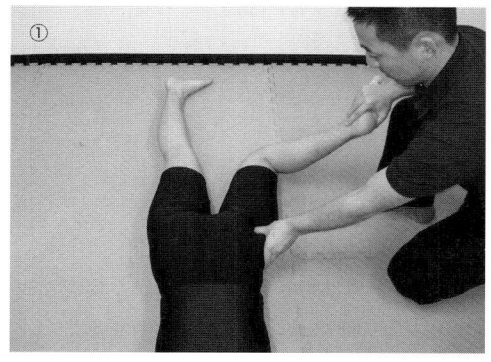

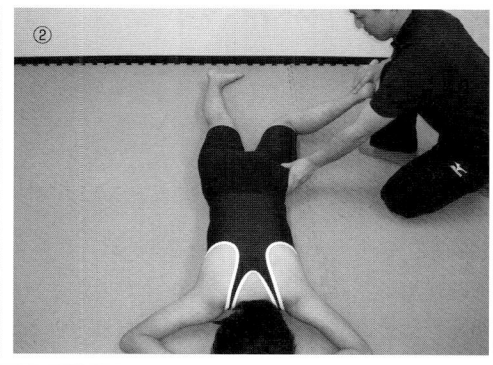

(2) スタビライゼーション

リアライメントの次は骨盤のスタビライゼーションを進める．まず，骨盤ベルトなどによる外的なサポートを併用しつつ，腹横筋や骨盤底筋群のエクササイズを実施する．これを仰臥位から椅子座位へと進めることにより，段階的にインナーユニットによる骨盤の安定化を図る．

(3) コーディネーション

コーディネーションについては，骨盤輪の安定性を保ちつつ，歩行などにおける股関節の運動を可能にすることを目的とする．実際には腹横筋・骨盤底筋群の収縮により骨盤を安定させつつ，椅子座位や立位での足踏み，片足立位などを反復する．安全にこれらの運動が行えるようであれば，徐々に歩行やスクワットへと移行する．

骨盤輪不安定症の完治を得るのは容易ではない．以上のようなプロセスを患者自身が十分に理解し，これらを継続することが必要となる．特に骨盤のマルアライメントの状態について患者自身が把握できることが重要である．

[参考文献]

6.4
1) Bernhardt T, Anderson GS : Influence of moderate prophylactic compression on sport performance. *J Strength Cond Res* **19**(2) : 292-297, 2005.
2) Buchowski JM, *et al* : Functional and radiographic outcome of sacroiliac arthrodesis for the disorders of the sacroiliac joint. *Spine J* **5**(5) : 520-528; discussion 529, 2005.
3) Damen L, *et al* : The prognostic value of asymmetric laxity of the sacroiliac joints in pregnancy-related pelvic pain. *Spine* **27**(24) : 2820-2824, 2002.
4) Edeiken-Monroe BS, Browner BD and Jackson H : The role of standard roentgenograms in the evaluation of instability of pelvic ring disruption. *Clin Orthop Relat Res* **240** : 63-76, 1989.
5) Pool-Goudzwaard A, *et al* : Insufficient lumbopelvic stability : a clinical, anatomical and biomechanical approach to 'a-specific' low back pain. *Man Ther* **3**(1) : 12-20, 1998.
6) Ruch WJ, Ruch BM : An analysis of pubis symphysis misalignment using plain film radiography. *J Manipulative Physiol Ther* **28**(5) : 330-335, 2005.
7) Vleeming A, *et al* : An integrated therapy for peripartum pelvic instability : a study of the biomechanical effects of pelvic belts. *Am J Obstet Gynecol* **166**(4) : 1243-1247, 1992.

6.5 下肢疾患

蒲田和芳

A　はじめに

　下肢疾患のリハビリテーションにおいてコアの重要性は十分に理解されているが，疾患とコアの関連性については十分の理解が得られていない．ほとんどの下肢疾患は，非対称的な歩行パターンによって股関節に非対称的な運動や荷重を誘発し，骨盤や脊椎アライメントに異常を来す．一方，骨盤のアライメント異常や機能不全は，股関節に関与する二関節筋などを介して股関節，大腿部，膝関節等の疾患と関連する場合がある．本稿ではコアとの関連性の強い下肢疾患について取り上げ，患部の直接的な治療と並行すべきコアセラピーの考え方について整理する．なお，本稿では患部への治療法は割愛する．

B　鼠径部疾患

　鼠径部に疼痛を来す疾患としては，変形性股関節症，スポーツヘルニア[5]，恥骨結合炎[4,8]，いわゆる鼠径部痛[10]などがあげられる．いずれも，骨盤や股関節アライメント異常，および骨盤周囲の筋機能障害と関連する可能性がある．いずれも症状が多彩で，変化することから，治療方針の立案に際して疼痛以外の客観的な情報の収集が重要となる．著者は骨盤周囲の諸問題を根本から解決することが必要であると考え，ペルコンの項（5.2A, p. 122）で紹介した骨盤・股関節アライメントおよび荷重伝達機能障害についての評価を重視する．

　鼠径部痛に仙腸関節付近の愁訴を合併する場合[8,12]は，骨盤アライメントについての詳細な分析が必要である．股関節屈曲制限の原因には，変形性股関節症の初期症状としても知られる股関節前方の大腿臼蓋インピンジメント（anterior femoroacetabular impingement[6,7]）や骨盤アライメントの異常が考えられる．いずれの場合も，骨盤アライメントの対称化により股関節周囲の筋緊張を寛解させつつ，大腿骨頭の後方化を図る．

　股関節開排制限は恥骨結合の偏位（図6.36）と連動する可能性がある．その場合，恥骨結合へ

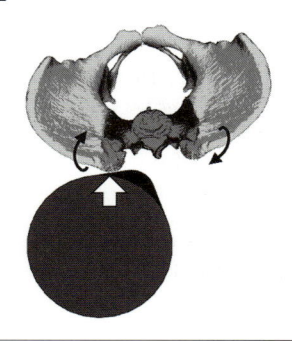

図6.36　骨盤アライメントの矯正

の疼痛誘発ストレステストや，徒手的な骨盤アライメントの矯正による開排制限の改善などを確認する．骨盤アライメントの矯正が開排制限の改善をもたらさない場合は，鼠径部の筋緊張の亢進などに関連した大腿骨頭の後方偏位を疑う．

股関節の開排制限と屈曲制限は変形性股関節症やスポーツ選手の鼠径部痛などに共通の症状であり，いずれにおいても原因として骨盤のマルアライメントが介在している可能性がある．骨盤のマルアライメントには5.2A（p.122）で述べた典型的な非対称パターンの中に，恥骨結合と2つの仙腸関節の可動性のバランスに応じたバリエーションが存在する．鼠径部痛への対応においては，これらのバリエーション（p.124）が重要な意味を持つ場合があり，さらに詳細な評価が必要となる．

これらの治療においては，まず骨盤アライメントの対称化と大腿骨頭の可動性拡大を目的としてペルコン（p.130）を実施する．次に，骨盤の安定化を目的とした腹横筋トレーニング，骨盤底筋群トレーニング，コアスタビライゼーションなどを実施する．筆者の経験では，以上の治療により症状の局在化（centralization）が得られ，残存する個別の問題が明確になる症例が多い．

C　ハムストリングス肉ばなれ

ハムストリングスは股関節と膝関節をまたぐ二関節筋であり，スプリント走などにおいてしばしば肉ばなれが起こる部位である．ハムストリングスの肉ばなれは再発が多く，また違和感や筋力低下が長期間残存する例も少なくない．

長期化するハムストリングス肉ばなれの一因として仙腸関節の機能異常が指摘されている[2,9]．肉ばなれ発症後の跛行や筋力低下の影響は骨盤の非対称アライメントを導く可能性が高い．その結果として，仙腸関節の機能異常が惹起され，内側および外側のハムストリングスの緊張や発揮筋力に偏りが生じる可能性が指摘されている．

慢性ハムストリングス肉ばなれの評価では，筋自体の器質的・機能的問題とともに，骨盤からの影響について注意深く検討する必要がある[9]．伏臥位膝屈曲テスト，伏臥位股関節伸展テストでは内・外側ハムストリングスの緊張のバランスと仙腸関節のアライメントの関係を調べるテストである．最初に自動運動により膝関節屈曲または股関節伸展中の内・外側ハムストリングスの緊張のバランスを触診し，次に仙骨前傾などの骨盤アライメントの矯正による緊張バランスの変化を判定する．また骨盤底筋群や股関節外旋筋群との関連性についてもASLRテストおよび付随する骨盤圧迫テスト（p.126）などにより判定しておく必要がある．

慢性ハムストリングス肉ばなれの治療方針は，上記のように骨盤アライメント異常との関係を明らかにしたうえで決定する．骨盤からの影響が疑われる場合はペルコンにより骨盤アライメントの対称化，股関節可動域の対称化を図る．次に，骨盤帯の安定性改善を目的として骨盤アライメントの保全に必要なインナーユニットや股関節周囲筋の強化を図る．これらの治療によって骨盤からの影響を排除しつつ，患部そのものの構造的・機能的な問題に対する治療を進める．

D　膝蓋大腿関節疾患

　膝蓋大腿関節に発生する疾患は，膝蓋骨のマルアライメントに関連する場合が多い．膝蓋骨アライメントには，膝蓋大腿関節の適合性とともに周辺の筋や軟部組織の緊張が強く影響する．したがって，その治療においては，膝蓋骨のアライメントや運動に影響を及ぼす軟部組織の緊張のバランスの改善が必要となる場合が多い．

　骨盤・股関節の機能異常は，大腿直筋や腸脛靱帯などの二関節筋を介して膝蓋大腿関節の運動学的異常に連動する可能性がある[3,13,15]．鼠径部痛の項で指摘した骨盤や大腿骨頭のアライメント異常はこれら二関節筋の緊張にも強く影響することから，股関節開排制限や屈曲制限との関連性についても疑いを持ちつつ評価を進める．

　膝蓋大腿関節疾患の治療方針は，慢性ハムストリングス肉ばなれと同様に，骨盤マルアライメントとの関係を明らかにしたうえで決定する．骨盤からの影響が疑われる場合はペルコンにより骨盤アライメントの対称化，股関節可動域の対称化を図る．次に，骨盤帯の安定性改善を目的として骨盤アライメントの保全に必要なインナーユニットや股関節周囲筋の強化を図る．これらの治療によって骨盤からの影響を排除しつつ，患部そのものの構造的・機能的な問題に対する治療を進める．

E　変形性膝関節症

　いまだ原因が同定されていない変形性膝関節症（膝OA）の進行メカニズムにおいて，骨盤のマルアライメントの関与の有無を判断することは困難である．一方で，進行した膝OAは膝関節の伸展制限，荷重制限，非対称的歩行パターンの形成，バランス機能低下[1]などさまざまな理由で骨盤の非対称アライメントや腰椎前弯の増強を来す[11]．事実，膝OAと腰痛や骨盤周囲の愁訴の合併率は高い[14]．

　膝OAの保存療法の目的は，膝関節の機能改善と生活上の自由度の改善が主体となる．したがって，歩行機能改善には膝伸展可動域の回復が，歩行を除くADL動作においては屈曲可動域の回復が重要となる．ところが，歩行機能の回復が進んだ症例において仙腸関節痛や腰痛を発症する例が多い．その理由は次のように推測される．まず，膝OAの進行過程で疼痛回避性の跛行が形成され，機能的な脚長差に適応した骨盤アライメント異常が形成される．患部への治療が奏効して歩行パターンや膝伸展可動域が改善すると，機能的脚長差や地面反力に著明な変化が起こる．その結果，跛行に適応していた骨盤を取り巻く力学的な環境に重大な変化が起こり，骨盤アライメントには再適応が要求される．この再適応は必ずしも骨盤の対称アライメントを再獲得することを保証しない．すなわち，再適応の結果，さらにアライメント異常が進行する可能性がある．

　上記のような問題に対して，膝関節の機能回復と同時並行的に骨盤アライメントの改善・安定化を図ることが重要である．それには，短時間で骨盤・股関節のリアライメントを得るペルコンが最適である．また，補高により機能的脚長差を解消することは，股関節以上のマルアライメントを改善・予防するうえで重要な役割を果たす．

[参考文献]

6.5

1) Bennell KL, Hinman RS : Effect of experimentally induced knee pain on standing balance in healthy older individuals. *Rheumatology (Oxford)* **44**(3) : 378-381, 2005.
2) Cibulka MT, et al : Hamstring muscle strain treated by mobilizing the sacroiliac joint. *Phys Ther* **66**(8) : 1220-1223, 1986.
3) Cibulka MT, Threlkeld-Watkins J : Patellofemoral pain and asymmetrical hip rotation. *Phys Ther* **85**(11) : 1201-1207, 2005.
4) Cunningham PM, et al : Patterns of bone and soft-tissue injury at the symphysis pubis in soccer players : observations at MRI. *AJR Am J Roentgenol* **188**(3) : W291-296, 2007.
5) Farber AJ, Wilckens JH : Sports hernia : diagnosis and therapeutic approach. *J Am Acad Orthop Surg* **15**(8) : 507-514, 2007.
6) Kubiak-Langer M, et al : Range of motion in anterior femoroacetabular impingement. *Clin Orthop Relat Res* **458** : 117-124, 2007.
7) Laude F, Boyer T, and Nogier A : Anterior femoroacetabular impingement. *Joint Bone Spine* **74**(2) : 127-132, 2007.
8) Major NM, Helms CA : Pelvic stress injuries : the relationship between osteitis pubis (symphysis pubis stress injury) and sacroiliac abnormalities in athletes. *Skeletal Radiol* **26**(12) : 711-717, 1997.
9) Mason DL, Dickens V, and Vail A : Rehabilitation for hamstring injuries. *Cochrane Database Syst Rev* (1) : CD004575, 2007.
10) Morelli V, Smith V : Groin injuries in athletes. *Am Fam Physician* **64**(8) : 1405-1414, 2001.
11) Murata Y, et al The knee-spine syndrome. Association between lumbar lordosis and extension of the knee. *J Bone Joint Surg Br* **85**(1) : 95-99, 2003.
12) Slipman CW, et al : Sacroiliac joint pain referral zones. *Arch Phys Med Rehabil* **81**(3) : 334-338, 2000.
13) Tyler TF, et al : The role of hip muscle function in the treatment of patellofemoral pain syndrome. *Am J Sports Med* **34**(4) : 630-636, 2006.
14) Wolfe F : Determinants of WOMAC function, pain and stiffness scores : evidence for the role of low back pain, symptom counts, fatigue and depression in osteoarthritis, rheumatoid arthritis and fibromyalgia. *Rheumatology (Oxford)* **38**(4) : 355-361, 1999.
15) Wu CC, Shih CH : The influence of iliotibial tract on patellar tracking. *Orthopedics* **27**(2) : 199-203, 2004.

6.6 呼吸機能改善

横山茂樹

A はじめに

呼吸とは，横隔膜と胸郭の拡張によって胸腔内圧は陰圧となり，肺胞を膨らませるメカニズムである．この動きの中で，横隔膜などの呼吸筋の収縮効率や胸郭柔軟性を改善することによって呼吸機能改善につながるものと期待される．

慢性呼吸不全患者における呼吸機能障害では，①胸郭コンプライアンスの低下，②呼吸筋の筋力低下，③呼吸補助筋の過緊張による呼吸効率低下が問題点としてあげられる．このような問題点に対して，ストレッチポールを利用することによって，①呼吸補助筋のリラクゼーション，②下側部も含めた全体的な胸郭可動性の獲得，③呼吸効率の改善といった効果が期待される．本稿では，慢性呼吸不全患者に対する呼吸理学療法におけるストレッチポールの活用方法について紹介する．

B 呼吸機能の評価

呼吸器疾患に対する評価としては，医学的情報から呼吸機能検査，歩行持久力までさまざまな項目があげられる．ここではストレッチポールの活用による効果判定として，指標となる評価項目について述べる．

①視診・触診：呼吸数や呼吸パターン，胸郭柔軟性について評価する．とくに吸気時における胸郭拡張に関しては座位における背側を観察する．
②聴　診：背側に当たる下葉（S10領域）の肺胞換気を確認する．
③胸郭可動性：テープメジャーを用いて，腋窩部，剣状突起部，第10肋骨レベルを計測する．計測方法は，各部位における最大吸気時から最大呼気時の周径差を胸郭拡張差として算出する．
④呼吸パターンの評価：呼吸補助筋である斜角筋を触診し，筋緊張の程度と吸気時における収縮のタイミングを観察する．
⑤頸部の可動性：呼吸補助筋の筋緊張の指標として，頸部の可動性について計測する．

C アプローチ方法

ストレッチポールを活用したアプローチとして，呼吸介助手技を併用した方法と呼吸体操に取り入れた方法について紹介する．なお，呼吸介助手技とは，呼気時に胸郭を圧迫し胸腔内の陰圧を高めることで，吸気時の肺胞換気を促通することを目的とした手技である．

(1) ストレッチポールを活用した呼吸介助手技
①上部胸郭に対する呼吸介助手技（図6.37A）
ストレッチポール上で，肩関節外転45°位とし，上部胸郭に対して呼吸介助手技を併用する．

両鎖骨下前胸部に置いた施術者の手が，尾側下方約 45°の方向へ向かうように圧迫を加える．この際，揺すり法を併用することによって，背側に存在する筋リラクゼーション効果も期待できる．

②**下部胸郭に対する呼吸介助手技**（図 6.37B）

ストレッチポール上で，肩関節外転 45°位とし，下部胸郭に対する呼吸介助手技を併用する．施術者は剣状突起レベルの高さを目安として，両手を前胸部から外側胸部に当てる．そして呼気時に両手が臍へ向かってくる方向へ胸郭を押し込む．ただし，施術者の手根部に圧がかかりやすく，患者に不快感や疼痛を来す場合があるので注意する．

図 6.37　上部および下部胸郭に対する呼吸介助手技

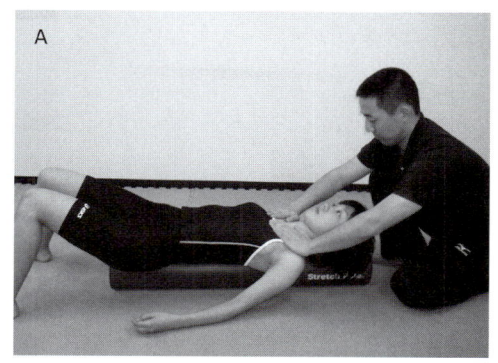

A　上部胸郭に対して，施術者の手を鎖骨下前胸部に当て，尾側下方へ約 45°の方向へ圧迫を加える．

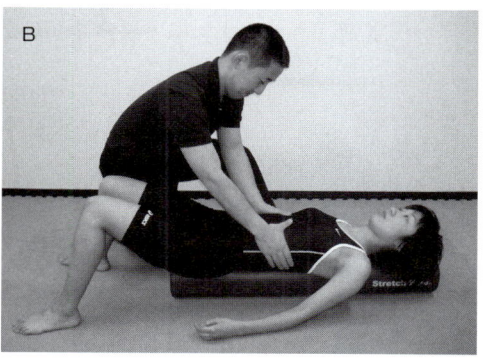

B　下部胸郭に対して，施術者の両手を剣状突起を中心に前胸部から外側に当てて，両手が臍に向かう方向へ胸郭を圧迫する．

③**片側胸郭に対する呼吸介助手技**（図 6.38）

ストレッチポール上で，施行する胸郭の反対側の肩関節を外転 90°位とし，片側胸郭に対して呼吸介助手技を併用する．この場合，ストレッチポール上であるため不安定となりやすいので，骨盤部に大腿部を当てて体幹を固定して行うとよい．この方法は，肺胞換気を高めるだけでなく，胸郭モビライゼーションとしても有効である．

図 6.38　片側胸郭に対する呼吸介助手技

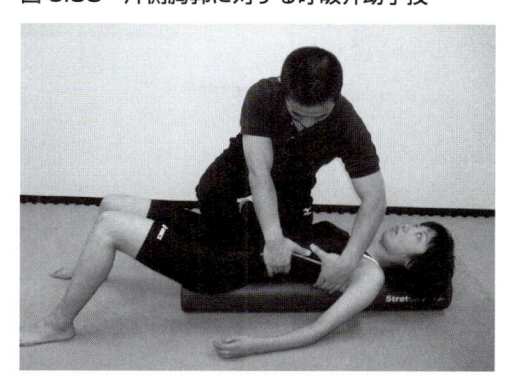

施術側の肩挙上位とし，上部および下部胸郭に対して同時に呼吸介助を行う．

(2) ストレッチポールを併用した呼吸体操

　ベーシックセブン（p.33）のメニューを中心に，胸郭拡張を目的とした体操を組み立てる．具体的な例を以下にあげる（図6.39）．

①**胸の運動（予備運動1）**：ビア樽状の胸郭丙変形に伴う胸腰椎後弯の改善を目的とする．
②**対角運動（予備運動3）**：深呼吸と組み合わせて，胸郭拡張を目的とする．
③**小さなゆらぎ運動（ベーシック6）**：腰方形筋や肩甲挙筋，肋間筋などの呼吸補助筋のリラクゼーションを目的とする．
④**肩屈曲運動**：胸郭拡張を目的とする．
⑤**肩水平外転運動**：胸郭拡張を目的とする．
⑥**ワイパー運動（ベーシック4）**：腸腰筋や股内旋筋群のリラクゼーションを目的とし，二次的に腰椎や骨盤周辺の呼吸に関与する筋群のリラクゼーションを目的とする．
⑦**股関節の運動（予備運動2）**：腰方形筋や骨盤周辺の筋群のリラクゼーションを目的とする．

　これらの呼吸体操による即時的効果として，肺気腫患者7名を対象として腋窩部・剣状突起部・第10肋骨部における胸郭拡張差を計測した．その結果，腋窩部において有意に改善傾向が認められた．このことから胸郭柔軟性を改善できることが期待され，慢性呼吸不全患者にとっても有効な体操と考える．

　体操時の注意事項として，呼吸のリズムに合わせて上下肢を動かす．胸郭を拡げる運動は吸気，縮める運動は呼気で行う．また頸部や肩関節に疼痛を伴う場合は，疼痛のない範囲にとどめておく．

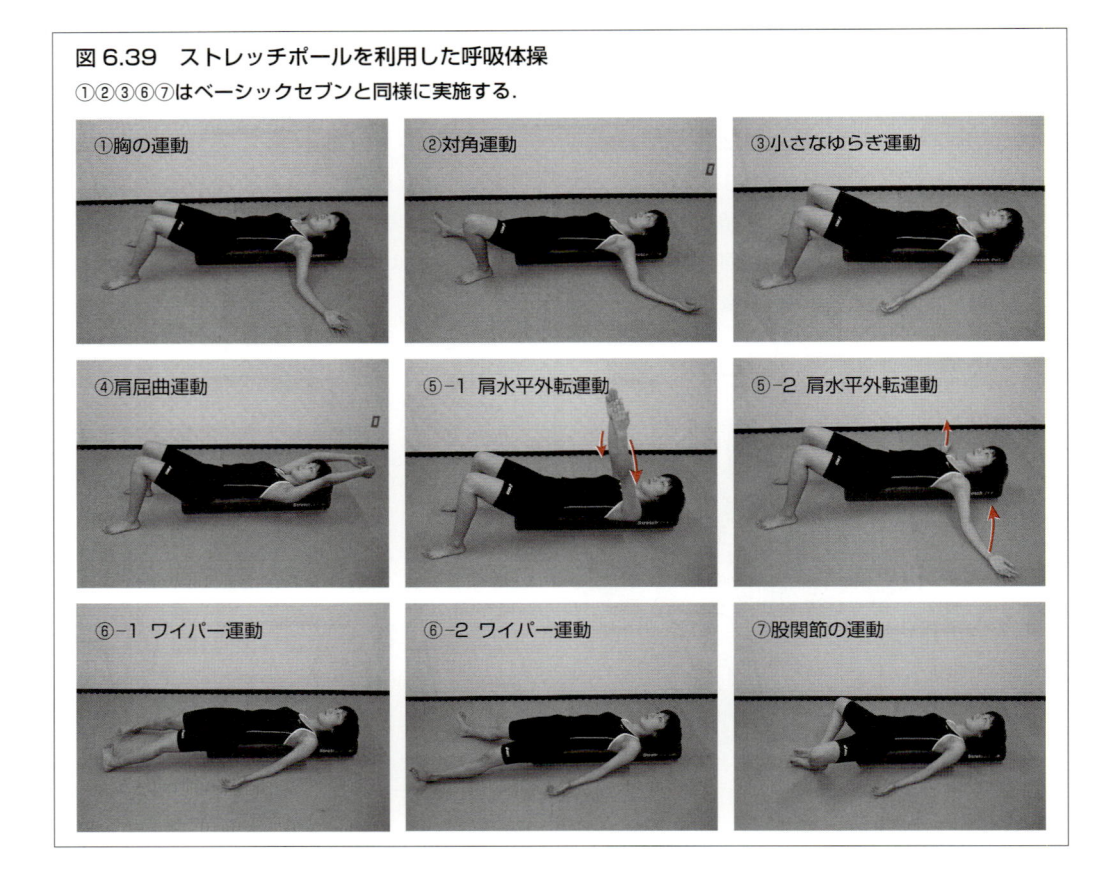

図6.39　ストレッチポールを利用した呼吸体操
①②③⑥⑦はベーシックセブンと同様に実施する．

①胸の運動　②対角運動　③小さなゆらぎ運動
④肩屈曲運動　⑤-1 肩水平外転運動　⑤-2 肩水平外転運動
⑥-1 ワイパー運動　⑥-2 ワイパー運動　⑦股関節の運動

D まとめ

　ストレッチポールを利用することによって，①仰臥位では，胸郭背面の動きを獲得しやすく，下側肺の含気改善につながる．②仰側部へ施術者の手が入れやすく，下側肺に対するアプローチを行いやすい．といったメリットがある．一方で，①呼吸介助の際，棘突起の圧が高まり，疼痛の誘因となる．②喀痰量が多い場合，長時間の仰臥位が困難といったデメリットもある．これらの点を理解したうえで，その適応と方法を創意工夫しながら，活用していただきたい．

[参考文献]

6.6
1) 千住秀明：呼吸リハビリテーション，第三版，pp. 53-86，神稜文庫，1997．
2) 千住秀明，横山茂樹：呼吸器疾患の理学療法，標準理学療法学　運動療法学各論，第二版，pp. 324-337，医学書院，2001．

6.7 中枢神経疾患（片麻痺）

渡辺なおみ

A　はじめに

　中枢神経疾患に対するコアセラピーは，コアコンディショニングの考え方（第3章）を基本とする．コアコンディショニングとは『ヒトの発育・発達過程に沿って進められるコア機能再学習エクササイズにより構成され，すべての身体活動に通じる良好な姿勢と協調性の効率的な獲得を促し，各種トレーニングの最大効果を引き出すための運動学習法』と定義される．これは，運動の連続性をヒトの発育発達の過程に沿って学習させることを意味している．すなわち，地球という重力環境下において，すべての身体活動に通じる望ましい姿勢，抗重力機構，動作を学習させることを目的とする．

　コアコンディショニングの構成は，まずアライメントを整え（リアライメント），体幹をスタビライゼーションすることで姿勢を安定させ（リセット），さまざまなポジションにおける動的な姿勢の安定を図り（ボディコントロール），さまざまな運動を学習していくというものである．コアスタビライゼーションやコアコーディネーションの過程もヒトの発育発達の過程に沿った運動により，効率のよい動作習得が可能な身体状態，抗重力機構を調えることができる．

　中枢神経疾患に対するコアセラピーも同様で，まず脊柱のアライメントを整え，体幹のインナーユニットを活性化させることにより，安定した体幹を獲得し，身体内・外部からのさまざまな刺激を受け止めやすい身体環境を作ることを目的としている．さまざまな動作時の重心移動に対し，運動の基本である姿勢反射を引き出しやすい身体の準備をすることで，日常のさまざまな動作が今より少しだけ行いやすくなる．このような状態でADL動作や歩行など，さまざまな日常動作を再学習していくことが滝川[6]のいう「不自由さと折り合いを付ける」ということなのであろう．

B　コンディショニングの必要性

　中枢神経疾患の臨床で，麻痺した半身について「いつになったら治るのでしょう？」という質問を受けることが多々ある．このときの"治る"とは，発症前の状態を指すことが多い．しかし，"麻痺を治す"と考えると我々セラピストも，そして患者自身も途方もない戦いを挑まなければならなくなる．麻痺を治すのではなく，麻痺した身体がもう一度重力環境下に適合し，効率のよい運動のシステムを再構築することが大切だと感じている．

　中枢疾患における機能回復の過程とは元の状態に戻ることを指すのではなく，現在の身体状況での重力への適応であり，環境と相互作用を繰り返しながら運動（動作）を再構築していく過程と言える．大槻[4]は『脳卒中により麻痺を持つことになった患者の課題は，滝川の言葉を借りるなら「新しく抱えた"不自由さ"とどう折り合いを付けていくか」ということである．』と表現している．効率のよい運動システムの構築とは，滝川の言う「不自由さと折り合いを付ける」ことである．すなわち，我々人類が長い進化の過程で巧みに重力と適合し，獲得した人間として

の特徴，"二足で立ち，手を使いさまざまな動作をする"という機能を[5]，もう一度"不自由さ"を抱えた身体で再学習することである．

急性期や回復期においてセラピストは，さまざまな物理的刺激を利用し，患者のさまざまな反応を引き出し，その機能回復を促していく．患者はそれでも残ってしまった"不自由さ"と生涯，折り合いを付けながら生活していくことになる．その後，患者自身が日々行う姿勢のコンディショニングでは，重力環境下への再適応を促すため「どのような姿勢で重力を受け止めるか」という点を基本とする．正中感覚を再認識し，身体の左右差，筋緊張の左右差，支持基底面における重心の位置など，身体の状況を認知することが出発点となる．コンディショニングとは「調える」ことである．身体の"不自由さ"と生涯折り合いを付けていく患者にとって，自分の身体を認識し，自ら調えるという視点を得ることは動きやすい身体を得るためには大切なことだと考える．

C 姿勢と体幹機能

(1) 姿勢と動作との関係

姿勢と運動との関係をSherringtonら[3]は「姿勢は運動における影のような存在であり，運動・動作・行為と姿勢調節は表裏一体の関係である」と述べている．また，富田[7]は「姿勢は変化することに価値があり，変化することが動くことであると考えれば，動きは姿勢に還元できる．」と姿勢と運動との関係を述べている．我々の姿勢は，生後約1年のさまざまな動きを通して，脊柱のアライメントが形成され，その後，下肢のアライメントや足底のアーチが環境との相互作用から生じる身体刺激により形成される．日常のさまざまな動作を通して学習され，効率のいい姿勢と姿勢調節，動作を獲得していく．このような視点で運動療法を考えるとき，姿勢にアプローチをするということは，動きを変化させることにつながり，運動学習において内部環境を調えることにつながる．

(2) 運動学習と姿勢の関係

脳卒中に代表される中枢神経疾患は，筋緊張の異常や連合反応・共同運動に代表される筋の協同収縮異常，協調性障害や不随意運動などの運動機能障害や感覚低下や異常感覚などの感覚障害，注意力や記憶などの認知障害など複雑な問題が絡み合い，さまざまな症状を呈する．大槻[4]は片麻痺の問題点を「重力下において，意識に上がることなく24時間，一生涯にわたり人の活動を支える，姿勢反射に代表される身体各部位を連結する機能障害（内部環境の障害）と，身体を支える支持面と身体側の接触面との相互関係の逸脱（外部環境との適応障害）である．」と述べている．

筋緊張の異常や運動パターンの異常などに対し，さまざまな物理的刺激により促通などの変化を引き出すことは大切である．我々セラピストはさまざまな方法で患者の持つ内部環境の障害にアプローチし，筋緊張や関節可動域制限を改善し，体幹機能や姿勢を整え運動の再学習を促していく．処理系・出力系に問題がある場合は，リラックスして動ける範囲でエクササイズすることにより，制限因子の軽減（筋スパズム・筋による圧迫の軽減による運動軸の改善）が認められ，関節可動域の制限が改善される．

ストレッチポールにてアライメントをコントロールすることにより，脊柱からの適切な感覚入力が得られ，その入力情報により筋の過緊張が軽減し，筋の出力が発揮しやすくなる．このよう

な状態で運動を繰り返すことにより，中枢部での情報処理系の機能が促進され，運動学習の効率がよくなる．その結果，姿勢の改善と適切な姿勢調節，運動制御が期待できる．

(3) 体幹のスタビライゼーション

中枢神経疾患の理学療法において，体幹機能の重要性は周知の通りである．特に体幹のスタビリティが不十分な状態では全体的な動きになりやすく，四肢の選択した運動は望めない．このような状態で運動を繰り返すと，身体には異常な筋緊張からの情報が入力され，姿勢や運動パターンはますます異常な方向へと向かうという悪循環に陥る．この悪循環を断つには，体幹のスタビライゼーションが欠かせない．スタビライゼーションとは，運動による身体の重心の変化に対して，必要なとき必要なだけの脊柱の安定性を選択する能力であり，決して同時収縮のように固めて保持する機能ではない．我々の身体は非常に不安定な構造をしているが，この不安定こそが自由度の高い運動を可能としており，適時最適な安定性を選択する能力こそがスタビライゼーション能力と言える．

本来我々はこの機能を発育発達の過程で，その身体のサイズ（重さ）と運動の発達に合わせて学習し，抗重力機構として中枢神経において自動的に調節している．この抗重力機構は脊椎回りの単関節筋や結合組織からの感覚入力やインナーユニット（横隔膜・腹横筋・多裂筋・骨盤底筋群）の活性化が重要であり，脊柱の安定性には運動のコントロールと身体への気づきなど認知的な要素が欠かせない．この脊椎回りの単関節筋やインナーユニットは脊椎動物の進化の過程においても，ヒトの発達の過程においても，脳の階層性と密接に関係し発達している[8]．

中枢神経疾患はこの抗重力機構が中枢神経の障害により，入力・情報処理・出力ともに変化し，運動の様式が変化するものである．ヒトがこの抗重力機構を身に付けた過程を再学習することは，体幹のスタビライゼーションを向上させるために効果的である．

(4) 呼吸の重要性

体幹のスタビライゼーションにおいて欠かせないのが呼吸である．コアスタビライゼーションでは呼吸を体幹のスタビライゼーショントレーニングとして位置付けている．ヒトが生まれて最初にする運動が呼吸，すなわち産声である．数ある哺乳類の中で産声をあげるのは人間だけだと言われている．

ここで横隔膜の役割について考えてみたい．横隔膜は哺乳類になって急激に発達し，ヒトにとって重要な吸気筋として働く．出生直後の横隔膜は肋間筋や四肢筋の2倍の筋線維を持ち，吸気のみでなく，腰椎の前弯保持，安定性にも大きく寄与している[2]．横隔膜は，前頸部の直筋の一部が胸郭底部に移行して吸気の専門筋となったと考えられている[9]．一方，呼気の専門の筋肉は存在しないため，呼気は主に胸腔の弾性と横隔膜の弛緩，腹横筋や腹斜筋などの腹筋群や骨盤底筋群を補助筋として行われる．しかし，胸郭の弾性が不十分だと，息を吐ききることが困難となる．通常呼気が不十分なまま吸気を行い続けると鳩尾（みぞおち）が引き上げられ，胸椎が過伸展されて脊柱のアライメントが崩れる[1]．したがって，十分に呼気を行うことは体幹のスタビライゼーションにとっても脊柱のアライメント保持にとっても重要である．

D 具体的方法

(1) 正中感覚獲得

運動の再学習には適切な感覚入力が欠かせない．ストレッチポールの上に頭部と脊柱がまっすぐ乗るように意識しながら仰向けに寝て，体幹が安定するようにレベルに応じて枕やクッションなどで支え，適切にポジショニングする（図6.40）．このとき，四肢と頸部の緊張が最も抜ける位置を探すことがポイントとなる．頭部と脊柱をポールに預けることにより，姿勢の左右差を認識しやすくなり，正中感覚の向上が期待できる．

図6.40 中枢神経疾患患者のポジショニング
①ポジショニング例　②ポジショニング例　③ポールポジション

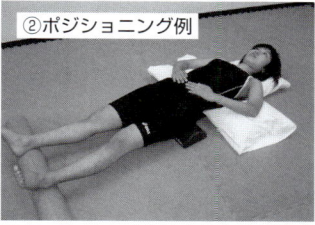

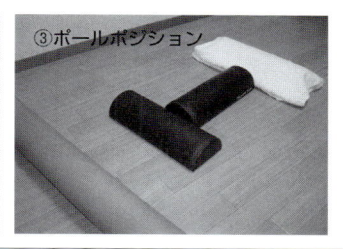

(2) 脊柱周囲のリラクゼーション

ストレッチポール上で仰向けになることは，脊柱を重力から解放することにつながる．このとき脊柱は胸椎後弯の軽減，仙骨の後傾などによる腰椎前弯の軽減が生じることが蒲田らの研究によって明らかになっている．この脊柱のリアライメントが脊椎回りの筋の筋長を最適化する．脊椎回りの筋は筋紡錘に富み，姿勢保持時，体幹が重力に対してどのような状態にあるのかという内部情報を中枢に送り，姿勢を調節する．ポール上で身体を小さく小刻みに振動させることにより，脊柱回りからの感覚入力を向上させ，適切な感覚入力がリラクゼーションにつながる．

まず，胸骨と下腹部（S2レベル）に手を当て，ポールに対して垂直方向に軽く圧迫（自分体重をかける感じ）したまま左右に揺らす．脊柱からの感覚入力を促進する（図6.41A）．次に，左右の腸骨を包み込むように保持し，骨盤を左右に揺らす．骨盤のゆれが脊柱に伝わることを確認する（図6.41B）．

(3) 体幹のスタビライゼーション

①呼吸筋エクササイズ

呼吸を体幹のスタビライゼーションのエクササイズと捉える．まずは，胸式呼吸を促し，胸郭の弾性を高めておく．ストレッチポール上で深い呼吸を促すと，胸郭が重力から開放されているので，胸郭の弾性を引き出しやすい．このとき，必要に応じて呼吸介助を実施する（図6.42）．次に頸部の緊張をできるだけ取り除いた状態で，横隔膜を遠心性に緩めながら息を吐く．このときは腹筋群や骨盤底筋を収縮させ，しっかりと息を吐ききるように呼吸を促す．この段階は強い全体的な筋の収縮が中心となる．鳩尾・胸骨を意識し，胸郭をしっかりと動かす．このとき，体幹はできるだけ伸張させながら行うとよりスタビライゼーションを得やすい．次に，小刻みな呼吸で腹横筋の収縮を促す．ここでは数字を数える，母音を発声させるなど，声を出すことを促すと行いやすい．

図 6.41　脊柱周囲のリラクゼーション
A　胸骨と下腹部に手を置き圧迫する

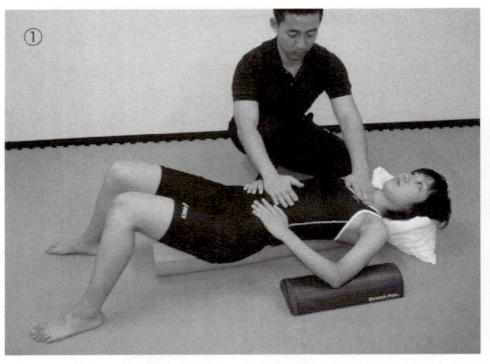

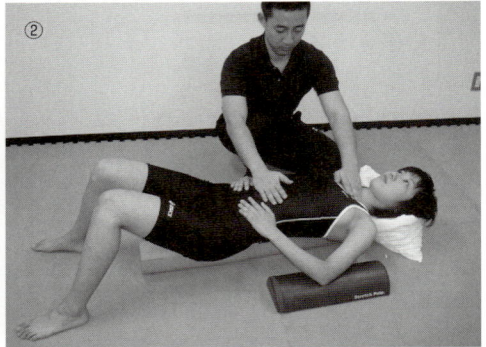

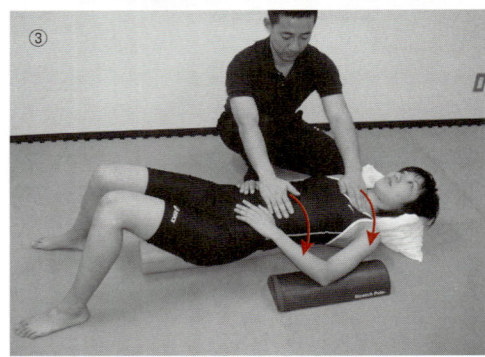

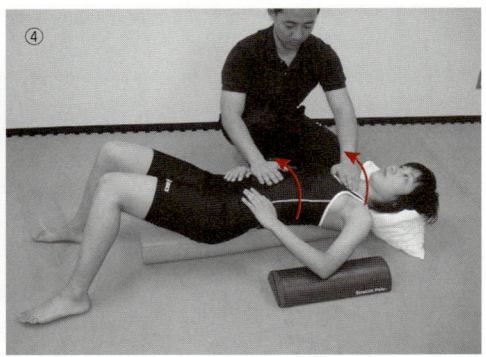

B　腸骨を包んで骨盤を左右に揺らす

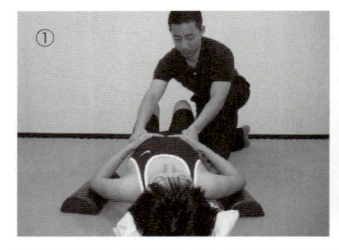

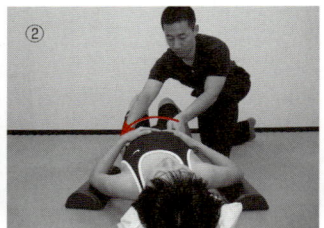

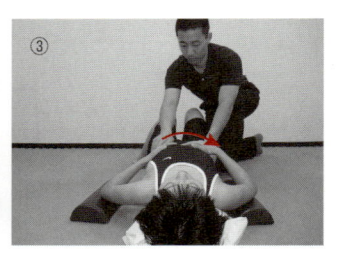

図 6.42　呼吸介助

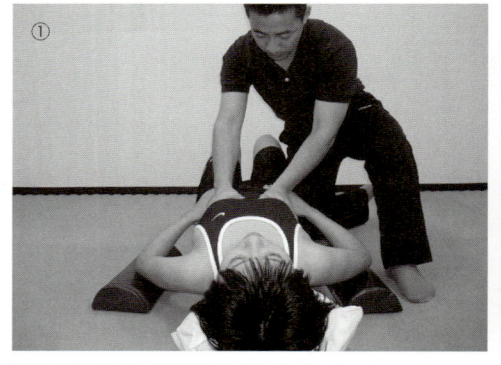

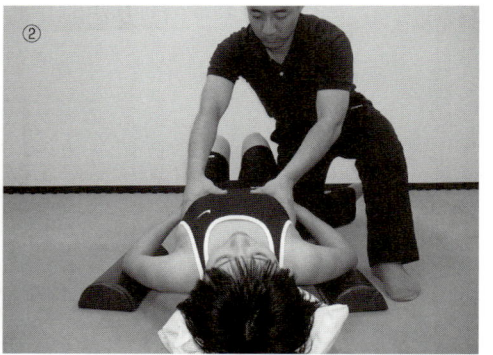

②四肢の運動中の体幹スタビライゼーション

体幹のスタビライゼーションは，四肢の動きに対して姿勢調整のために必要な安定性を適時，選択できることが重要となる．呼吸によってインナーユニットを活性化させたあとは，四肢を安定して動かせるようにエクササイズを進めていく．このとき考慮したいのが四肢の重さである．我々が発育発達の過程で体幹のスタビライゼーションを学習した段階では四肢は体幹に比較して軽く，動かすのに大きな力は必要なかった．しかし，身体の成長に伴って四肢長も長くなりその重量も重いものになっている．「手足が重たい」という訴えも，筋緊張や運動パターンの問題もあるが，四肢を自由に動かせるだけの体幹のスタビライゼーション能力が低いためとも考えられる．

ストレッチポール上で四肢のさまざまな運動を行い，選択的な体幹のスタビライゼーションの獲得を目指すが，最初は自動介助運動やショートポールやセラピーボールの活用など，四肢の重さをコントロールしながら行い，徐々にその負荷を上げていくようにアプローチする．例として仰臥位での足踏み運動をゆっくりと実施する（図 6.43）．

このように，動作学習の準備段階として姿勢を整え，体幹のスタビライゼーション能力を向上させておくことは運動の再学習にあたり，効率のよい動きの学習につながり，立ち上がりや歩行，ADL エクササイズの前の身体の準備として有効である．

図 6.43 仰臥位での足踏み運動とその介助

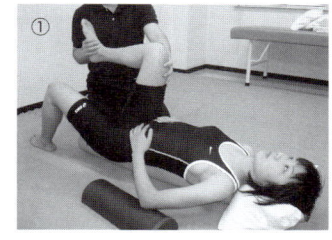

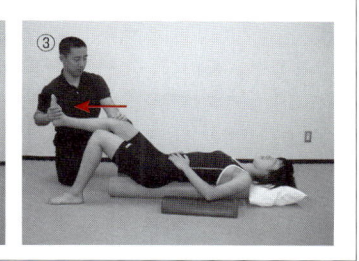

[参考文献]

6.7
1) Donald AN：骨格筋系のキネシオロジー（嶋田智明，平田総一郎監訳），医歯薬出版，2006．
2) Rona Alexander, Regi Boehme, and Barbara Cupps：機能的姿勢：運動スキルの発達（高橋智宏 監訳，太田真美ら共訳），協同医書出版，2006．
3) Sherrington CS：The Integrative Action of the Nervous Systm. Yale University Press, New Haven, 1906.
4) 大槻利夫：片麻痺に対する環境と適応．環境と理学療法（内山靖編著），医歯薬出版，2004．
5) 近藤四郎：ひ弱になる日本人の足．草思社，1993．
6) 都甲潔 他：自己組織化とは何か．講談社，1999．
7) 富田昌夫：治療場面における臨床運動学的分析．理学療法学 121(3)：29, 1994.
8) 松尾隆：脳性麻痺の整形外科的治療．創風社，1998．
9) 三木成夫：ヒトのからだ—生物史的考察．うぶすな書院，1997．

6.8 症例紹介

新谷大輔, 衛藤継富, 山道和美

症例 1：脳梗塞後遺症に対する歩行能力改善効果

- **年齢**：53 歳
- **性別**：男性
- **診断名**：
  消化管穿孔術後
  汎発性腹膜炎
  播種性血管内凝固症候群
  人工呼吸器管理後
  心不全
  左下肢壊疽
- **合併症**：
  脳梗塞（左片麻痺），拡張型心筋症，糖尿病
- **現病歴**：
  　本患者は，平成 19 年 2 月 15 日に激しい腹痛により救急外来受診し，消化管穿孔の診断にて入院となる．低心機能のため保存で加療していたが，改善の見込みがないためハイリスクではあったが，2 月 21 日に胃穿孔に対して単純閉鎖術施行．人工呼吸器・IVH 管理となる．2 月 23 日，人工呼吸器抜管，酸素投与．術後に心不全，播種性血管内凝固症候群，左下肢壊疽の悪化を来しベッド上で安静加療．
  　3 月 12 日よりリハビリテーション開始．臥床による廃用と左片麻痺（陳旧性）と全身状態の低下により寝たきり状態．
- **元々の生活状況**：
  独居．つたい歩きまたは四つ這い（四つ這いにより左下肢に潰瘍形成）．
- **初期評価（3/12）**：
  左 BRS：U/E Ⅵ　Fig Ⅱ　L/E Ⅵ
  GMT：上肢（5, 4）　下肢（4, 2）
  ADL レベル：ベッド上　全介助
  起居動作：全介助
  B.I：0 点
- **初期評価時のゴール設定**：
  安全な離床と車椅子でのセルフケアの自立
- **リハビリテーション経過**：
  　3/12 よりリハビリテーション開始．翌 3/13 より平行棒内での起立・立位訓練を開始するが，著明な倦怠感と膝折れが見られた．3/22 より膝折れ軽度となり平行棒内歩行が可能となる．4/3 より歩行器歩行を開始．4/12 より病棟歩行を実施したが，息切れと全身倦怠感により ADL には結びついていなかった．4/23 よりロフストランド杖歩行開始．5/24 よりストレッチポール訓練開始．訓練開始後急速な筋力の向上と持久力の向上が見られた．7/11 には独歩可能となった．現在居室内は独歩，長距離・屋外は T 字杖歩行自立となっており，介護保険と住宅改修待ちで今後の方針は自宅退院となっている．
- **中間評価（5/17）**：
  左 BRS：U/E Ⅵ　Fig Ⅵ　L/E Ⅵ
  GMT：上肢（5, 4）　下肢（5, 4）
  ADL レベル：ロフストランド杖歩行
  　　　　　　セルフケア介助
  B.I：70 点
- **中間評価時のゴール設定**：
  ロフストランド杖での歩行自立・施設入所
- **ストレッチポール導入後評価（8/28）**：
  左 BRS：U/E Ⅵ　Fig Ⅵ　L/E Ⅵ
  GMT：上肢（5, 4）　下肢（5, 5）
  ADL レベル：独歩，T 字杖歩行
  　　　　　　セルフケア（入浴を除く）自立
  B.I：95 点
- **ストレッチポール導入後のゴール設定**：
  歩行の自立・自宅退院
- **なぜストレッチポールを導入したか？**
  ・腰背部の筋緊張が高く，分回し歩行も見られ，著明な右側への重心偏位がありバランス不良があったため．
  ・体幹の安定性に獲得と麻痺側上下肢の協調性の獲得のため．

【考察】
　ストレッチポールによるエクササイズのリハビリ導入と筋力，持久力向上との間に直接的関係があったとは言いがたいが，筋緊張の調節，体幹の安定性の向上，正中感覚の獲得によるバランス及び体幹機能の向上がその後の歩行訓練，ADL 訓練の効果を加速させたと考えられる．
　これまで，中枢疾患のアプローチは起居動作や歩行など動作獲得の前に筋緊張の調整，アライメントの調整，体幹機能へのアプローチなど動作獲得の準備に多くの時間を割く必要性があった．しかし，コアセラピーの導入によりプレエクササイズとも言える身体機能の調整が効率的に行えることがリハビリ期間の短縮，ホームエクササイズへの移行に有効なのではないかと考える．

●実際の訓練場面：

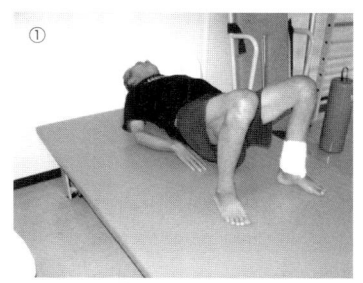

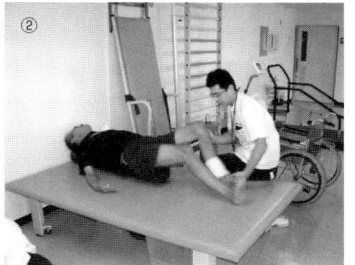

ベーシックセブンを適宜介助しながら行っている場面．

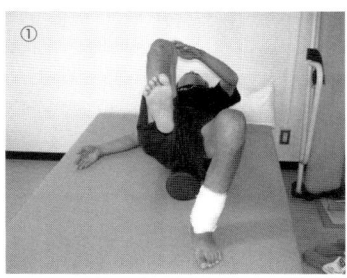

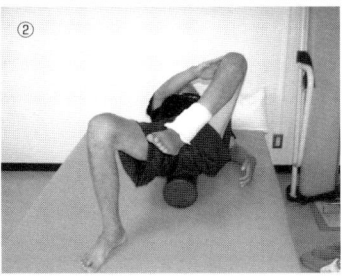

左右上下肢の協調運動と体軸内回旋．はじめ左下肢は持ち上がらなかった．徐々にシナジーパターンだがバランスをとって可能に．

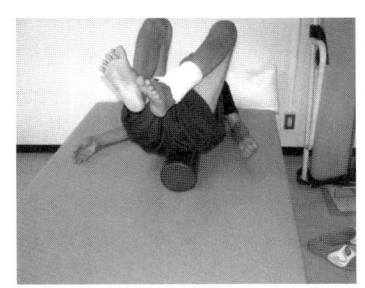

両下肢の挙上可能．

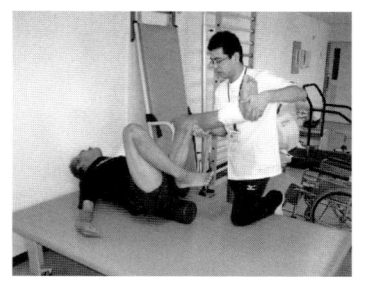

股関節屈曲位での膝伸展の分離動作が不十分，ハムストリングスの過緊張を自動介助運動で抑制．

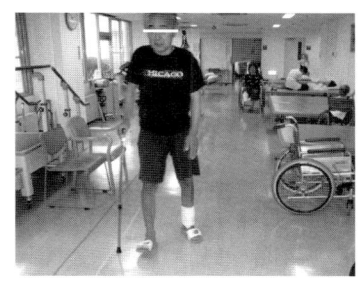

屋内歩行は連合反応も少なくスムーズとなる．元々四つ這いつたい歩きだったことを考えると，大きな改善といえる．

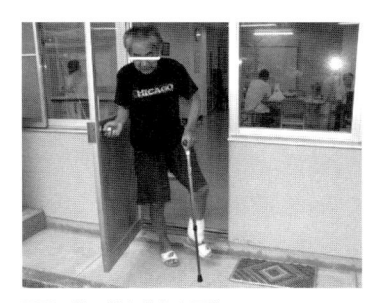

ドアの開閉，杖の持ち替えも可能．

屋外も可能．

症例2：脳出血により左半側空間無視（USN）ならびにPusher症候群を呈した症例に対するアプローチ

- ●年齢：61歳
- ●性別：男性
- ●診断名：
  脳出血（混合出血）左麻痺
- ●合併症：
  脳梗塞（ラクナ梗塞）無症候性
  高血圧症
- ●現病歴：
  平成19年7月31日自宅庭先にて発症．救急車にて当院受診，広範な脳出血によりK病院へ転送．8/2より，リハ開始．車椅子乗車全介助レベル．8/8に当院へリハ目的にて転院．8/9より，リハ開始．
- ●元々の生活状況：
  現役のタクシー運転手
- ●初期評価（8/9）：
  左BRS：U/E Ⅱ　Fig Ⅱ　L/E Ⅱ
  GMT：右上下肢5
  重度構音障害・嗄声・嚥下障害あり
  ADLレベル：左寝返り：全介助
  　　　　　　右寝返り：全介助
  　　　　　　起　座：部分介助
  　　　　　　座位保持：全介助
  　　　　　　起　立：全介助
  　　　　　　立位保持：全介助
  　　　　　　移　乗：全介助
  　　　　　　歩　行：不可
- ●初期評価時のゴール設定：
  車椅子介助レベル
- ●ストレッチポール導入後評価（8/29）：
  左BRS：U/E Ⅱ～Ⅲ　Fig Ⅱ　L/E Ⅱ～Ⅲ
  GMT：右上下肢5
  ADLレベル：左寝返り：見守り
  　　　　　　右寝返り：部分介助
  　　　　　　起　座：部分介助
  　　　　　　座位保持：部分介助
  　　　　　　起　立：部分介助
  　　　　　　立位保持：部分介助
  　　　　　　移　乗：部分介助
  　　　　　　歩　行：部分介助
- ●ストレッチポール導入後のゴール設定：
  車椅子介助レベル
- ●リハビリテーション経過：
  臥位：頭位の右側変位と著明なUSNあり．座位：右上下肢での著明なPusher現象あり．左への倒れこみあり．全介助レベル．起立・立位：右上下肢での著明なPusher現象あり．移乗での転倒のリスクあり．評価・治療として臥位レベルでの左右筋緊張の調整を図るが，著明な姿勢改善効果はリハ終了時のみで，次の日の姿勢変化にはつながらなかった．8/18よりLLB装着にて歩行訓練開始するが，体幹の保持・重心移動・左下肢の振り出しと最大介助レベルであった．8/22よりストレッチポールを訓練に導入．訓練直後より左手への認識向上．ADL訓練にてストレッチポールを背もたれにして手洗い動作介助にて開始．徐々に臥位での体幹の正中化，著明な頸部の右側変位軽減．ストレッチポール上での右下肢の挙上可能となる．座位：左坐骨への体重移動が可能となり調整を介助することで数十秒保持．立位：右手すりへの体重移動が可．Pusherは軽減．歩行：LLB装着にて左への重心移動，右下肢の振り出しが良好となり介助量軽減傾向．また，胸郭の運動性が著明に向上し，発声可能となる．
- ●ストレッチポール導入理由
  ・右頸部・腰背部の筋緊張が高く，ATNR，STNR，TLRの姿勢緊張が強く見られ，姿勢調整が困難であったためリラクゼーションツールとして．
  ・右肩甲帯周囲の過緊張とPusherの抑制
  ・体軸内回旋の獲得
  ・正中軸の獲得

【考察】
　USNやPusherを伴う脳卒中患者の姿勢調整は入力系と出力系の障害により環境適応できないため難しく，運動学習もうまくいかない．これに対し，ストレッチポールというツールを使うことで，脊柱のアライメントの改善，正中軸の獲得，体幹の安定化，それに伴う体幹と四肢の協調した運動を容易に引き出すことができ，症状の改善につながったのではないかと推測している．
　また，胸郭の弾性の向上，頸部の筋緊張の改善により発声・嚥下に関与する筋の機能改善，腹圧の向上により嗄声の改善，声量の増加が認められたと思われる．
　もちろん，脳出血は血腫の吸収とともに症状の改善を見ることが多く，その他の訓練の効果も排除できないため，すべての効果がストレッチポールの介入によるものとは考えにくい．しかしながら，今回の経験を通し，ストレッチポールの介入はプレエクササイズとしての姿勢の調整，筋緊張の緩和には効果的だと考える．

●実際の訓練場面：

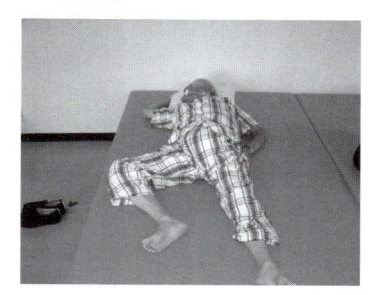

仰臥位姿勢：ATNR の影響が残存し頭部は右方向に偏位．左の骨盤帯は右回旋し離床，左腰背部はオピストトーヌスが見られる．

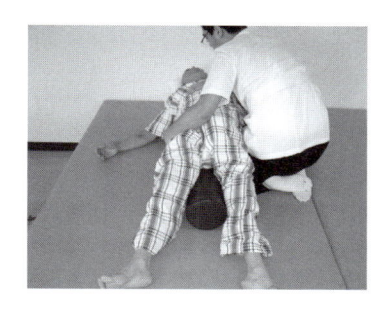

① ストレッチポール上揺らぎによる左右筋緊張の調整．過緊張軽減．筋緊張が徐々に整う．

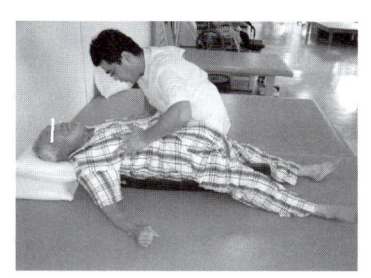

② 深呼吸と胸郭のモビライゼーションと腰背部の筋緊張の抑制．呼吸介助でオピストトーヌスと頸部過緊張改善．

③ **左下肢への荷重と腹筋群の促通＋右下肢挙上**．腹部へ軽い圧迫を加え腹筋群の促通をしながら重心左側移動．左下肢へ踵方向に強い圧を加える．口頭で右下肢の挙上を促し，挙上に合わせて重心移動．

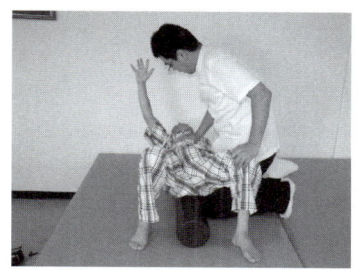

④ **左下肢への荷重と胸郭のスタビライズ促通＋右上肢挙上**．重心の左移動と胸郭への軽い圧迫を加え胸郭をスタビライズ．左下肢は④と同様．頭に右上肢の挙上を促し，ノーチに合わせて重心移動．
 *床面では右上肢の挙上は困難だが，ストレッチポール上なら Pusher の影響も少なく誘導可能．

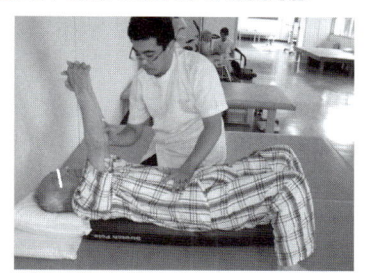

⑤ **腹筋群の促通＋両上肢挙上**．腹部への軽い圧迫を加え腹筋群の促通．口頭により両上肢の自動介助運動を行う．
 *訓練が進むと左下肢の膝立てが介助なしで可能．

【ストレッチポール導入後の姿勢】

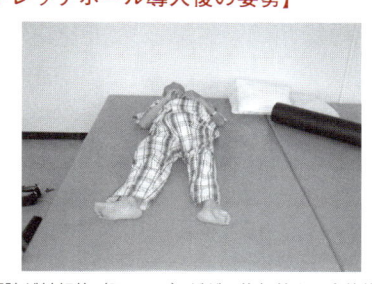

右下肢が外転位（Pusher）だが，施行前より全体的な姿勢は改善．

【ADL 訓練】

手洗い動作

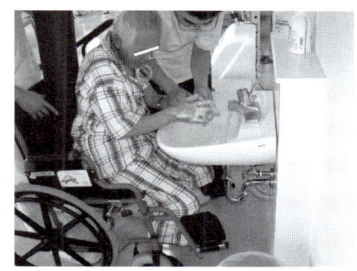

正中軸への意識のため後ろからストレッチポールに腰背部を接地．介助にて手洗い．体幹のスタビリティと体軸内回旋，左右認知向上．

6.8 症例紹介

第7章 日本コアコンディショニング協会の活動

活動の目的や研究部会の役割など
指導者組織の概要について記載してあります.

7.1 トレーナー認定事業と会員制度

吉武永賀

A 協会の理念と活動：安全と再現性を求めて

　（財）日本コアコンディショニング協会（JCCA）は，コアコンディショニングの理論化，方法の開発と改善，そして指導者教育と普及啓蒙を主導している．その大きな特徴に，協会主催のセミナーに参加する指導者・治療者らの多様性があげられる．これは，「ベーシックセブン」発案者の岩崎，日暮のオープンな考え方によるところが大きい．

　セミナーを通じてさまざまな経歴・資格の参加者に求めたものは安全性と再現性である．当初のベーシックセブンは，アスリート向けに開発されたもので，筋をストレッチさせる種目が多かった．ベーシックセブンの発案当初，エクササイズを行った直後に体感できる効果の再現性は，アスリートを対象とした場合はとても高いものであった．その考え方を継承しつつ，さまざまな対象者においても変わらぬ安全性を求めてきた．

　その改革は事故の報告から始まった．普及を始めて数ヵ月たった頃，複数の治療家の先生方からベーシックセブン指導後に患者が肩甲帯や股関節に痛みを訴えたとの報告が届いた．その後，ジャンルを越えた指導者たちからの意見を吸い上げてベーシックセブンの内容を改善するとともに，指導者への方法伝達と留意点の確認が必要だと判断された．その結果，2003年3月から始まった講習会では，回を重ねるごとに豊富な事例が盛り込まれ，新しい方法や改善例が示された．また，フィットネス業界ではレッスンを担当するインストラクターが有資格であることが重視されていたため，2003年10月から資格認定講習会が開始された．

　優れた効果が得られるベーシックセブンは，考案当初より指導者らの工夫により作られたエクササイズであった．これに対して，理論的な裏付けの必要性が高まり，またリラクゼーションを超えた総合的な効果を求めたエクササイズが提案された．それらを統合するための運動学習理論として，日暮がコアコンディショニングを考えるときのベースにしていた発育発達論が採用された．その結果，「コアリラクゼーション」，「コアスタビライゼーション」，「コアコーディネーション」というエクササイズの流れとともに，仰臥位から立位へと進められる現在のコアコンディショニング理論の基礎が形成された．

　以上のような経緯で設立され，発展してきた（財）日本コアコンディショニング協会は，以下の4項目をその社会的使命と位置づけて活動している．

　『従来のセルフコンディショニングを改革します』

　　　正しいコアコンディショニングを理解することにより，誰もが安全で再現性の高いセルフコンディショニングを実現できます．私達はクライアントが求める真の喜びを提供する指導者を育成します．

　『プロ指導者に役立つ情報共有の場を提供します』

　　　コアコンディショニングをベースとした指導者のコンテンツの提供および発表の場となり，指導者の知識と技術の向上を支援し，現場で活用できる生きた情報を共有できます．

また協会を窓口に他団体からの講師依頼などのご紹介をさせていただきます．

『コアコンディショニングの進化を目指します』

現状のコアコンディショニングに満足することなく，常に新しい可能性を求めて進化させることを目的とします．そのためのさまざまな理論背景を獲得するためコアセラピー研究部会を中心に検証を行っています．

『さらなる普及を実現します』

地に足のついた普及のためにはプロ指導者の育成が不可欠です．職業としての指導者を支援するため『トレーナーズスクエア』がプロフェッショナルを目指す指導者をバックアップします．

さらに，（財）日本コアコンディショニング協会の活動内容は以下の5項目にまとめられる．
①コアコンディショニング指導者育成のためのセミナーの開催
②コアコンディショニングエクササイズの新規開発・情報発信
③コアコンディショニングツールの研究・メソッド教材の提案開発
④コアセラピーの学術研究支援・学会発表（研究助成金制度．7.2 項参照）
⑤コンディショニングトレーナー教育支援

B 認定制度

2014年4月現在の当協会の認定資格は主として「ベーシックインストラクター」，「アドバンストトレーナー」，「マスタートレーナー」の3段階である．以下，それぞれの認定方法について説明する．

(1) ベーシックセブンセミナー

このセミナーは資格や学歴を問わず，誰でも受講できる3時間のセミナーである．コアコンディショニングの基本であるベーシックセブンを実技中心で学ぶことができる．前半はベーシックセブンの効果を体感し，後半にはその安全で正しい指導方法を学ぶ．このセミナーを受講すると「ベーシックインストラクター認定証」が発行され，クライアント家族や友人に安全で効果の高いベーシックセブンの指導ができるとともに，地域やサークル活動でベーシックセブン体験会を開催することができる．

(2) アドバンストセミナーシリーズ

これを受講するには「ベーシックインストラクター認定証」が必要とされる．6時間×2のセミナーシリーズには，モニタリング，コアリラクゼーションの指導，コアスタビライゼーションの指導についての座学と実技が含まれる．また，以下の一連の指導が安全かつ効果的にできる能力を確実に身に付けていただくため，後日認定試験を実施する．

●**モニタリング**：姿勢やアライメントを観察し，その結果を記録することを目標とする．

●**コアリラクゼーション**：チャート式のコアリラクゼーションパッケージに従ってコアリラクゼーション種目を指導する．その結果，体幹をリアライメント（姿勢改善）させることを目指す．

●コアスタビライゼーション：インナーユニットの構造と機能を理解し，発育・発達過程に沿った呼吸からのコアスタビライゼーション種目を指導する．その結果，インナーユニットがより活性化された状態「リセット」を目指す．

アドバンストセミナーシリーズを受講後，認定試験に合格することで認定アドバンストトレーナーとなる．

(3) アドバンストトレーナー認定試験

アドバンストセミナーシリーズの修了がアドバンスト認定試験の受験資格である．この認定試験は，学科試験（30分40問）と実技試験（25分）で構成される．学科試験（30分）では，アドバンストトレーナーとしてコアコンディショニングに関する知識を確認する．一方，実技試験では，実践に沿った形式で実際にクライアント役の試験官に対して，25分間でリセットを目指したコアコンディショニングの指導を行う．

アドバンストトレーナー認定試験の到達目標としては，①健常な対象者においてコアリラクゼーションによってリアライメントすること，②コアスタビライゼーションによりインナーユニットを活性化させて身体をリセットさせること，さらには③グループエクササイズの指導を安全かつ効果的に実施できること，である．この試験に合格すると，「アドバンストトレーナー認定証」が発行される．これにより，フィットネスクラブのパーソナルトレーニング，治療院における治療，スポーツトレーナーとして競技選手や一般の方に，効果的なコンディショニング指導をすることが認められる．

(4) マスターセミナーシリーズ

このセミナーの受講資格は，アドバンストトレーナー認定試験に合格していることであり，6時間×6種類の（「発育からひもとくコア」「コアスタビライゼーション」「コアコーディネーション」「モチベーションテクニック」「コアからみる姿勢の評価」「コアからみる動きの評価」）のセミナーシリーズからなる．その到達目標としては，コアコンディショニングのベースとなる発育発達とコア関連の理解，姿勢分析と動作観察を実施できること，その結果に基づきコアリラクゼーションからコアコーディネーションまでの運動プログラムを作成できること，さらにその方法を適切に指導できることである．

マスタートレーナーに合格すると，クライアントの身体の下地作りから，パフォーマンスの向上までトータルサポートすることが可能となる．このマスターセミナーシリーズを修了後，マスタートレーナー認定試験に合格することで，認定マスタートレーナーとなる．

協会会員でなくてもセミナー受講自体は可能（2018年度より）．資格条件もなく誰でもコアコンディショニングを学ぶことができる．

セミナー詳細は，協会ホームページ http://jcca-net.com/ 参照．

C 会員制度

（財）日本コアコンディショニング協会は，コアコンディショニングに関心を持ち，協会の目的に賛同される個人および団体に会員の称号を与え活動をサポートする．団体の会員については法人会員と呼ばれ，すでに団体として活動している集団でかつ9名までの登録ができる．会員には

主に以下のような特典がある．

1. 講習会やワークショップを特別会員価格で受講できる．
2. 当協会からの最新情報が提供される．スポーツおよびトレーニング・フィットネスをはじめ，医療に関する最新情報を配信メールや会報にて提供される．特に日々生まれる会員様から寄せられる改善事例を詳しく知ることができる．
3. 各種ツールのレンタルを特別価格で利用できる．会員だけに特別価格1アイテム￥210でレンタルされる（送料は会員負担）．なお，レンタルツールは数に限りがあるため要予約である．
4. 関連商品を20% OFFで購入できる．これにはコアコンディショニングに必要なストレッチポール等のアイテム，ビデオ，名刺などが含まれる．

D　トレーナー紹介

（財）日本コアコンディショニング協会の所属トレーナーに関しては，協会ホームページ http://jcca-net.com/，もしくは一般の方に向けたコアコンディショニング情報発信サイト『コアコンファンサイト』http://coreconfan.com/ をご参照ください．

7.2 コアセラピー研究部会

蒲田和芳

A 研究部会の活動

コアセラピー研究部会は2007年度より日本コアコンディショニング協会（JCCA）内に設置された．その目的は，コアセラピーに関する研究を推進し，その成果を社会に還元することである．以下，当研究部会の活動について述べる．

(1) コアセラピーに関する研究の推進とエビデンスの構築
①研究助成
　JCCAでは2007年度より研究助成制度を発足した．応募用紙とともに研究計画書を提出することにより，当選者は1件20万円，年間15件程度の研究助成金および研究に必要なストレッチポールの貸し出しが得られる．応募時期については締め切り日を設けず，随時受け付け，審査は年間3回程度に分けて実施される．審査サイクルが短いので，学生の修士論文や卒業論文，臨床現場での研究など，比較的小規模かつ短期間で完了する研究への活用に便利である．

　応募用紙は1ページの簡単なもので，JCCAのサイトからダウンロードできる．助成金の目的に合致する研究計画書は，研究の重要性，方法の妥当性，研究メンバーの構成の妥当性，実現性の4項目について2～3名の審査員によって採点される．基本的には点数の上位の計画に助成される．なお，助成対象となった研究は，原則として全国理学療法学術大会での発表および『理学療法学』や『体力医学』（またはそれに準ずる雑誌）への投稿が義務付けられる．

　研究助成を得たか否かにかかわらずコアセラピーに関連のある研究成果を海外の学会にて発表する場合は，その旅費や滞在費も研究助成の対象となる．この場合は，演題が受理され，発表が決定した段階で応募用紙をJCCAに提出し，所定の審査を経て助成の有無が決定される．優れた研究成果が得られた場合，研究開始前に助成を得ていても，学会発表時に再度助成を得ることも可能である．

②研究支援
　当研究部会は，研究助成に応募された研究に対し，あるいはその他の要望に対して研究遂行をサポートする．できる限り，研究開始前に相談を受けることが望ましく，場合によってはより発展的な研究となるよう研究計画書の内容にアドバイスする．また，研究に必要な道具や評価方法への支援，協力病院や共同研究者の探索，統計処理のアドバイス，公表に向けての文章の校正など，研究の成功に必要なサポートを提供する．依頼があれば，研究部会員が共同研究者として参画する場合も考えられる．現時点までも，セミナー受講者からの問い合わせより共同研究に発展した例は多い．

　研究部会では，研究助成金を通じた研究支援体制を確立するとともに，コアセラピーに関連のある研究成果の収集を進めている．特に骨盤や胸郭のアライメントに関する論文・文献の収集を進め，それらを必要とする研究者に文献を供覧できる体制作りを急いでいる．

③症例・データ収集

当研究部会では症例報告，エクササイズ実例集，評価用紙（Yシート）などのデータベース化を進めている．ある程度の蓄積が進んだ時点で，個人情報法と照合したうえでインターネット上に公開する予定である．これにより，コアセラピーに関心のある治療者は，コアセラピーの応用事例，その効果，エクササイズの例などを閲覧または登録することが可能となる．

中でもエクササイズ実例集は，コアセラピーのエビデンス確立に向けた取り組みの基盤となる．将来的には，エクササイズ実例集をピラミッドの底辺とし，その中からJCCAが推奨エクササイズの選定を行う．また各方面で公開される研究成果を踏まえて，エビデンスのあるエクササイズの認定を進める予定である．

(2) 研究成果の公開，普及，啓蒙

JCCAでは研究成果を迅速に，かつより多くの方に提供するための体制作りを進めている．その手段としては，全国各地でのセミナーのほか，本書に代表されるような書籍や論文の出版，DVDやビデオの販売，インターネット上でのデータ提供などがあげられる．近い将来，全国のどこからでも必要な情報を即座に収集できるようなシステムを理想としている．

①研究成果の公開

研究部会では，コアセラピーに関連のある研究成果を収集し，それらをデータベース化する作業を進めている．論文や抄録については，出版社や学会と調整しつつ，できる限りインターネット上で公開できる体制の構築を進めている．

②セミナー

JCCAでは7.2B（p.218）であげるセミナーを開催（または計画）している．これらのセミナーは全国の主要都市で順次開催されている．

③書籍・DVD・マニュアル類

JCCAは書籍やDVDの発刊を進めている．DVDについては，JCCAのセミナーの内容をまとめたものが中心であるが，コアセラピーを実践されている臨床家からの提案も受け付けている．また，書籍や雑誌記事の執筆，あるいは取材についても柔軟に対応する．将来的には，ほとんどの活字媒体や動画媒体をインターネット上でデジタルコンテンツとして販売する．

(3) 研究成果を応用した商品やサービスの開発，提供

JCCAは世の中の人々に快適と安心を提供するために，自分の健康は自分で守る「コンディショニング」の知識と技術の普及を図っている．このコンディショニングの知識と技術の中核がコアコンディショニングである．コアセラピーでは各種の機能異常に対して，直接的に働きかける方法が提唱されている．これらの具体的な方法論の多くは，3章から6章において詳述されたようにストレッチポールを使用して行われる．JCCAでは，これらの理論や方法論をより広い対象者に対して，より効果的に適応するため，新たな「治療機器」や「健康器具」の開発を進めている．コアコンディショニングやコアセラピーの基本原理を応用した商品の共同開発に関して，JCCAでは企業からの提案（依頼）を受け付けている．また，ストレッチポールに自力で乗ることが困難な対象者が，自力で安全に基本姿勢をとることができるような支援商品の提案を募集している．

①動力を装備した機器

コアコンディショニングの多くの種目は，ストレッチポール上に仰臥位となり，セルフモビラ

イゼーションにより各関節の可動性改善を図るものである．これを行うことのできない高齢者や患者が安全かつ効果的にコアコンディショニングを実施できるよう，動力のついた機器の開発が望まれている．これには，新しいマッサージチェアやマッサージベッドが含まれる．大掛かりな開発を要するため，大手企業の参画が望まれる．

②簡便なエクササイズ器具

　コアコンディショニングでは，ストレッチポール上に背骨を支持することで，自重により背骨の自然な弯曲を取り戻し，各関節の可動性を改善する．このことを応用した各関節部位をターゲットにした簡便な健康機具および治療機器が考えられる．今後は，それぞれのクライアントの状況別，部位別のより精度の高い健康器具および治療機器の開発が待ち望まれる．

③サービス開発

　7.2D（p. 221）に紹介する各種の教室は，コアセラピーの基本原理や効果を応用したサービスに転用することが可能である．JCCAでは，コアセラピーの安全な普及に有効であると判断した場合は，フィットネスクラブなど企業やトレーナーなど個人とのコラボレーションによりコアセラピー関連サービスの商品化を推進する．

B　コアセラピー関連セミナー

　"コアセラピーセミナー"は主に理学療法士などの医療資格者を対象としたJCCA主催のセミナーであり，本書第5〜6章の筆者らで構成されるコアセラピー研究部会が開催している．その目的は，各種の疾患や病態の治療におけるコアセラピーの有効性を広く伝達することであり，2006年秋よりおおむね毎月1回，全国各地で開催されている．本書を執筆している2008年春の時点では下記のようなセミナーが実施または計画されている．

(1) 医療従事者向けコアセラピーセミナー

　このセミナーは2006年秋より開催されている1日セミナーである．主に，ストレッチポールやコアコンディショニングの経験の少ない方を対象としており，ベーシックセブンの体験，コアセラピーの総論と適応範囲（各論），コアセラピー研究部会の活動の紹介などから構成される（表7.1）．主にコアセラピーの理論，実例，適応範囲を紹介することにより，コアセラピー導入に関する障壁を下げることを主眼としている．このセミナーの内容は2007年末にDVDに編集され，2008年初頭より市販される．

表7.1　医療従事者向けコアセラピーセミナーの構成

コアコンディショニング総論
コアコンディショニング体験（実技）
コアセラピー総論
コアセラピーの各論および実技（以下から2〜3項目）
・体幹アライメント異常
・呼吸器疾患
・スポーツにおける肩関節疾患
・片麻痺
・高齢者
コアセラピー研究部会の活動

(2) 整形疾患に対するコアセラピー

　このセミナーは2007年春より開催されている1日セミナーである．整形外科疾患の治療に従事する医療資格者を対象としており，アッパーコアとロアーコアに含まれる代表的な整形外科疾患または症例に対するコアセラピーの考え方と実技を講習する．アッパーコアとしては，スポーツ選手の腱板損傷，オーバーヘッドスポーツの肩疾患，頸椎症など，ロアーコアとしてはスポーツ選手の腰痛，椎間板症，骨盤コンディショニングなどから構成される（表7.2）．このセミナーの内容は2007年末にDVDに編集され，2008年初頭より市販される．

(3) 回復期リハビリテーションにおけるコアセラピー

　このセミナーは2008年1月より開催が予定されている1日セミナーである．主に回復期リハビリテーションに従事する理学療法士を対象とする．その内容は，コアセラピーの考え方，ベーシックセブン体験，高齢者回復期リハビリテーション，脳卒中回復期リハビリテーションに対するコアセラピーから構成される（表7.3）．

(4) 骨盤・胸郭へのコアセラピー（PelConとThoraCon）

　このセミナーは2008年度より開催が予定されている2日セミナーである．1日目は，コアセラピーの中核をなす骨盤と胸郭のアライメント異常に関する理論的背景を解説した後，マルアライメントや筋機能に関する機能評価の理論および実技を講習する．2日目は骨盤と胸郭のマルアライメントの矯正（リアライメント）およびインナーユニットの機能改善（リセット）を目的としたエクササイズプログラムを紹介する．

(5) その他の企画

　その他，以下のようなセミナーについて企画中である．
　①腰痛に対するコアセラピー
　②骨盤・鼠径部・ハムストリング・膝関節疾患に対するロアーコアセラピー
　③頸椎・肩関節疾患に対するアッパーコアセラピー
　④呼吸器疾患・無呼吸症候群に対するコアセラピー
　⑤中枢神経疾患に対するコアセラピー
　⑥骨盤周囲の諸問題（尿失禁・生理痛・便秘）に対するコアセラピー
　⑦オーバーヘッドスポーツ，ゴルファー，ダンサーのパフォーマンス向上プログラム
　⑧臨床研究の進め方

表7.2　整形疾患に対するコアセラピー

整形疾患に対するコアセラピー総論
アッパーコアセラピー各論
・スポーツ選手の腱板損傷
・オーバーヘッドスポーツの肩疾患
・頸椎症
ロアーコアセラピー各論
・スポーツ選手の腰痛
・椎間板症
・胸郭・骨盤コンディショニングの評価と実際（ThoraConとPelCon）

表7.3　回復期リハビリテーション病棟におけるコアセラピー

コアセラピー総論
コアコンディショニング体験
高齢者回復期リハビリテーションにおけるコアセラピー
脳卒中回復期リハビリテーションにおけるコアセラピー

JCCAが主催するコアセラピーセミナーは，より多くの方に視聴していただけるよう，順次DVDとして販売する予定である．また，JCCA主催セミナー以外にも，都道府県理学療法士会や柔道整復師会など他団体からのセミナー開催依頼や講師派遣依頼にも柔軟に対応している．今後，各講師の担当講習一覧をインターネットで公開し，主催者のご希望に応じた出張セミナーなども推進する予定である．

C 介護予防コアコンディショニングセミナー

(1) 介護予防コアコンディショニングセミナーの経緯

　2006年4月，介護保険制度の大幅な見直しにより，介護サービスの内容は「予防」の視点，特に運動指導の充実が求められるようになった．ところが，現在の高齢者への運動指導の現場にはさまざまな理論に基づいた資格の人が指導に携わっており，試行錯誤を重ね運動指導をしているのが現状だと言える．

　このような状況の中で私たちがよく耳にしてきたのが「高齢者指導の自信がない」，「運動指導の専門的知識がない」，「筋力トレーニングを指導したら膝や腰の痛みを訴えられるが対応できない」，「高齢者の集団にどんな風に運動を伝えていいのかわからない」，「トレーニングをすることが生きる目的となってしまっている」といった現場からの悩みであった．それらの問題を払拭するために，姿勢改善メソッドであるコアコンディショニングを介護予防の現場に導入することを推し進めるため『介護予防コアコンディショニングセミナー』が展開された．これは，すでに元気な高齢者の現場で活用していたトレーナーにより考案された内容である．まさに現場の視点で考案された，現場主導型のセミナーと言える．

(2) なぜ介護予防にコアコンディショニングなのか？

　結論から述べれば，良姿勢の維持が介護予防に関連する諸問題の予防に大きく関与しているからである．高齢者にはさまざまな疾患や問題が混在している．そのため，持っている機能をフルに使えていないことが多い．局所的なアプローチではなく，全身のコンディショニングを図り，持っている機能を最大限に使えるようにするために力学的，神経学的にアプローチをすることが有効だと考えられる．

　たとえば，加齢による姿勢の変化で多く見られる円背では，身体の重心の前方に頭部が位置する．最も頭部が安定するとされる耳垂と重心が垂直線上にある状態よりも前方に位置すると，環椎後頭関節を支点とするテコの作用により，頭部後方の頸棘筋などへの負担が増加する．仮に前方へ7.5 cm移動すると，頭部の重量約7 kgを支持するために約13 kgの筋の張力が必要となる．この位置では当然，頭部後方の筋緊張は高くなり，頸椎への軸圧も上昇する．このような高齢者の身体的問題に対して，コアコンディショニングを用いると，効果的に良姿勢を再獲得させ，インナーマッスルを活性化させることが可能となる．その結果，いつまでも楽に動くことができる身体を維持することにつながり，日常生活の活動量の向上や運動不足に陥るリスクを軽減するため心肺機能の維持，肥満予防など多くの二次的効果が期待される．

(3) 介護予防コアコンディショニングセミナーの実際

　看護職，介護職，リハビリ職，運動指導担当者を対象とし，座学と実技を行っている．特に実

表 7.4 介護予防コアコンディショニングセミナーの内容

座　学
　①高齢者の身体的・精神的特徴について
　②運動指導時のリスク管理について
　③本当に高齢者に必要な運動とはなにか
　④姿勢改善へのアプローチ理論
　⑤立ち上がりに劇的な変化をもたらすアプローチ理論
　⑥上手な身体の使い方について
実　技
　①座位でのリセット体操
　②立ち上がり体操
　③誘導・声かけのディスカッション

技では現場ですぐに活用できるようにと特別な器具を用いずに，インナーユニットにアプローチをするというユニークな手法を取り入れている．現行の介護予防コアコンディショニングセミナーでは表7.4のような内容が含まれている．

D　コアセラピー教室

　コアセラピーは医療従事者によって用いられる運動療法である．しかし，その方法はさまざまな身体的リスクを考慮したものであり，これまでコアコンディショニングの対象であった慢性的な不調を有する方やスポーツ選手などに対しても有効な方法が数多く含まれる．それらを安全かつ確実に社会に浸透させるため，JCCAではさまざまな教室用のエクササイズプログラムの構築を進めている．

　ここで紹介する教室用の運動プログラムは，フィットネスインストラクター，パーソナルトレーナー，保健師，健康運動指導士，スポーツ指導者など運動指導や健康管理に従事する方に対して教室や出版物などを通じて提供される．また，教室事業などの立ち上げ支援については，企業の健康管理室（事務職，肉体労働職など），官公庁，フィットネスクラブ，スポーツチーム，スポーツ選手などからの相談を受け付けている．以下，その例を紹介する．

(1) 健康増進プログラム

　生活習慣病，変形性関節症や肩関節周囲炎（五十肩）などの変性疾患が顕在化する前，すなわち20〜40歳代の健康増進は，医療費抑制のうえでも重要な意味を持つ．しかしながら，この働き盛りの年代の関心をこれらの疾病予防に向けるのは容易ではない．したがって，より簡便で，確実な効果が得られる予防プログラムが必要とされている．

　JCCAではコアセラピーの経験に基づき，"病院に行くほどではない"，"病院では治療の対象とならない"，"病院で運動するようにアドバイスされた"というような軽い慢性的不調を対象とした運動プログラムの構築を支援している．その内容としては，ベーシックセブンでは解決が難しい骨盤や胸郭のマルアライメントの改善，骨盤や股関節・膝関節のマルアライメントの改善などがあげられる．また，身体バランスを足底からサポートするインソールの利用も推進する．

　①肩こり教室
　②腰痛教室
　③膝・股関節変形予防教室

④冷え性改善教室
⑤安全なウォーキング教室
⑥企業における健康増進セミナー，疾病予防セミナーなどの企画・開催

(2) アスリート支援プログラム

　一連のコアコンディショニングプログラム（第3章）は，スポーツ選手のコアの機能を改善し，理想的なボディコントロール獲得を促進する．一方，コアセラピーを応用した「アスリート支援プログラム」では，"過去の怪我や故障の後遺症に悩む選手"，"姿勢の異常や柔軟性の問題が解決できない選手"，"左右の脚の使い方のバランスが崩れたランナー・スキー選手・スケート選手・競輪選手"，"体の軸がぶれてスイングの軌道が安定しないゴルファー"など，幅広いスポーツ現場の悩みに対応する．

　JCCAでは各方面からの具体的な要望に対して，コンサルティング，エクササイズプログラムの作成，効果判定基準の作成，チーム契約や個人契約を前提とした理学療法士やトレーナーの紹介などに対応する．例として次のようなアスリート支援プログラムがある．

①ランナー・競輪選手などのためのバランス改善プログラム
②球技における足・膝靱帯損傷予防プログラム
③ダンサーのための股関節柔軟性改善プログラム
④ゴルフスイング改善プログラム
⑤野球選手のための股関節・肩甲骨の使い方改善プログラム

(3) 女性の骨盤

　女性の骨盤周囲の問題は，子宮の存在や骨盤の形状などの解剖学的な要因，女性ホルモンによる骨盤輪の安定性の変化，ハイヒールや下肢のアライメントの問題が引き起こす問題，など複雑な要因によって起こると考えられている．特に出産前後の骨盤には急激な変化が起こり，出産をきっかけとして腰痛などさまざまな身体的不調が起こる例は少なくない．

　コアセラピーは，骨盤アライメントの対称化，骨盤底筋群の機能改善と過緊張の軽減，下肢のアライメント矯正，歩行動作の改善などを得意としている．JCCAでは，コアセラピーの知識と経験を踏まえて，以下のような女性の骨盤の問題に対応する運動プログラムを開発・検証を進めている．

①産後の骨盤コンディショニング
②尿失禁対策骨盤コンディショニング
③月経痛・便秘改善骨盤コンディショニング
④美しい歩き方獲得プログラム

(4) その他

　音楽家や芸術家，職人など反復運動を繰り返す職業では，姿勢の異常や慢性的な筋緊張の亢進などスポーツ選手の故障に似た問題が発生しやすい．これらの問題に対して，姿勢や骨格のリアライメント，筋のリラクゼーションなどを目的としたコアセラピーは有効である．JCCAでは，アスリート支援プログラムと同様に，トレーナーや理学療法士の紹介を含むさまざまな要望に対応できるネットワーク作りを急いでいる．

付録

トレーナーリスト

コアコンディショニングのトレーナー,およびコアセラピーを実施している医療従事者のリストです.なお,最新の情報はJCCAのホームページでご確認ください.

トレーナーリスト

*各トレーナーの連絡先や，最新の情報については，コアコンディショニング協会のホームページをご参照ください。
（「JCCA所属トレーナー一覧」で検索）

氏 名	JCCA認定資格*	活動地域	活動場所	指導形態	指導対象者	料金等
佐藤 健司	MT	北海道	スマート・スポーツ接骨院 www.smart-sport.jp	パーソナル	不問	40分 4,200円～
川村 秀典	MT	福島県	リラックスと軽運動の店いぃ～ぶん	パーソナルおよびグループ	子ども・一般・高齢者	60分 3,500円～
仁平加代子	ADV	栃木県	バシフィックスポーツプラザ フィットネス・スパKISEKI	グループまたはパーソナル	グループレッスンが主/個人指導や出張レッスンは要相談	クラブ会員無料 個人・出張レッスンは要相談
森島 達	MT	栃木県	スポーツクラブジャロッス	パーソナルおよびグループ指導	腰痛・肩こり・悪姿勢でお悩みの方，水泳愛好者	60分 5,250円
上野 覺大	MT	栃木県	BRs&T. 上野整体施術院	パーソナルおよびグループレッスン（パーソナルはカイロ整体と併用）	子ども～高齢者，一般～アスリート	パーソナル3,000円～/60分 グループ出張レッスン応相談
赤石 国明	MT	群馬県	前橋市施設管理公社	グループ	一般（子ども～高齢者）	要相談
町田 経一	ADV	群馬県	山王接骨院	グループ（ベーシックセブン）/パーソナル	子どもから高齢者，スポーツ選手	要相談
畑中 仁堂	MT	埼玉県	仁堂接骨院	パーソナル	一般人，スポーツ選手，どこか痛み（腰痛・肩こりなど）を持って生活している方	50分 5,000円
中河内千尋	MT	埼玉県	埼玉県健康運動指導士会	パーソナルおよびグループ	子ども～高齢者，一般	応相談
矢野 啓介	ADV	埼玉県	槇町すこやか整骨院	パーソナル・患者指導	一般～アスリート	保険治療（初診1,000円前後 再診500円前後）パーソナル30分3,000円
庄村 兼一	ADV	埼玉県	フリー（活動場所：ティップネス有限会社ワンタイム・ワンチャンス（活動場所：ユアースポーツクラブ）	パーソナルおよびグループ	一般～アスリート	6,300円/60分～
大場 勉	ADV	埼玉県	(財)うらわスイミングセンター フィットネスクラブエキュ いたま市緑区三室1712番地	パーソナル・グループレッスン	（クラブ会員のみ）一般～アスリート，高齢者	パーソナル 30分/2,100円
三井 純一	MT	千葉県	フリー	パーソナル	一般～競技者	要相談

* MT：マスタートレーナー，ADV：アドバンストトレーナー，(p.213参照)

山下 光子	MT	東京都	ボディアーキテクト	パーソナルおよびグループ（出張可：ご相談ください）その他コンディショニングとトレーニングの併用	一般・プロスポーツ選手	要相談
西薗 智史	MT	東京都	医療法人社団昌会 昭島会 扁内整形外科	パーソナルおよびグループ	老若男女	要相談
古川 容司	MT	東京都	とよたま手技治療院／とよたまコンディショニング代表	パーソナルおよびグループ	アスリートから、小児・高齢者まで幅広く対応しております。	1回3,000円から（体験会随時受付あり、初回無料2回目以降500円/1回）
合 蕃代	MT	東京都	HBC、足立フィットネス連絡会事務局	グループレッスン、パーソナルレッスン	中高齢者、小中学生、一般	6,000円/1レッスンより 交通費別
金 雄一	MT	東京都	金接骨院	パーソナル、治療にボールを導入	一般〜スポーツ愛好家、アスリート	パーソナル（60分5,000円〜）、保険対象治療（初診1,500円前後、2回目以降500円前後）
大藤 武治	ADV	東京都	汐留セントラルクリニック内	パーソナル、カイロプラクティックとの併用	不問（一般〜アスリート）	6,000円/1時間
田中かおり	ADV	東京都	PILATES STUDIO KAORI（港区）	パーソナル、グループレッスン、ピラティスの併用	学生〜中高年、健康な方	グループレッスン：3,000円/1時間 パーソナル：8,000円/1時間（メンバー制）
風見 知希	ADV	東京都	株式会社 Pllastar	セミナー・患者指導	医療関係学生・医療職者	保険治療 初診1,000円前後 再診以降500円前後（部位や保険割合により異なる）
小林 俊夫	MT	東京都	ウェルネススポーツ	パーソナルおよびグループ	老若男女（学生〜アスリートまで）	1時間 6,300円〜
田中 秋乃	MT	東京都	個人（足立区公認指導員）		一般、高齢者	要相談
小森 定順	ADV	東京都	S・inspire（エス・インスパイア）東京都城南地区、神奈川一部	パーソナル（出張個人宅、公共施設他）	ダイエットを必要とされる方、腰・膝痛を予防したい方 他	30分3,000円/60分5,000円 移動費一律1,000円、初回カウンセリング無料
戸次 澄子	ADV	東京都	フリー・足立区公認指導員	グループレッスン	不問（一般〜中高齢者）バレエ・ダンスのパフォーマンスアップ目的の方も!!	要相談
岩下 智之	MT	東京都	WILLING、首都圏、「想うままに」	パーソナル・グループ他	一般、アスリート	要相談
馬場 大輔	MT	東京都	karada+（からだプラス）足立区	パーソナルおよびグループ	一般・スポーツ選手	応相談
谷口真由美	MT	東京都	フリー、セントラルフィットネスクラブ	パーソナル・グループレッスン	一般・中高齢者	6,000円〜/1時間

トレーナーリスト

氏　名	JCCA認定資格	活動地域	活動場所	指導形態	指導対象者	料　金　帯
吉原 玲奈	MT	東京都	RAYS aromatic（東京都世田谷）	パーソナル・スポーツマッサージと併用	スポーツ愛好家・アスリート（学生・プロなど）	6,000円/1時間
島 啓子	ADV	東京都	稲城市（稲城市総合体育館等）	グループ、健康体操教室内でのコンディション作りとして	中高年	体験会 500円・2,000円〜4,000円（人数により異なる）/月
桑山 純一	MT	東京都	ウェルネススポーツ（港区）ほか都内各所	パーソナルトレーニング、集団指導	肩こり・腰痛の改善からダイエットのサポートまで、あなたの生活を豊かにするトレーニングをご提供いたしております。	1時間 10,500円より
義澤正太郎	MT	東京都	フリー	パーソナル・グループレッスン	一般の方	要相談
吉田 誠司	MT	神奈川県	ふじがおか接骨院	パーソナル、グループレッスン	学生・一般〜アスリート	パーソナル（3,000円/30分、6,000円/60分）、グループ・出張ご相談に応じます。
秋元恵久巳	MT	神奈川県	LIVスポーツクラブ大和店	パーソナル・グループ	クラブ会員（以外は個人交渉、他所で実施）	60分 6,000円〜
福田 仁	MT	神奈川県	（株）ルネサンス	パーソナル	クラブ会員（以外は個人交渉、他所で実施）	3,150円/30分
石井 完厚	MT	神奈川県	［ピラティス］&「コア・コンディショニング」スタジオI.c.s	グループ＆パーソナル	子ども〜高齢者、スポーツ選手など	パーソナル 5,000円〜/1時間、グループ 2,000円〜/1時間
土屋 順子	ADV	神奈川県	［ピラティス］&「コア・コンディショニング」スタジオI.c.s	グループ＆パーソナル	子ども〜高齢者	パーソナル 5,000円〜/1時間、グループ 2,000円〜/1時間
佐嶋 健司	ADV	神奈川県	すこやか治療院	パーソナル、治療にボール導入	一般〜プロスポーツ選手	パーソナル 30分/3,000円、治療 0〜4,500円
渡辺 園華	MT	神奈川県	ワタナベ整体院	パーソナル＆グループ	子ども〜高齢者	パーソナル 60分 5,000円、グループ 60分 2,000円
大森 大	MT	神奈川県	フリー、東急スポーツオアシス、国士舘大学、医療法人SEISEN清泉クリニック整形外科	パーソナルおよびグループ	一般、高齢者、アスリート	出張パーソナル（10,500円/時間、60分〜）会員制クラブ（6,300円/時間、30分〜）
浅見ますみ	MT	神奈川県	ボディリレーション、ゴールドジム	パーソナル・グループレッスン、出張レッスンは要相談	不問（一般・高齢者・アスリート）	要相談
渡辺 裕介	MT	神奈川県	株式会社アルコスポーツサービス	パーソナル	一般・アスリート	32,000円〜/時間（月4回）

氏名	種別	都道府県	所属	形態	特徴	対象	料金
大草林太郎	MT	神奈川県	株式会社アルコスポーツサービス	パーソナル、加圧トレーニングとの併用		一般・アスリート	月額 32,000 円（4 回分）
北村 圭吾	ADV	神奈川県	アルコスポーツ官前平	パーソナル・加圧トレーニングとの併用		一般・アスリート	月額 32,000 円（4 回分）
安田 嵩常	MT	神奈川県	エルダフィットネスクラブ（厚生労働省指定運動療法施設第 68 号）	・整形外科的疾患の運動療法 ・スポーツ障害の予防改善 ・競技力向上プログラムの作成	会員・ビジター	会員 6,300 円～ ビジター 7,350 円～（60 分）
羽山 洋司	ADV	神奈川県	エルダフィットネスクラブ（厚生労働省指定運動療法施設第 68 号）	・整形外科的疾患の運動療法 ・スポーツ障害の予防改善 ・競技力向上プログラムの作成	会員・ビジター	会員 6,300 円～ ビジター 7,350 円～（60 分）
露木 俊治	MT	神奈川県	つゆき鍼灸接骨院	パーソナル、治療に導入	子ども～高齢者、アスリート	要相談
樋口 和子	MT	新潟県	糸魚川市	パーソナル グループ	一般	
長谷田昌子	ADV	富山県	フリー（活動場所：ベアーレ高岡、大門総合会館他）	グループレッスンが主	どなたでも	グループ/月 3,150 円 個人・出張レッスン/要相談
桶谷 靖夫	MT	石川県	おけたに接骨院（金沢市）	パーソナル グループ	スポーツ選手およびその指導者と保護者、一般	パーソナル指導 3,500～6,000 円 グループ出張レッスン *ご相談（価格・場所）に応じます。
漆崎 由美	MT	福井県	福井県中心に日本全国	セミナー、集団・個別指導	子ども・高齢者 一般～指導者	要相談
林 健治	MT	岐阜県	大野自然療法院、スポーツ岐阜県庁前店（三田町）	グループ＆パーソナル（ランニング）	高齢者＆ランナー	5,000 円（60 分）
佐々木千裕	ADV	岐阜県	（株）秀和 2F スタジオ（多治見）	グループ	女性・産後の体型戻し	要相談
杉山 勉	ADV	静岡県	スポーツクラブセイシン（静岡市）	パーソナル	不問（一般～アスリート）	2,000 円/30 分
柴田 悦子	MT	静岡県	フリー（浜松市近郊）	グループ（パーソナルは要相談）	一般	5,250 円～/1 時間
梅原 隆義	MT	静岡県	フリー（浜松市近郊）	グループ（パーソナルは要相談）	一般	5,250 円～/1 時間（応相談）
加藤 貴之	MT	愛知県	ひまわり接骨院（瀬戸市）	パーソナルもしくは施療に準じる施療と併用	一般からアスリート	施療に準じる

氏　名	JCCA認定資格	活動地域	活動場所	指導形態	指導対象者	料　金　帯
井村 康志	MT	愛知県	いむら鍼灸院	パーソナルもしくは施術に準じる施療と併用およびグループレッスン	スポーツや日常生活での体の動きを改善したい人	グループレッスン 1,575円、パーソナル 4,200円
石田 憲治	MT	愛知県	愛知県春日井市、名古屋市	パーソナルおよびグループ	子どもから高齢者	5,000円/60分、他要相談
傍士 直明	MT	愛知県	パシフィックスポーツクラブ	グループレッスン	一般	お問い合わせください
吉田 章	MT	滋賀県	吉田鍼灸マッサージ（大津市）	パーソナル・グループ	中高年一般男女	パーソナル 3,500円/40分 グループ要相談
田中 満	MT	大阪府	(有)LOHAS（株）東急スポーツオアシス	パーソナルトレーニング（各種スポーツパフォーマンス向上）、グループレッスン、小学生からの個人レッスンまたはグループ指導	小学生〜アスリート、中高年男女	パーソナル（1時間 6,300円）〜その他ご相談ください
尾関 克哉	MT	兵庫県	鍼灸整体 健志堂	パーソナル グループ	幼児からお年寄りまで幅広くご来院いただいております。	4,000円（60分）
角合 亜矢	ADV	兵庫県	神戸加圧トレーニングスタジオ	パーソナル、グループ	一般	月/4回 30分 6,000円
高田 泰生	ADV	兵庫県	兵庫県・大阪府のスポーツクラブ	パーソナル・グループレッスン	スポーツクラブの会員様	要相談
鶴田 智哉	ADV	兵庫県	神戸ウィングスタジアムスポーツクラブ	パーソナル	一般〜アスリート	3,150円/30分、5,250円/60分、初回30分無料
福本 智恵子	MT	岡山県	Cosmos	グループレッスンおよびパーソナル指導	高齢者	ご相談に応じます。出張指導可。
竹原 亮紀	MT	広島県	フィットネスクラブ エイブル広島	パーソナル/グループ	当クラブ既存会員	パーソナル30分 3,000円〜グループ30分無料
下原 正道	MT	広島県	和みカイロ整体院	パーソナル（グループは要相談）	特に対象者は限定していない	初診 4,000円、2回目以降 3,000円
岩崎 浩美	MT	広島県	特定非営利活動法人コーチズスタジオガンバルーム	グループを中心にパーソナル	子ども・高齢者・一般	グループ応相談 パーソナル 6,000円/1時間
田中 好行	MT	広島県	広島市呉市	パーソナル、グループ	一般・アスリート	グループ要相談 パーソナル 6,000円/1時間

名前	区分	都道府県	所属	グループ	対象	料金
副島 理子	MT	山口県	フリー			応相談
鈴木 修	ADV	愛媛県	天神塾（宇和島市）・フリー	パーソナル・グループ（少人数）加圧トレーニングとの併用もあり、出張は要相談	一般・アスリート・学生	3,000円/30分
小島 成久	MT	福岡県	Bodyawareness（ボディアウェアネス）	パーソナルコンディショニング＆グループレッスン	ランナー、一般	パーソナル 6,000円（60分〜）
宮崎 麻央	ADV	福岡県	福岡市早良区	パーソナル、グループ	子どもから高齢者・一般などジュニアアスリートからマスターズの方	要相談
佐竹 利明	ADV	福岡県	（株）ルネサンス 福岡大橋	パーソナル	クラブ会員	30分 3,150 60分 6,300円
石田 大助	MT	長崎県	ロルフィング長崎	パーソナルレッスン・カルチャースクール等	美しく快適な動きを学びたい方	3,000円（60分〜）
塩見 慎吾	MT	長崎県	社会福祉法人実寿穂会	パーソナルおよびグループ	一般（主に高齢者）	要相談
下村 雅樹	MT	長崎県	スポーツクラブルネサンス佐世保	パーソナル	当クラブ会員（一般・高齢者）それ以外は個人交渉、他所でクラス実施。	60分 6,300円（税込）
岡田 利恵	ADV	長崎県	フリー（主に出張にてコンディショニングを行っています）	①パーソナルコンディショニング ②健康教室	スポーツ選手のコンディショニング 身体の痛み（肩・腰など）が気になる一般中高年	要相談
宮本 裕美	ADV	熊本県	フリー	パーソナルおよびグループ（出張可：ご相談ください）	学生〜中高年男女	2,500〜/30分
進 千香子	ADV	大分県	大分市ダンスファクトリー	グループレッスン	グループレッスンが主 個人指導や出張レッスンは要相談	グループ/月 3,500円、個人・出張レッスン要相談
手嶋 美世子	MT	大分県	学校・地域	パーソナル・グループ	生徒・保護者・一般	応相談
近江 伸一	ADV	大分県	大分中医整体療術院	治療院での必要な方にボールを使用する	患者、スポーツ選手、プロスポーツ選手	要相談
近江 伸一	ADV	大分県	NPO法人 SAIKI SAVA CLUB	グループおよびパーソナル	子どもから高齢者、スポーツ選手、プロスポーツ選手など	1時間 6,000円〜
高橋 洋子	ADV	大分県	NPO法人 SAIKI SAVA CLUB	グループおよびパーソナル	子どもから高齢者、一般	1時間 6,000円〜

氏 名	JCCA認定資格	活動地域	活動場所	指導形態	指導対象者	料 金 帯
工藤 美和	ADV	大分県	NPO法人 SAIKI SAVA CLUB	グループおよびパーソナル	子どもから高齢者、一般	1時間 6,000円～
西原 清	MT	大分県	宇佐整骨院、コンディショニングサポートアシスト	グループおよびパーソナル	アスリート、一般ともにジュニアから高齢者まで	パーソナル：3,000円～ グループ：要相談
渡辺 なおみ	MT	宮崎県	コンディショニングセンター Be-ing	パーソナル	スポーツ選手およびポストリハビリ	90分 10,500円
松本 朱実	ADV	宮崎県	フリー	パーソナル・グループ	子ども～中高年（基本的に健康な方）	1時間 4,000円～
川添 まり子	MT	鹿児島県	JOYFIT 真砂本町 教室（伊敷・谷山）	グループ	一般（20～60代女性が主）	教室：月謝3,000円
堤下 武	MT	鹿児島県	フリー（鹿児島県）	グループ・パーソナル	要相談	要相談

医療従事者リスト

病院名	職種/氏名	所在地	コメント
中野整形外科医院 リハビリテーション	柔道整復師 十河 宏明	〒064-0807 北海道札幌市中央区南7条西15丁目1-35 TEL 代表 011-561-0224	私は主にリラクゼーションやスタビリティの向上のために患者様に使用しています．多目的に便利なツールだと実感しています．
松田整形外科医院リハビリテーション	理学療法士 大日向 純, 前田 克史, 佐藤 徳保, 小田 孝, 上村 沙奈恵, 元木 純, 益田 洋史, 市村 幸枝	〒001-0018 北海道札幌市北区北18条西4丁目1番35号 TEL 代表 011-746-3666	
(医)仁陽会 西岡第一病院 リハビリテーション	理学療法士 山本 泰雄	〒062-0033 北海道札幌市豊平区西岡3条6丁目8-1 TEL 代表 011-852-7171	整形外科疾患の患者様に使用しています．反応は上々です．
(医)仁陽会 西岡第一病院 リハビリテーション	理学療法士 当麻 靖子	〒062-0033 北海道札幌市豊平区西岡3条6丁目8-1 TEL 代表 011-852-7171	患者様に使用したところ好評です．
(医)仁陽会 西岡第一病院 リハビリテーション	理学療法士 栗山 渉	〒062-0033 北海道札幌市豊平区西岡3条6丁目8-1 TEL 代表 011-852-7171	
(医)仁陽会 西岡第一病院 リハビリテーション	理学療法士 明本 聡	〒062-0033 北海道札幌市豊平区西岡3条6丁目8-1 TEL 代表 011-852-7171	
かとう整骨院	柔道整復師 加藤 吏功 スポーツトレーナー 大熊 義和, 安田 春華	〒071-1201 北海道上川郡鷹栖町南一条5丁目8-2 TEL 0166-87-5337	
盛岡友愛病院 リハビリテーション	理学療法士 三上 恭平	〒028-3615 岩手県盛岡市永井12-10 TEL 代表 019-638-2222	患者さんの健康のために，サポートさせていただきたいと思います．
キッコーマン総合病院 リハビリテーション	理学療法士 向井 英司	〒278-0005 千葉県野田市宮崎100 TEL 代表 04-7123-5911	当院リハビリテーション科では，整形外科疾患の保存療法・手術後やスポーツ障害等運動機能障害の治療にコアセラピーを取り入れています．患者様の症状にあわせて，徒手療法・運動療法・物理療法等と組み合わせ，機能回復に非常に高い効果を実感していただいております．
多摩リハビリテーション病院	理学療法士 菊池 拓道	〒198-0052 東京都青梅市長渕9-1412-4 TEL 代表 0428-24-3798	
多摩リハビリテーション学院	理学療法士 大林 正行	〒198-0004 東京都青梅市根ヶ布1-642-1 TEL 代表 0428-21-2001	わたしは現在教員という立場で"コア"と向き合っています．患者様に実践する機会はほとんどありませんが，実習や卒業して臨床へ出て行く後輩に"コアコンディショニング"について教えています．今後，現場と協力して，治療やトレーニングの質の向上のため，研究していきたいと思います．
かわぐち鍼灸院整骨院	鍼灸師/柔道整復師 川口 康宏	〒183-0015 東京都府中市清水が丘1-1-3 第一勇心ビル501号 TEL 042-360-7025	治療の1つとしてストレッチポールを取り入れています．使い方を覚えて家で身体のケアができるようになりましょう．
湘南中央病院 リハビリテーション	理学療法士 藤井 絵美子	〒251-0056 神奈川県藤沢市羽鳥1-3-43 TEL 代表 0466-36-8151	コアコンディショニングの魅力は，実際に行った本人が自身の体の変化を実感できるところです．今後も整形外科疾患の患者様を中心に実施していきたいと考えています．
湘南中央病院 リハビリテーション	理学療法士 末広 克宏	〒251-0056 神奈川県藤沢市羽鳥1-3-43 TEL 代表 0466-36-8151	主に整形外科疾患の患者さんの姿勢や歩容の改善を行っています．
新戸塚病院 リハビリテーション	理学療法士 池谷 聡毅	〒244-0805 神奈川県横浜市戸塚区川上町690-2 TEL 代表 045-822-4151	当院の患者様は70，80代の方が多く，疾患もさまざまですが，その中でも特に脳血管疾患の患者様にコアセラピーを活用しています．体幹や股関節周囲筋の筋緊張を整え，体幹の動きを引き出すことで起居動作がスムーズとなり，また座位および立位バランス向上に役立っています．
新戸塚病院 リハビリテーション	理学療法士 小川 康弘	〒244-0805 神奈川県横浜市戸塚区川上町690-2 TEL 代表 045-822-4151	大腿骨頸部骨折後，CHSを施行された患者様にベーシックセブンを行っています．ベーシックセブン導入以降患者様自身が問題点に気づけたため，訓練を積極的に行っていただけるようになり，動作の円滑性獲得につながっています．

病院名	職種/氏名	所在地	コメント
ふじがおか整骨院	柔道整復師　吉田　誠司	〒227-0048 神奈川県横浜市青葉区柿の木台4-1 TEL 045-719-6511	身体の歪み，痛みの原因となる間違った身体の使い方をしていませんか．1人1人からだの状態をチェックし正しい身体の使い方アドバイスします．グループ指導なのでご相談ください．
おけたに整骨院	柔道整復師　桶谷　靖夫	〒920-0226 石川県金沢市粟崎町2-333 TEL 076-237-2003	いつ・どこでも誰がやっても効果のわかる・効果が期待できる「コアコンディショニング」．日常生活やスポーツ活動で発生した不具合・痛みは，不良姿勢からくるケースが多いようです．「姿勢を改善する」コアコンディショニング!!　正しく導き，不具合・痛みのない体を取り戻しましょう．驚くほど早い効果が期待できます．わたしたちはそのお手伝いをしております．
慶應義塾大学月が瀬リハビリテーションセンター	理学療法士　盧　隆徳	〒410-3293 静岡県伊豆市月ヶ瀬380-2 TEL 代表 0558-85-1701	中枢疾患（脳卒中片麻痺，脳性麻痺など），整形疾患（変形性股関節症，変形性膝関節症，脊椎疾患など）ともに行っています．コアコンディショニングを行うことで，ボディイメージの獲得（mid line の獲得），muscle tone control（力の抜き方）を習得し，基本動作および歩行をスムーズにします．
岳東クリニック	理学療法士　小川　喜英	〒411-0035 静岡県三島市大宮町1-1-19 TEL 055-975-0785	整形外科疾患のリハビリテーション，介護予防にコアセラピーとコアコンディショニングを実施しています．
こぼり整形外科クリニック	理学療法士　杉浦　武	〒433-8108 静岡県浜松市北区根洗町548-2 TEL 053-438-3133	整形外科全般，脊柱外科，間接外科後の理学療法及びスポーツ外傷・障害に対する理学療法を行っております．
蜂須賀整形外科リハビリテーション科	理学療法士　橋本和樹 　　　　　　松井大輔 　　　　　　上久保誠 　　　　　　蒲田和芳（非常勤）	〒733-0812 広島市西区己斐本町2丁目12-27 TEL 082-272-3300	JCCA 理事の蒲田（金曜日に勤務）とともに最先端のコアセラピーを実践しています．腰痛や骨盤周囲の問題のほか頚椎，股関節，肩関節など幅広い疾患にコアセラピーの効果が得られます．
医療法人社団慶仁会川崎病院リハビリテーション	理学療法士　松山　裕	〒834-0024 福岡県八女市大字津江538 TEL 代表 0943-23-3005	当院ではスポーツ外来を行っており，スポーツ障害の予防の観点からコンディショニングを実施しています．コアコンディショニングを取り入れることで，患者様から良好な反応が得られています．また，整形・中枢疾患の患者様に対しても今後積極的なコアセラピーを取り入れていこうと考えています．
宮近整形外科医院リハビリテーション	理学療法士　柴田　謙一	〒813-0044 福岡県福岡市東区千早1丁目6-11 TEL 代表 092-672-0071	ストレッチポールを用いた治療を積極的に取り入れていきたいと考えています．
宮近整形外科医院リハビリテーション	理学療法士　竹下　健一	〒813-0044 福岡県福岡市東区千早1丁目6-11 TEL 代表 092-672-0071	今回の研修会・勉強会に参加させていただき，身体の中心から体を鍛える「コアコンディショニング」に関して大変勉強になりました．今後は積極的に勉強会などに参加し，治療に生かしていきたいと考えています．
岡垣記念病院リハビリテーション	理学療法士　岸　良二郎	〒811-4218 福岡県遠賀郡岡垣町中央台3丁目22-1 TEL 代表 098-283-3741	このストレッチポールは患者様にいろいろな用途で使用しています．ストレッチポールを利用してリハビリを行いたい方，その他相談などありましたら岡垣記念病院の岸を訪ねてきてください．
中村整形外科病院リハビリテーション	理学療法士　石橋　達郎	〒809-0036 福岡県中間市長津2丁目16-47 TEL 代表 093-245-0231	
貞松病院リハビリテーション	理学療法士　杉野　伸治 　　　　　　髙木　治雄 運動指導員　佐々野　梨絵	〒856-0831 長崎県大村市東本町537 TEL 代表 0957-54-1161	当院ではスポーツ選手から高齢者まで，幅広い年齢層，またあらゆる整形疾患を中心にさまざまな患者様へストレッチポールを使用しています．使用方法は1人1人の状態によってさまざまでスポーツ選手のパフォーマンス向上から，治療の1つとして患者様の個々の能力状態に合わせて色々な目的で使用しています．
おおさと整形外科リハビリテーション	理学療法士　森園　教史	〒859-6305 長崎県佐世保市吉井町直谷1260 TEL 代表 0956-64-3110	治療後の患者様の感触もよく，実際の購入を希望される方もいらっしゃいます．治療を受けていない方で興味を持たれる患者様が多いため，院内に案内の掲示を検討中です．
じんぐう整骨院	柔道整復師　神宮　典久	〒859-3214 長崎県佐世保市権常寺1丁目12-20 TEL 0956-56-7250	
宇佐整骨院	柔道整復師/鍼灸師　西原　清	〒879-0453 大分県宇佐市大字上田1052番地 TEL 0978-33-1961	
川南病院リハビリテーション	理学療法士　丸田　一郎	〒889-1301 宮崎県児湯郡川南町大字川南18150-47 TEL 代表 0983-27-4111	動作の軸として姿勢に注目し，整形疾患，脳溢血疾患に限らず，急性期から慢性期に応用しています．

あとがき

　企画から約1年で本書「コアコンディショニングとコアセラピー」が発刊の運びとなりました．執筆者の皆様には短い執筆期間にも関わらず，完成度の高い原稿をご提供いただきました．写真撮影を担当していただいたJCCA事務局の岡田友佳子氏，デジタルイラストを制作していただいた山本大造氏，第4章のイラストを担当していただいた藤田純加氏には，裏方として多大なるご尽力を賜りました．貞松病院の佐々野梨絵氏と杉野伸治氏，JCCA専属モデルの佐藤千怜氏には写真のモデルとして大きな貢献をいただきました．最後に，一連の編集作業を忍耐強く，誠実に担当された講談社サイエンティフィクの国友奈緒美氏と佐藤理恵氏には，本書を読みやすい専門書に仕上げていただきました．これら関係者の皆様に対し，監修者および編者を代表して深く御礼申し上げます．

　本書の制作過程は，「コアコンディショニング」の歴史，現状，未来を整理する過程であったとともに，今後の発展を進める上での枠組みを再構築する過程でもありました．コアコンディショニングは，これまで「気づき」や「体感」を重視し，「安全性」や「再現性」を追求するトレーナーやセラピストの現場での実践によって育てられてきました．しかし，一方で「コアコンディショニングとコアセラピー」は発展途上の概念であり，事例や症例を通じた検証のみというように科学的検証が不十分な多数の方法論を含んでいます．本書の制作の過程では，これまであいまいだった定義や概念図の再構築，用語の統一，理論の根拠となる文献の探索などが必要であることが顕在化し，それらの再構築が行われました．その結果，文献的な検証，効果に関する実証研究，原理に関わる基礎研究など，今後の課題が明確となりました．

　本書は2008年現在の「コアコンディショニングとコアセラピー」の理論と方法論を網羅したものです．コアコンディショニングをすでに実践されているトレーナーやコアセラピーセミナーの受講者の方々にとっても，不足のない情報量を含めるようにいたしました．また，医師，研究者，セラピストといった幅広い読者の方々に「コアコンディショニング」を正しく理解していただき，また関心を持っていただけるような記述を心がけました．しかし，「コアコンディショニングとコアセラピー」は日々進化を続けており，数年後には大幅な知識の追加を含む改訂が必要になると思われます．我々は，読者の皆様といっしょに本書の改訂を行う日が来ることを楽しみにしております．本書の出版がきっかけとなり，「コアコンディショニングとコアセラピー」がますます発展することを切望いたします．

2008年5月

編者　蒲田和芳

index
用語索引
エクササイズ一覧

用語索引

（注）色文字はエクササイズ名
エクササイズ一覧は p. 240

欧文索引

Adam's position　138
ASLR 骨盤圧迫テスト　128
ASLR テスト（active straight-leg-raise test　126, 127, 128, 193
chin-out　13
close-packed position　123
counternutation　116, 122
CV 角　152
JCCA → 日本コアコンディショニング協会
Kirkaldy-Willis の分類　174
loose-packed position　116, 123
lower crossed syndrome　14
nutation　122
PTR プログラム（Pelvis-Thorax Realignment Program）　120, 122, 180
PTS プログラム（Pelvis-Thorax Stabilization Program）　121
sway back　14, 175
therapeutic exercise　114
upper crossed syndrome　115
Y シート　145

和文索引

〈あ行〉

足のワイパー運動　103
アッパーコア　115
圧迫骨折　178
アドバンストスリー（ADV3）　22, 33
アドバンストトレーナー　213, 214
アドバンストモニタリング　40
アライメント　168
安全性　24
椅子でのエクササイズ（椅子で行うベーシックセブン）　101
糸飛ばし呼吸
　——（いろは体操 3）　99
　——（失禁予防エクササイズ）　110
いろは体操　90, 94
インナーユニット　7, 13, 22, 52, 56, 89
内ももの運動　111
うつ伏せエクササイズ　60
腕の外転運動　36, 38
運動学　12
運動学習（motor learning）　17, 201
運動器機能向上　84
運動機能の発達　65
運動性　69
運動能力の発達　65, 68
運動療法　166, 169
円背（round back）　13, 175
凹円背　14
横隔膜　13, 56, 57, 58, 90, 202
凹背　14
応力集中　174
おっ呼吸　100, 111
お腹で呼吸　105
お腹の運動　95, 109

〈か〉

下位胸郭スティッフネステスト　139
下位交差性症候群（lower crossed syndrome）　14
介護保険制度　84, 240
介護予防　84, 220
　——コアコンディショニング　88, 220
回旋可動性　138
下肢疾患　192
荷重困難　187
片脚立位保持　171
肩関節
　——外旋筋　167, 170
　——外転筋　168
　——内旋筋　170
肩関節疾患　161
　——の運動療法　166, 168
肩挙上運動　146, 147
肩交互回旋　142
片膝立ちエクササイズ　63
身体の底を意識する　109
感覚機能　86

関節位置覚　115

〈き〉

機能的脚長差　176
基本姿勢　27, 29, 34
　　──（椅子での姿勢改善エクササイズ）　101
　　──（床での姿勢改善エクササイズ）　104
　　──（失禁予防エクササイズ）　109
逆腹式呼吸　49, 50, 110, 184
客観的効果　26
胸郭　12, 120
　　──コンディショニング（ソラコン，Thora-Con）　120, 134
　　──スライド　139
　　──モビライゼーション　197
胸腔　12
胸式呼吸　96
強制呼気　49
胸椎側屈テスト　137
胸・腰椎伸展テスト　136
禁忌とリスク　118
筋筋膜性腰痛　176
筋スパズム　178
筋肉の萎縮　85

〈く・け〉

クレッセント（三日月ストレッチ）　141
頸椎　12
　　──アライメント　155
　　──コアセラピー　154
　　──疾患　152
　　──伸展テスト　135
　　──側屈テスト　136
研究助成制度　8, 216
肩甲骨内転筋群　166, 169
肩甲骨内転・後傾テスト　135
肩甲骨運動　36, 38
肩甲骨と上肢の運動（ボール回し）　103
肩甲上腕関節　161, 163
肩甲上腕リズム　161
腱板損傷　161

〈こ〉

コア　7, 12, 22, 57
　　──の機能　57
コアコーディネーション　6, 22, 59, 65
コアコンディショニング　2
　　──の全体構成　4
　　──のフローチャート　41
コアスタビライゼーション　6, 22, 48, 58
コアセラピー　6, 114, 221
コアセラピー研究部会　8, 216

コアリラクゼーション　6, 22
抗重力肢位の安定化　65
高齢者　31, 84, 88, 119
コーン（上肢円錐運動）　140
股関節の運動
　　──（椅子）　102
　　──（膝ゆるめ／膝回し）　106
呼吸　48, 89, 202
　　──運動（ベーシック7）　38, 40
　　──エクササイズ　48, 49
　　──体操　198
　　──のドリル　95
呼吸介助手技　196
呼吸機能の評価　196
骨粗鬆症　178
骨盤　12, 120
　　──コンディショニング（ペルコン，PelCon）　120, 122
　　──スライド　130
　　──のマルアライメント　187
　　──ローリングエクササイズ　190
骨盤圧迫テスト　126, 193
骨盤荷重伝達障害（faild load transfer through the pelvis）　122
骨盤底筋群　12, 56, 57, 58, 90
骨盤輪の不安定性　127
骨盤輪不安定症　178, 187
骨密度　85
固有受容覚　115
ゴルフ　176

〈さ・し〉

座位エクササイズ　62
再現性　23
サポートセブン　215
左右ワイパー膝ゆるめ　43
時間（ストレッチポール上の）　45
軸回旋エクササイズ　50, 57
四肢を使ったエクササイズ　52
姿勢　13, 21, 144, 201
　　──改善エクササイズ（高齢者）　101
姿勢制御　17
姿勢調節機能の発達　65
膝蓋大腿関節疾患　194
失禁予防エクササイズ　108
自動化　21
自動下肢伸展挙上テスト　128
主運動　38
主観的効果　25

上位交差性症候群（upper crossed syndrome）
　　14, 115
上腕骨頭前方突出　13
上腕骨頭のモビライゼーション　146
深呼吸
　――（高齢者・椅子での姿勢改善）　102
　――（高齢者・床での姿勢改善）　105, 107
　――（失禁予防エクササイズ）　112
　――の効果　117
深層筋　94

〈す・せ・そ〉
頭上ローリング　42, 46
スタビライゼーション　202, 203
ストレッチポール　3, 24, 27, 45, 46
　―― EX　3, 24, 27
　―― MX　3, 24, 27, 119
スポーツヘルニア　192
整形外科的　86
正中感覚　90, 115, 203
脊柱
　――のアライメント　162
　――の安定化　57
　――の運動　97
脊椎　12
脊柱固定術後　179
背骨で呼吸　97
セルフモニタリング　23, 33
セルフコンディショニング　23
セルフモビライゼーション　23, 116, 117
仙骨　122
　――の前額面傾斜　189
　――の動揺性　189
仙骨後傾（counternutation）　123
仙骨後傾位（loose-packed position）　125
仙骨前傾（nutation）　123
仙骨前傾位（close-packed position）　125
仙腸関節　117
　――動揺性　124
　――不安定性　187
相互作用　200
側臥位ローリング　44, 47
側弯　15
鼠径部疾患　192
そっと膝上げ　111
ソラコン　120, 134
　――の実際　139

〈た行〉
体感　23

体軸骨格　12
代償運動　176
対象者（コアコンディショニングの）　25
大腿臼蓋インピンジメント（anterior femoroacetabular impingement）　124, 192
立ち上がりエクササイズ　64
多裂筋　57, 58, 96
小さなゆらぎ運動（ベーシック6）　38
恥骨結合　122
恥骨結合炎　192
恥骨の偏位　188
中枢神経疾患　200
中殿筋　171
チンアウト（chin-out）　13
チンイン（エクササイズ）　143, 146, 158
ツイスター（胸郭回旋ストレッチ）　141
手を伸ばして小さく回旋　51
頭蓋脊椎角　152
投球障害肩　161
頭部前方（偏）位　13, 153
特定高齢者　84

〈な行〉
ななめに呼吸　97
ななめに背骨で呼吸　98
日本コアコンディショニング協会　4, 6, 12, 212
尿漏れ　108
認定制度　6, 213
寝返りエクササイズ　59

〈は行〉
バイク　133
バタ足　132
発育発達　58, 65
バックサイド（back side）　123
パッケージ化　24
ハーフカット　3, 24, 29
ハムストリングス肉ばなれ　193
ヒールプッシュ　190
膝ゆるめ運動（ベーシック5）　37, 39
表層筋　94
フェイスサイド（face side）　123
腹腔　12
腹横筋　56, 58, 90
　――トレーニング　106
腹腔内圧　177
腹腔壁　13
腹式呼吸　49, 95, 110, 184

フロッグキック　131
平背（flat back）　14
ベーシック１（床みがき運動）　36，38
ベーシック２（肩甲骨運動）　36，38
ベーシック３（腕の外転運動）　36，38
ベーシック４（ワイパー運動）　37，39
ベーシック５（膝ゆるめ運動）　37，39
ベーシック６（小さなゆらぎ運動）　38，40
ベーシック７（呼吸運動）　38，40
ベーシックインストラクター　213
ベーシックセブン　6，23，33
ペルコン（PelCon）　120，122
　――の実際　130
変形性股関節症　192
変形性膝関節症　194
ボール転がし　107
ポジショニング　24
ボディコントロール　22，88

〈ま行〉

マスタートレーナー（MT）　214
まるゆら（回転）　100
胸で呼吸
　――（いろは体操１）　96
　――（いろは体操２）　97
　――（高齢者・椅子での姿勢改善）　102
　――（高齢者・床での姿勢改善）　105
胸の前で手を合わせて小さく回旋　50
モニタリング
　――（コアリラクゼーション）　33
　――（床上背臥位での）　40
　――（ストレッチポールの上での）　40
　セルフ――　23，33

〈や行〉

床でのエクササイズ（高齢者・姿勢改善）　104
床みがき運動　38
ゆすゆす　99

ゆっくり呼吸
　――（いろは体操１）　96
　――（いろは体操２）　98
ゆらぎ運動　104
ゆらゆら　99
腰椎　12
　――前弯　175
腰椎椎間板ヘルニア　178
腰椎分離症　175
腰痛症の病期　174
四つ這いエクササイズ　61
腰部疾患　174
　――のエクササイズ　180
予備運動（の効果）　35
予備運動１（胸の運動）　34
予備運動２（股関節の運動）　35
予備運動３（対角運動）　35

〈ら行〉

リアライメント　22，45
リアライメントスリー　41，46
リスク管理　90
リセット　22，48，88
リセットスリー　48
リセット体操　→いろは体操
立位姿勢　86
立位前屈テスト（Adam's position）　138
リポジショニング　116
両手を伸ばして小さく回旋（視線は逆）　51
両膝立ちエクササイズ　63
リラクゼーション　20，120，203
臨床評価　162
ロアーコア　116

〈わ行〉

ワイパー運動　37，39，117，131
ワイパー膝ゆるめ　43，46
脇下ローリング　42，46

エクササイズ一覧

コアコンディショニング

準備

1. 健常者の場合 — 27
- 基本姿勢 — 27, 29
- ストレッチポールの選択 — 27
- 使用場所 — 28
- ストレッチポールへの乗り方 — 28
  - ・セッティング — 28
  - ・乗り方 — 29
  - ・ハーフカットの場合 — 29
  - ・首周りの緊張をとる — 30
- 降り方 — 30

2. 高齢者の場合 — 31
- ストレッチポールの選択 — 31
  - ・ストレッチポール配置例 — 31
- ストレッチポールへの乗せ方 — 31
- 高齢者基本姿勢 — 32
- 降ろし方 — 32

コアリラクゼーション

1. モニタリング — 33
- 基本姿勢 — 34

2. ベーシックセブン — 33
- 予備運動（1～3）
  - ・予備運動1 胸の運動 — 34
  - ・予備運動2 股関節の運動 — 35
  - ・予備運動3 対角運動 — 35
- 主運動（1～7）
  - ・ベーシック1 床みがき運動 — 36
  - ・ベーシック2 肩甲骨運動 — 36
  - ・ベーシック3 腕の外転運動 — 36
  - ・ベーシック4 ワイパー運動 — 37
  - ・ベーシック5 膝ゆるめ運動 — 37
  - ・ベーシック6 小さなゆらぎ運動 — 38
  - ・ベーシック7 呼吸運動 — 38

3. リアライメントスリー — 41
- ①-1 脇下ローリング — 42
- ①-2 頭上ローリング — 42
- ②-1 ワイパー運動 — 43
- ②-2 左右ワイパー膝ゆるめ — 43
- ③-1 側臥位ローリング（胸椎）— 44
- ③-2 側臥位ローリング（腰椎）— 44

コアスタビライゼーション

●リセットスリー

1. 呼吸エクササイズ — 48
- ①腹式呼吸 — 49
- ②逆腹式呼吸 — 49
- ③強制呼気 — 49
- ④腹式呼吸 — 49

2. 軸回旋エクササイズ — 50
- ①胸の前で手を合わせて小さく回旋 — 50
- ②手を伸ばして小さく回旋 — 51
- ③両手を伸ばして小さく回旋（視線は逆）— 51

3. 四肢を使ったエクササイズ — 52
- ①片手を上げる — 52
- ②両手を上げる — 53
- ③両手の交互運動 — 53
- ④片脚を上げる — 53
- ⑤脚を交互に上げて脚踏み — 54
- ⑥両手を上げて脚踏み — 54
- ⑦両手を上げて両脚を椅子＆ストレッチポール — 55
- ⑧両手両脚上げ — 55

コアコーディネーション

1. 寝返りエクササイズ — 59
- ①アッパーローリング — 59
- ②ロアーローリング — 60

2. うつ伏せエクササイズ — 60
- ①胸椎の伸展 — 60
- ②腹這い — 61

3. 四つ這いエクササイズ — 61
- ①四つ這い片手上げ — 61

4. 座位エクササイズ — 62
- ①骨盤の前後の運動 — 62
- ②骨盤の左右の運動 — 62

5. 両膝立ちエクササイズ — 63
- ①両膝立ち — 63

6. 片膝立ちエクササイズ — 63
- ①片膝立ちバランス — 63

7. 立ち上がりエクササイズ — 64
- ①片膝立ちからの立ち上がり — 64
- ②スクワット — 64

介護予防：いろは体操

1. ステップ1　呼吸のドリル ― 95
- ①お腹の運動 ― 95
- ②腹式呼吸 ― 95
- ③胸の運動 ― 96
- ④胸式呼吸 ― 96
- ⑤ゆっくり呼吸 ― 96

2. ステップ2　脊柱の運動 ― 97
- ①胸で呼吸 ― 97
- ②ななめに呼吸 ― 97
- ③背骨で呼吸 ― 97
- ④ななめに背骨で呼吸 ― 98
- ⑤ゆっくり呼吸 ― 98

3. ステップ3　リセット ― 99
- ①ゆすゆす ― 99
- ②ゆらゆら（前後・左右） ― 99
- ③糸飛ばし呼吸 ― 99
- ④まるゆら ― 100
- ⑤おっ呼吸 ― 100

介護予防：姿勢改善エクササイズ

1. 椅子でのエクササイズ（椅子で行うベーシックセブン） ― 101
- ●基本姿勢 ― 101
- ①深呼吸 ― 102
- ②胸の運動 ― 102
- ③股関節の運動 ― 102
- ④肩甲骨と上肢の運動 ― 103
- ⑤肩甲骨と上肢の運動（ボール回し） ― 103
- ⑥足のワイパー運動 ― 103
- ⑦ゆらぎ運動 ― 104

2. 床でのエクササイズ ― 104
- ●基本姿勢 ― 104
- ①深呼吸 ― 105
- ②お腹で呼吸 ― 105
- ③胸で呼吸 ― 105
- ④腹横筋トレーニング ― 106
- ⑤股関節の運動（膝ゆるめ） ― 106
- ⑥股関節の運動（膝回し） ― 106
- ⑦ボールころがし ― 107
- ⑧深呼吸 ― 107

介護予防：失禁予防エクササイズ
- ●基本姿勢 ― 109
- ①身体の底を意識する ― 109
- ②お腹の運動 ― 109
- ③逆腹式呼吸 ― 110
- ④腹式呼吸 ― 110
- ⑤糸飛ばし呼吸 ― 110
- ⑥おっ呼吸 ― 111
- ⑦内ももの運動 ― 111
- ⑧そっと膝上げ ― 111
- ⑨深呼吸 ― 112

コアセラピー

ペルコンとソラコン

1. ペルコン ― 130
- ①骨盤スライド ― 130
- ②ワイパー運動 ― 131
- ③フロッグキック ― 131
- ④バタ足 ― 132
- ⑤バイク ― 133

2. ソラコン ― 139
- ①胸郭スライド ― 139
- ②コーン（上肢円錐運動） ― 140
- ③クレッセント（三日月ストレッチ） ― 141
- ④ツイスター（胸郭回旋ストレッチ） ― 141
- ⑤肩交互回旋 ― 142
- ⑥チンインエクササイズ ― 143

頸椎コアセラピー
- ①胸椎・胸郭へのアプローチ ― 157
- ②頸部周囲筋群のリラクゼーション ― 157
- ③チンインエクササイズ ― 158

肩関節疾患

1. 腱板損傷への対応 ― 165
- ①ボール上での転がり運動 ― 166
- ②頸部筋のストレッチ ― 166
- ③肩甲骨内転筋群エクササイズ ― 166
- ④肩関節外旋筋チューブエクササイズ ― 167
- ⑤肩関節外転筋エクササイズ ― 168

2. 投球障害肩への対応 ― 168
- ①ボール上での横揺れ運動＆頸部ストレッチ ― 169
- ②広背筋・肩関節後方筋群のストレッチ ― 169
- ③肩甲骨内転筋群エクササイズ ― 169
- ④肩関節外旋筋エクササイズ ― 170
- ⑤肩関節内旋筋エクササイズ ― 170
- ⑥股関節外転筋のストレッチ ― 170
- ⑦股関節外転エクササイズ ― 170
- ⑧片脚立位保持 ― 171

腰部疾患

1. 椅子座位でのリラクゼーション ― 180
- ①椅子座位での基本姿勢と深呼吸 ― 181
- ②肩甲骨内転1 ― 181
- ③肩甲骨回転 ― 181

④肩甲骨内転2 ─────────── 182
　　⑤腕振り ─────────────── 182
　　⑥上肢交互挙上 ───────────── 183
　　⑦股関節内外転 ───────────── 183
2. コアスタビライゼーション ─────── 184
　　①-A　腹式呼吸 ───────────── 184
　　①-B　逆腹式呼吸 ─────────── 184
　　②口すぼめ呼吸 ──────────── 184
　　③腹横筋活動 ──────────── 184
　　④骨盤底筋群活動 ──────────── 184
　　⑤骨盤ローリング ─────────── 185
　　⑥バタ足 ─────────────── 185
3. コアコーディネーション ─────── 185
　　①上肢交互運動 ──────────── 185
　　②一側上肢運動 ──────────── 186
　　③バイク ─────────────── 186
　　④一側下肢運動 ──────────── 186

骨盤輪不安定症
　　①骨盤ローリングエクササイズ ───── 190
　　②ヒールプッシュ ─────────── 190
　　③股関節外旋筋を緩める徒手的操作 ─── 191

呼吸機能改善
1. 呼吸介助手技 ─────────── 196
　　①上部胸郭に対する呼吸介助手技 ──── 196
　　②下部胸郭に対する呼吸介助手技 ──── 197
　　③片側胸郭に対する呼吸介助手技 ──── 197
2. ストレッチポールを併用した呼吸体操 ─ 198
　　①胸の運動 ──────────── 198
　　②対角運動 ──────────── 198
　　③小さなゆらぎ運動 ─────────── 198
　　④肩屈曲運動 ──────────── 198
　　⑤肩水平外転運動 ─────────── 198
　　⑥ワイパー運動 ──────────── 198
　　⑦股関節の運動 ──────────── 198

中枢神経疾患（片麻痺）
1. 脊柱周囲のリラクゼーション ────── 203
　　①胸骨と下腹部に手を置き圧縮する ─── 204
　　②腸骨を包んで骨盤を左右に揺らす ─── 204
2. 体幹のスタビライゼーション ────── 203
　　①呼吸筋エクササイズ ─────────── 203
　　②仰臥位での足踏み運動とその介助 ─── 205

監修者紹介

平沼憲治（ひらぬまけんじ）
- 1985年　産業医科大学医学部卒業
- 現　在　日本体育大学大学院健康科学・スポーツ医科学系　教授，整形外科医，医学博士

岩崎由純（いわさきよしずみ）
- 1982年　日本体育大学体育学部体育学科卒業
- 1984年　シラキュース大学大学院体育学研究科修了
- 現　在　日本コアコンディショニング協会会長，アスレティックトレーナー

代表編者紹介

蒲田和芳（がまだかずよし）
- 1991年　東京大学教育学部体育学科卒業
- 1998年　東京大学大学院総合文化研究科身体運動科学専攻修了
- 現　在　株式会社GLAB　代表取締役，学術博二，理学療法士

渡辺なおみ（わたなべ）
- 1998年　宮崎リハビリテーション学院理学療法学科卒業
- 現　在　コンディショニングセンター Be-ing，理学療法士／トレーナー

協力　（財）日本コアコンディショニング協会（JCCA）　http://jcca-net.com/

NDC 780　254p　26 cm

コアコンディショニングとコアセラピー

2008年7月5日　第1刷発行
2021年1月28日　第13刷発行

監　修	平沼憲治・岩崎由純
編　集	蒲田和芳・渡辺なおみ ほか
発行者	鈴木章一
発行所	株式会社　講談社
	〒112-8001　東京都文京区音羽2-12-21
	販　売　(03)5395-4415
	業　務　(03)5395-3615
編　集	株式会社　講談社サイエンティフィク
	代表　堀越俊一
	〒162-0825　東京都新宿区神楽坂2-14　ノービィビル
	編　集　(03)3235-3701
印刷所	株式会社双文社印刷
製本所	株式会社国宝社

落丁本・乱丁本は，購入書店名を明記のうえ，講談社業務宛にお送り下さい．送料小社負担にてお取替えします．なお，この本の内容についてのお問い合わせは講談社サイエンティフィク宛にお願いいたします．
定価はカバーに表示してあります．

© K. Hiranuma, Y. Iwasaki, K. Gamada and N. Watanabe, 2008

本書のコピー，スキャン，デジタル化等の無断複製は著作権法上での例外を除き禁じられています．本書を代行業者等の第三者に依頼してスキャンやデジタル化することはたとえ個人や家庭内の利用でも著作権法違反です．

JCOPY　〈（社）出版者著作権管理機構　委託出版物〉

複写される場合は，その都度事前に（社）出版者著作権管理機構（電話 03-5244-5088，FAX 03-5244-5089，e-mail : info@jcopy.or.jp）の許諾を得て下さい．
Printed in Japan

ISBN978-4-06-280651-0

講談社の自然科学書

コアセラピーの理論と実践 平沼 憲治／岩﨑 由純・監修 蒲田 和芳・編 (財)日本コアコンディショニング協会・協力　B5・237頁・本体4,200円	身体の中心部（コア）の問題を安全かつ効果的な治療的エクササイズによって解決する。「コアコンディショニング」の理論と経験をもとに生まれた治療理論「コアセラピー」。その理論および方法を、多角的にまとめあげた一冊。
もっとなっとく 使える スポーツサイエンス 征矢 英昭／本山 貢／石井 好二郎・編 A5・203頁・本体2,000円	『新版 これでなっとく使えるスポーツサイエンス』の全面リニューアル版！カラー化し、Qの項目を一新。最新の理論をわかりやすく解説。トレーニングに、試合に、健康に、役立つ知識が満載。
高齢者の筋力トレーニング 安全に楽しく行うための指導者向け実践ガイド DVD付き 都竹茂樹・著　B5・124頁・本体2,800円	介護予防の現場で活用できる実践テキスト。マシンを使わずに安全かつ効果的に行える筋力トレーニング法を紹介。理論についてもわかりやすく説明し、筋トレ教室の運営方法にも言及。保健師、介護関係者にとっても待望の1冊。DVD付き（約45分）。
リアライン・トレーニング 〈体幹・股関節編〉 関節のゆがみ・骨の配列を整える最新理論 蒲田 和芳・著　B5・174頁・本体3,600円	新たなリハビリテーション理論「リアライン・コンセプト」に基づくトレーニング法。関節のアライメントや動きの異常の見極め方、その歪みを解消する方法を写真を多用して解説。歪みを解消することで、パフォーマンスが向上する。2色刷。
新版　乳酸を活かした スポーツトレーニング　カラー 八田 秀雄・著　A5・156頁・本体1,900円	これからは乳酸がスポーツの決め手となる。乳酸を切り口に、運動時の生体内のメカニズムを基礎からやさしく説明。実践に役立つトレーニング方法にも触れた。体育系大学生、トレーナー、コーチ向けの一冊。
スポーツカウンセリング入門 内田 直・著　A5・134頁・本体2,200円	選手の心を支えるために。臨床心理学の基礎から、カウンセリング技法、スポーツに特有の背景などを、わかりやすく説明する。
好きになる解剖学 Part3 自分の体のランドマークを確認してみよう 竹内 修二・著　A5・215頁・本体2,200円	見開き構成。解剖図もカラーになって、よりわかりやすい。体表に触れ、からだを動かしながら、筋肉や骨などの位置や機能を勉強しよう。内臓や神経、血管などの位置も実感できる。
これからの健康とスポーツの科学 第5版 安部 孝／琉子 友男・編 B5・207頁・本体2,400円	2色刷りでよみやすく、データも更新し、最新スポーツ科学の研究成果も満載。生涯を通した健康・スポーツをテーマに編集。食生活、メンタルヘルスの記載も強化した待望の第5版。
好きになる栄養学　第3版 食生活の大切さを見直そう 麻見 直美／塚原典子・著　A5・255頁・本体2,200円	『日本人の食事摂取基準（2020年版）』に対応し改訂。身近な話題をテーマに、栄養学をやさしく学べる。生化学の知識がなくてもらくらく理解。献立作成、ライフステージ別食生活、スポーツ栄養まで学べる入門書。カラー化
健康・運動の科学 介護と生活習慣病予防のための運動処方 田口 貞善・監修　小野寺 孝一／山崎 先也／村田 伸／中澤 公孝・編　B5・199頁・本体2,200円	考え方がよくわかる運動処方の入門書。基礎理論から対象別（生活習慣病予防、高齢者の転倒予防、認知症予防、骨粗鬆症予防）の応用例、運動指導の実際まで具体的に解説。さらに運動効果の最新のエビデンスを紹介。「健康運動」「運動処方」の教科書にも最適。

※表示価格は本体価格（税別）です。消費税が別に加算されます。

[2020年12月現在]

講談社サイエンティフィク　https://www.kspub.co.jp/